KB187477

朝鮮總督府 編纂

초등학교 <歷史>교과서 原文(上)

김순전 · 사희영 · 박경수 · 장미경

김서은 · 차유미 · 여성경 編

제이앤씨
Publishing Company

1922년 『普通學校國史』 上卷

1922년 『普通學校國史』 下卷

1932년 『普通學校國史』 卷一

1933년 『普通學校國史』 卷二

≪總 目 次≫

1922년 『普通學校國史』下卷　兒童用

御歴代表(二)

1932년 『普通學校國史』卷一

御歷代表(一)

1933년 『普通學校國史』 卷二

御歷代表(二)

序 文

1. 조선총독부 편찬 초등학교 <歷史>교과서 원문서 발간의 의의

  본서는 일제강점기 조선총독부에 의해 편찬된 관공립 초등
학교용 <歷史>교과서 『普通學校國史』上・下卷(1922, 2권)
『普通學校國史』卷一・二(1932-33, 2권), 『初等國史』第五・六
學年(1940-41, 2권), 『初等國史』第五・六學年(1944, 2권) 등
총 8권에 대한 원문서이다.

  교과서는 국민교육의 정수(精髓)로, 한 나라의 역사진행과
불가분의 관계성을 지니고 있기에 그 시대 교과서 입안자의
의도는 물론이려니와 그 교과서로 교육받은 세대(世代)가 어
떠한 비전을 가지고 새 역사를 만들어가려 하였는지를 알아
낼 수 있다.

  주지하다시피 한국의 근대는 일제강점을 전후한 시기와 중
첩되어 있었는데, 그 관계가 '국가 對 국가'이기보다는 '식민
자 對 식민지'라는 일종의 수직적 관계였기에 정치, 경제, 사
회, 문화, 교육에 이르기까지 일제의 영향을 배제하고는 생각
하기 어렵다.

  이는 교육부문에서 두드러진 현상으로 나타난다. 근대교육
의 여명기에서부터 일본의 간섭이 시작되었던 탓에 한국의
근대교육은 채 뿌리를 내리기도 전에 일본의 교육시스템을

받아들이게 되었고, 이후 해방을 맞기까지 모든 교육정책과 공교육을 위한 교과서까지도 일제가 주도한 교육법령에 의해 강제 시행되게되었다. 그런 까닭에 일제강점기 공교육의 기반이 되었던 교과서를 일일이 찾아내어 새로이 원문을 구축하고 이를 출판하는 작업은 '敎育은 百年之大系'라는 생각으로 공교육을 계획하고 입안하는 국가 교육적 측면에서도 매우 중차대한 일이라 여겨진다. 이야말로 근대 초등교과과정의 진행과 일제의 식민지교육정책에 대한 실체를 가장 적확하게 파악할 수 있는 기반이 될 뿐만 아니라, 현 시점에서 보다 나은 시각으로 역사관을 구명할 수 있는 기초자료가 될 수 있기 때문이다.

지금까지 우리는 "일본이 조선에서 어떻게 했다"는 개괄적인 것은 수없이 들어왔으나, "일본이 조선에서 이렇게 했다"는 실제를 보여준 적은 지극히 드물었다. 이는 '먼 곳에 서서 숲만 보여주었을 뿐, 정작 보아야 할 숲의 실체는 보여주지 못했다.'는 비유와도 상통한다. 때문에 본 집필진은 이미 수년 전부터 한국역사상 교육적 식민지 기간이었던 일제강점기 초등교과서의 발굴과 이의 복원 정리 및 연구에 진력해 왔다. 가장 먼저 한일 <修身>교과서 58권(J:30권, K:28권) 전권에 대한 원문서와 번역서를 출간하였고, <國語(일본어)>교과서 72권 전권에 대한 원문서와 번역서의 출간을 지속적으로 진행하고 있다. 또한 <唱歌>교과서의 경우 19권 전권을 원문과 번역문을 함께 살펴볼 수 있도록 대조번역서로서 출간한바 있다. 또한 이들 교과서에 대한 집중연구의 결과는 이미 연구서로 출간되어 있는 상태이다.

일제강점기 조선의 초등학교에서 사용되었던 <歷史>교과서 원문서 발간은 이러한 작업의 일환에서 진행된 또 하나의 성과이다. 본 원문서 발간의 필연성은 여타의 교과서와는 다른 <歷史>교과서의 교육적 효과, 즉 당시의 사회상을 통계와 실측에 기초한 각종 이미지 자료를 활용하여 보다 실증적인 교육전략을 구사하고 있기에 그 의의를 더한다.

한국이 일본에 강제 병합된 지 어언 100년이 지나버린 오늘날, 그 시대를 살아온 선인들이 유명을 달리하게 됨에 따라 과거 민족의 뼈아팠던 기억은 갈수록 희미해져 가고 있다. 국가의 밝은 미래를 그려보기 위해서는 힘들고 어려웠던 지난날의 고빗길을 하나하나 되짚어 보는 작업이 선행되어야 하지만, 현실은 급변하는 세계정세를 따르는데 급급하여 이러한 작업은 부차적인 문제로 취급되고 있는 실정이다. 과거를 부정하는 미래를 생각할 수 없기에 이러한 작업이 무엇보다도 우선시되어야 할 필연성을 절감하지 않을 수 없는 것이다.

최근 일본 정치권에서는 제국시절 만연했던 국가주의를 애국심으로 환원하여 갖가지 전략을 구사하고 있다. 물론 과거의 침략전쟁에 대한 비판의 목소리도 있긴 하지만, 현 일본 정치권의 이같은 자세에 대해 더더욱 실증적인 자료 제시의 필요성을 느낀다.

본서의 발간은 일제강점기 조선인 학습자에게 시행되었던 <歷史>교과서를 복원함으로써 <歷史>교육에 대한 실증적 자료제시와 더불어 관련연구의 필수적 기반으로 삼고자 하는 것이다.

2. 일제강점기 역사교육의 전개와 〈歷史〉교과서

1) 식민지 역사교육의 전개

한국 근대교육의 교과목에 공식적으로 〈地理〉와 함께 〈歷史〉가 편제된 것은 1906년 8월 공포된 〈보통학교령(普通學校令)〉 제6조의 "普通學校 敎科目은 修身, 國語 및 漢文, 日語, 算術, 地理, 歷史, 理科, 圖畵, 體操로 한다. 여자에게는 手藝를 가한다."(勅令 제44호)는 조항에 의한다. 그러나 〈보통학교규칙(普通學校規則)〉 제9조 7항을 보면 "地理歷史는 特別흔 時間을 定치아니ᄒ고 國語讀本及日語讀本에 所載한바로 敎授ᄒᄂ니 故로 讀本中此等敎授敎材에 關ᄒ야는 特히 反復丁寧히 說明ᄒ야 學徒의 記憶을 明確히 홈을 務홈이라."고 되어있어, 별도의 시수 배정이나 교과서 편찬은 하지 않고 國語(일본어) 과목에 포함시켜 교육하고 있었음을 말해준다.

이러한 시스템은 강점이후 그대로 이어졌다. 한국을 강제 병합한 일본은 한반도를 일본제국의 한 지역으로 인식시키기 위하여 '大韓帝國'을 '朝鮮'으로 개칭(改稱)하였다. 그리고 제국주의 식민지정책 기관으로 '조선총독부(朝鮮總督府)'를 설치한 후, 초대총독으로 데라우치 마사타케(寺內正毅, 이하 데라우치)를 임명하여 원활한 식민지경영을 위한 조선인 교화에 착수하였다. 이를 위하여 무엇보다도 역점을 둔 정책은 식민지 초등교육이었다. 1911년 8월 공포된 〈조선교육령(朝鮮敎育令)〉 全文 三十條는 데라우치의 조선인교육에 관한 근본 방침을 그대로 담고 있는데, 그 요지는 '일본인 자제에게는 학

술, 기예의 교육을 받게 하여 국가융성의 주체가 되게 하고, 조선인 자제에게는 덕성의 함양과 근검을 훈육하여 충량한 국민으로 양성해 나가는 것'이었다. 교과서의 편찬도 이의 취지에 따라 시도되었다.

그러나 강점초기 <歷史> 및 <地理>과목은 이전과는 달리 교과목 편제조차 하지 않았다. 당시 4년제였던 보통학교의 학제와 관련지어 5, 6학년에 배정된 역사, 지리과목을 설치할 수 없다는 표면적인 이유에서였지만, 그보다는 강점초기 데라우치가 목적했던 조선인교육방침, 즉 "덕성의 함양과 근검을 훈육하여 충량한 국민으로 양성"해 가는데 <歷史>과목은 필수불가결한 과목에 포함되지 않았다는 의미에서였을 것이다. <歷史>에 관련된 지극히 일반적인 내용이나 국시에 따른 개괄적인 사항은 일본어교과서인 『國語讀本』에 부과하여 학습하도록 규정하고 있었고, 학제의 개편이 이루어지지 않았던 까닭에 좀 더 심화된 <歷史>교과서 발간의 필요성이 요구되지 않았던 까닭으로 여겨지기도 한다.

일제강점기 초등교육과정에서 독립된 교과목과 교과서에 의한 본격적인 <歷史>교육은 <3·1운동> 이후 문화정치로 선회하면서부터 시작되었다. 보통학교 학제를 내지(일본)와 동일한 6년제를 적용하면서 비로소 5, 6학년과정에 주당 2시간씩 배정 시행하게 된 것이다. 이러한 사항은 1922년 <제2차교육령> 공포에 의하여 법적 근거가 마련되게 되었다. 이후의 <歷史>교육은 식민지교육정책 변화, 즉 교육법령의 개정에 따라 변화된 교수요지에 의한다. 이러한 일련의 변화사항을 <표 1>로 정리해보았다.

〈표 1〉 교육령 시기별 〈歷史〉과 교수 요지

시기	법적근거	내 용
2 차 교 육 령 (1922. 2. 4)	보통학교 규정 13조 조선총독 부령 제8호 (동년 2.20)	- 日本歷史는 國體의 대요를 알도록 하며, 그와 함께 국민으로서의 지조를 기르는 것을 요지로 한다. - 日本歷史는 我國의 初期부터 現在에 이르기까지 중요한 事歷을 가르치며, 朝鮮의 變遷에 관한 중요한 史蹟의 대요도 알도록 해야 한다. - 日本歷史를 가르칠 때는 될 수 있는 대로 그림, 지도, 표본 등을 보여주어서 아동이 당시의 실상을 상상하기 쉽도록 한다. 특히 「修身」의 교수사항과 서로 연계되도록 해야 한다.
3 차 교 육 령 (1938. 3. 3)	소학교 규정 20조 조선총독 부령 제24호 (동년 3.15)	- 國史는 肇國의 유래와 國運進就의 대요를 가르쳐서 國體가 존엄한 까닭을 알도록 하며, 황국신민으로서의 정신을 함양하는 것을 요지로 한다. - 심상소학교에서는 조국의 체제, 황통의 무궁함, 역대 천황의 성업, 국민의 충성, 현재의 사적, 문화의 진전, 외국과의 관계 등을 가르침으로써 國初부터 現在에 이르기까지 國史를 일관하는 국민정신에 대한 사실을 알도록 해야 한다. - 고등소학교에서는 전 항의 趣旨를 넓혀서 특히 근세사에 중점을 두어 이를 가르치고, 세계 속에서 我國의 지위를 알도록 해야 한다. - 舊史를 가르칠 때는 헛되이 사실의 나열에 흐르는 것 없이 항상 그 정신을 중시해야 한다. 또한 가능한 한 그림, 지도, 표본 등을 제시하고 위인들의 언행 등을 인용하여 아동이 깊은 감명을 받도록 하며, 특히 「修身」의 교수사항과 서로 연계되도록 해야 한다.
국 민 학 교 령 (1941. 3)과 4 차 교 육 령 (1943. 3. 8)	초등학교 규정 6조 조선총독 부령 제90호	- 國民科의 國史는 我國의 역사에 대해 그 대요를 이해시키도록 하며, 국체가 존엄한 바를 體認하도록 하고, 황국의 역사적 사명감을 자각시키는 것으로 한다. - 초등과는 조국의 宏遠, 황통의 無窮, 역대 천황의 성덕, 국민의 충성, 거국봉공의 史實 등에 대해서 황국발전의 발자취를 알도록 하며, 국운의 隆昌, 문화의 발전이 조국의 정신을 구현하는 바를 이해시키도록 해야 한다. 또한 여러 외국과의 역사적 관계를 분명하게 하고 동아시아 및 세계에 있어서 황국의 사명을 자각하도록 해야 한다. - 고등과는 그 정도를 높여서 이를 부과해야 한다. - 헛되이 사실의 나열에 치우치지 말고 國史의 시대적 양상에 유의하여 일관된 조국의 정신을 구체적으로 感得·파악하도록 해야 한다. - 內鮮一體에서 유래하는 史實은 특히 유의하여 이를 가르쳐

		야 한다.
		- 연표, 지도, 표본, 회화, 영화 등은 힘써 이를 이용하여 구체적·직관적으로 습득할 수 있도록 해야 한다.

위의 교육령 시기별 <歷史>과 교수요지의 중점사항을 살펴보면, <2차 교육령> 시기는 역사교육 본연의 목적인 "일본의 事歷과 朝鮮의 變遷에 관한 중요한 史蹟의 대요"와 함께 "국세의 대요 이해"에, <3차 교육령> 시기에는 이에 더하여 "肇國의 유래와 國運進就의 대요로서 國體의 존엄성과, 황국신민으로서의 정신을 함양"에 중점을 두었다. 그리고 공히 「修身」과목과의 연계성을 강조하였다. 한편 태평양전쟁을 앞두고 전시체제를 정비하기 위해 <국민학교령>을 공포 이후부터는 <修身> <國語> <地理>과목과 함께 「國民科」에 포함되어 "조국의 宏遠, 황통의 無窮, 역대 천황의 성덕 등 황국의 발자취에 대한 이해", "황국의 역사적 사명감의 자각"에 역점을 두었으며, "內鮮一體에서 유래하는 史實에 대해서는 특히 유의할 것"이라는 사항이 부과되어 <4차 교육령> 시기까지 이어졌다.

2) 일제강점기 <歷史>교과서와 교수 시수

일제강점기 초등교육과정에서 독립된 교과목과 교과서에 의한 본격적인 <歷史>교육은 내지(일본)와 동일한 6년제 학제가 적용되던 <2차 교육령>시기 5, 6학년과정에 「地理」와 함께 「國史(일본사)」교과목이 주당 2시간씩 배정되면서부터이다. 그러나 <3·1운동>의 여파로 내지연장주의로 급선회

한 탓에 교과서가 마련되지 않아, 잠시동안 문부성 편찬의
『尋常小學國史』上·下에 조선 관련부분은 보충교재(<표 2>
의 ① ②)로서 사용하였다. 그로부터 1년 후 조선아동을 위한
『普通學校國史』兒童用 上·下(1922)가 발간되면서 비로소 본
격적인 교과서에 의한 <歷史>교육의 시대로 접어들게 되었
고, 이후 교육법령 개정에 따라 <歷史>교과서도 개정 및 개
편의 과정을 거치게 된다. 이를 <표 2>로 정리해 보았다.

<표 2> 일제강점기 조선총독부 <歷史>교과서 편찬 사항

NO	교과서명	발행년도	분량	사용시기	비고
①	尋常小學國史 上·下			1920~1922 (1차 교육령기)	문부성 교재에 조선 관련사항은 보충교재로 사용.
	尋常小學國史補充敎材 卷一	1920	38 (各王朝歷代表 8, 年表 4)		
②	尋常小學國史補充敎材 卷二	1921	42 (李氏朝鮮歷代表 2, 年表 8)		
③	普通學校國史 兒童用 上	1922	179 (御歷代表4, 本文171, 年表4)	1931~1936 (2차 교육령기)	문부성 교재와 절충하여 새로 발간
	普通學校國史 兒童用 下	1922	175 (御歷代表4, 本文163, 年表8)		
④	普通學校國史 卷一	1932	169 (御歷代表4, 本文 161, 年表4)		1927년 개정된 <보통학교 규정> 반영
	普通學校國史 卷二	1933	148 (御歷代表4, 本文 136, 年表8)		
⑤	初等國史 卷一	1937	187 (御歷代表4, 삽화1. 本文178, 年表 4)	1937~1939 (과도기)	부분개정
	初等國史 卷二	1938	228 (御歷代表 4, 本文 208, 年表16)		
⑥	初等國史 第五學年	1940	227 (萬世一系(皇室御系圖)6, 삽화1, 本文 204, み代のすがた 16)	1940~1941 (3차 교육령 반영)	전면개편
	初等國史 第六學年	1941	254 (萬世一系(皇室御系圖)6, 삽화 4, 本文 228, み代のすがた 16)		
⑦	初等國史 第五學年	1944	251 (萬世一系(皇室御系圖)6, 삽화3, 本文 226, み代のすがた 16)	1944~1945 (4차 교육령 반영)	부분개정
	初等國史 第六學年	1944	318 (萬世一系(皇室御系圖)6, 삽화4, 本文 288, み代のすがた 20)		

①, ②는 조선부분만 다룬 보충교재이며, ③은 문부성 편찬 『尋常小學國史』上·下에 ①, ②가 삽입된, 즉 일본역사를 주 축으로 동 시대의 조선역사를 삽입하는 한일 대비방식이다. ④는 이후 <보통학교규정>(1927)을 반영하여 소폭 개정한 것이며, ⑤는 여기에 1930년대 중반 급변하는 시세를 반영하 여 부분 개정된 교과서이다. 뒤이어 발간된 ⑥은 조선인의 황 민화교육에 중점을 두고 <3차 조선교육령>을 반영한 전면 개편된 것이며, ⑦은 여기에 <국민학교령>과 <4차 교육령> 취지가 더하여 소폭 개정된 교과서이다.

이의 변화 과정을 구체적으로 살펴보면 구성면에서나 내용 면에서 보더라도 전 조선인의 황민화를 위한 식민지교육정책 의 일대 전환점이었던 <3차 조선교육령>의 공포(1938)를 기 점으로 2시기로 대별된다. 이를 <歷史>교과서의 전면개편 차 원에서 보면 ③에서 ⑤까지와, ⑥에서 ⑦까지로 구분할 수 있 다. 전자를 전반기, 후자를 후반기로 하여, 먼저 전반기 교과 서의 구성과 분량의 변화를 살펴보겠다.

전반기교과서는 각권 공히 첫 면에 역대표(御歷代表), 후면 에 연표(年表)를 수록하고 있으며, 본문의 구성은 일본사에 조선사 삽입방식이라는 큰 틀을 유지하는 가운데, 개정 시기 에 따라 단원의 이합, 단원명의 변화, 내용의 증감 등을 살펴 볼 수 있다. 가장 주목되는 것은, ③에서는 각 단원 안에 포함 되어 있던 조선사부분이 ④에서는 별도의 단원으로 책정되어 있는 점이다. <③-(5)-「3-日本武尊」>라는 단원에 작은 타이 틀로 포함되어 있던 '朴赫居世王', <③-(6)-「44-松平定信」> 안에 포함되어 있던 '英祖と正朝'가, ④에서는 독자적인 단원,

즉 <④-(5)-「5-昔の朝鮮」>, <④-(5)-「45-英祖と正朝」>로
책정되어 있음이 그것이다. ③이 문부성 발간 교과서의 연대
에 맞추어 특정 조선사를 삽입한 것에 비해, ④는 쇼와초기
개정된 <보통학교규정>(1927)을 반영하는 이면의 유화제스
처로 볼 수도 있겠다. 그러나 그것도 ⑤에 이르면 일본역사로
만 일관하게 되며, 조선사는 그 안에서 한일관계사 정도로만
언급될 뿐이다.

단원명의 변화로는 ③의 45과 「本居宣長」와 ③의 46과 「高
山彦九郎と蒲生君平」가 ④에서는 「國學と尊王」으로, ⑤에서
는 「尊王論」으로 바뀌었으며, 또 ③의 50과 「武家政治の終」
은 ④와 ⑤에서는 「王政復古」로 바뀌었음을 알 수 있다.

분량의 증감 추이도 눈여겨볼 부분이다. 분량에 있어서는
주로 고대사에서 중세사까지를 다룬 5학년용은 그리 큰 변화
는 없지만, 6학년용의 경우 증감의 폭이 상당하다. ③이 163면
인 것에 비하여 ④가 136면이었던 것은 쇼와기 역사 7면을 추
가하였음에도 불구하고, 전체적인 내용이 축소되었음을 말해
준다. 그러나 ⑤에 이르면 208면으로 대폭 증가하게 되는데,
이는 일본근대사에 해당되는 단원 「메이지천황」과 「쇼와천황」
의 분량이 현저하게 증가한 까닭이다. 이러한 현상은 각권 후
면에 배치된 연표(年表)에서도 동일하게 나타난다. 연표의 분
량은 하권 기준으로 ③이 8면, ④가 조금 더 많은 8면, ⑤에
이르면 15면으로 대폭 증가된 면을 드러낸다. 메이지천황의
치적이 재조명되고, 다이쇼천황에 이어 쇼와천황의 치적이
대폭 늘어난 까닭이라 하겠다.

다음은 후반기 교과서의 구성과 분량 변화이다. 전체적으로

개편된 교과서인 만큼 ⑥과 ⑦은 그 구성부터가 이전과는 현격한 차이를 드러낸다.

이전에 비해 가장 큰 변화는 단원명이다. ③, ④, ⑤가 1과-만세일계 시조신인 「天照大神」, 2과-초대천황인 「神武天皇」…이었던 것이, ⑥, ⑦에서는 1과-「國がら」, 2과-「まつりごと」…로 이어지고 있으며, 또 각권의 목차 다음 면에 이전의 '역대표' 대신 '만세일계 천황가의 계보도'를, 후면에는 이전의 '연표(年表)'를 'み代のすがた'로 교체하여 역대천황의 치적을 보다 상세하게 열기하는 등 이전에 비해 획기적인 변화를 드러내고 있다.

⑥에서 ⑦로의 변화 또한 간과할 수 없다. ⑥에 없던 소단원이 ⑦에 등장한 것과, 교과서 분량이 ⑥이 432면인 것에 비해 ⑦이 514면으로 대폭 증가한 점이다. 이는 앞서 ③이 334면, ④가 216면, ⑤가 386면이었던 것과 비교해도 주목되는 부분이지만, 특히 ⑦의 발간 시기가 일본역사상 세계를 상대로 벌인 <태평양전쟁>에 조선아동의 동원을 위해 수업시수 감소와, 용지절약을 이유로 교과내용이 전체적으로 축소되던 시기임을 고려한다면, 실로 파격적인 현상이 아닐 수 없다.

기술방식의 변화도 간과할 수 없다. 먼저 문체의 변화를 보면, ③은 전체적으로 예스러운 문어체(~~あり、~~たり、~~けり 등)로, ④는 구어정중체(~~です、~~ます 등)를, ⑤는 현대적 문어체(~~である、~~でいる)로, ⑥과 ⑦은 다시 구어정중체(~~です、~~ます 등)로 문말처리하고 있음을 알 수 있다. 공히 역사적 사실을 기술하는 <歷史>교과서이기에, ③을 제외한 모든 교과서는 보편적으로 과

거시제를 사용하고 있었다. 다만 ⑦에서 현재(미래)시제 및 추측표현(~~でしょう、~~ましょう 등)을 혼용하고 있었는데, 이는 당시 진행 중에 있던 〈태평양전쟁〉에 대한 전황 예측과 이에 대한 피교육자들의 각오를 이끌어내기 위함으로 볼 수 있겠다.

인물 및 지명 등 용어표기의 변화도 주목할 부분이다. 인명의 변화로는 ③ ④에서는 일반적으로 통칭되는 인명만을 사용하고 있었던 것에 비해 ⑤에서는 실명을 앞에 명기하고 호(號)나 통칭하던 이름을 ( )안에 병기하는 방식으로 전환하였다. 옛 지명의 표기도 그렇다. 그 지명이 소재한 현(縣)을 ( )안에 병기함으로써 역사서에 등장하는 옛 지명이 소재한 지역을 쉽게 인지할 수 있게 하였다.

교과서의 가격은 〈地理〉교과서와 마찬가지로 시기에 따라 소폭의 상승세로 나아가다가 1944년 발간된 『初等國史』五·六學年用에서 대폭 인상된 면을 드러내고 있다. 이는 분량이 증가한 면도 있겠지만, 그보다는 태평양전쟁 막바지로 갈수록 심화되는 물자부족에 가장 큰 원인이 있었을 것으로 보인다.

이어서 주당 교수시수를 살펴보자.

<표 3> 각 교육령 시기별 주당 교수시수

시기 과목＼학년	제2차 조선교육령		제3차 조선교육령		국민학교령, 제4차 조선교육령		
	5학년	6학년	5학년	6학년	4학년	5학년	6학년
地理	2	2	2	2	1	2	2
歷史	2	2	2	2	1	2	2

앞서 언급하였듯이 식민지초등교육과정에서 〈歷史〉과목

은 <歷史>과와 더불어 1920년대 이후 공히 2시간씩 배정
시행되었다. 여기서 <4차 교육령>시기 4학년 과정에 별도
의 교과서도 없이 <地理> <歷史> 공히 수업시수가 1시간
씩 배정되어 있음을 주목할 필요가 있을 것이다. 이는 당시
조선총독 고이소 구니아키(小磯國昭)의 교육령 개정의 중점
이 "人才의 國家的 急需에 응하기 위한 受業年限 단축"[1]에
있었기 때문일 것이다. 그것이 <교육에 관한 전시비상조치
령>(1943) 이후 각종 요강 및 규칙[2]을 연달아 발포하여 초
등학생의 결전태세를 강화하는 조치로 이어졌으며, 마침내
학교수업을 1년간 정지시키고 학도대에 편입시키기는 등의
현상으로도 나타났다. 4학년 과정에 <歷史>과의 수업시수
를 배정하여 필수적 사항만을 습득하게 한 것은 이러한 까
닭으로 여겨진다.

3. 본서의 편제 및 특징

일제강점기 조선아동을 위한 <歷史>교과목은 1920년대 초
학제개편 이후부터 개설된 이래, <歷史>교육을 위한 교과서
는 앞서 <표 2>에서 살핀바와 같이 시세에 따른 교육법령과

---

1) 朝鮮總督府(1943)「官報」제4852호(1943.4.7)
2) <전시학도 체육훈련 실시요강>(1943.4), <학도전시동원체제확립요강>(1943.6),
   <해군특별지원병령>(1943.7), <교육에 관한 전시비상조치방책>(1943.10), <학
   도군사교육요강 및 학도동원 비상조치요강>(1944.3), <학도동원체제정비에 관
   한 훈령>(1944.4), <학도동원본부규정>(1944.4), <학도근로령>(1944.8), <학도
   근로령시행규칙>(1944.10), <긴급학도근로동원방책요강>(1945.1), <학도군사교
   육강화요강>(1945.2), <결전비상조치요강에 근거한 학도동원실시요강>(1945.3),
   <결전교육조치요강>(1945.3) 등

이의 시행규칙에 따라 '부분개정' 혹은 '전면개편'되었다. 앞의 〈표 2〉에 제시된 일제강점기 조선총독부 편찬 〈歷史〉교과서 중 ③『普通學校國史』上・下卷(1922, 2권), ④『普通學校國史』卷一・二(1932-33, 2권), ⑥『初等國史』第五・六學年(1940-41, 2권), ⑦『初等國史』第五・六學年(1944, 2권) 등 8冊에 대한 원문서 구축의 필연성이 요구되었다. 이는 여러 교과서중 가장 변화의 폭이 컸다는 점도 있었지만, 그보다는 ③은 조선아동의 본격적인 〈歷史〉교육을 위해 처음 교과서로서 의미가 컸으며, ④는 이후 조선에서의 갖가지 사회적 문제에 대한 방책으로 교육규정을 전면 개정한 것이 반영된 교과서이기 때문이다. 그리고 ⑥은 중일전쟁기에 발호된 〈3차 교육령〉의 강력한 황민화정책이 그대로 반영되어 전면 개편된 교과서이며, ⑦은 태평양전쟁기에 발호된 〈국민학교령〉과 〈4차교육령〉이 반영된 일제강점기 마지막 〈歷史〉교과서였다는 점이 부각된 까닭이다.

<표 4> 조선총독부 편찬 〈歷史〉 교과서 원문의 편제

No	교과서명	권(학년)	간행년	출 판 서 명
③	普通學校國史 兒童用	上卷(5학년용)	1922	조선총독부 편찬 초등학교 〈歷史〉교과서 原文(上)
		下卷(6학년용)	1922	
④	普通學校國史	卷一(5학년용)	1932	
		卷二(6학년용)	1933	
⑥	初等國史	第五學年	1940	조선총독부 편찬 초등학교 〈歷史〉교과서 原文(中)
		第六學年	1941	
⑦	初等國史	第五學年	1944	조선총독부 편찬 초등학교 〈歷史〉교과서 原文(下)
		第六學年	1944	

끝으로 본서 발간의 의미와 특징을 간략하게 정리해 본다.

(1) 본서의 발간은 그동안 한국근대사 및 한국근대교육사에
서 배제되어 온 일제강점기 초등학교 교과서 복원작업
의 일환에서 진행된 또 하나의 성과이다.

(2) 일제강점기 식민지 아동용 <歷史>교과서를 일일이 찾
아내고 가장 큰 변화의 선상에 있는 <歷史>교과서의
원문을 복원함으로써 일제에 의한 한국 <歷史>교육의
실상을 누구나 쉽게 찾아볼 수 있게 하였다.

(3) 본서는 <歷史>교과서에 배치된 삽화 등 이미지자료의
복원에도 심혈을 기울였다. 오래되어 구분이 어려운 수
많은 이미지자료를 세심히 관찰하여 최대한 알아보기
쉽게 복원하였을 뿐만 아니라, 세로쓰기인 원문을 좌로
90°로 회전한 가로쓰기 편제이므로 원문내용을 고려하
여 최대한 삽화의 배치에도 심혈을 기울였다.

(4) 본서는 일제강점기 식민지 <歷史>교과서의 흐름과 변
용 과정을 파악함으로써, 일제에 의해 기획되고 추진되
었던 근대 한국 공교육의 실태와 지배국 중심적 논리에
대한 실증적인 자료로 제시할 수 있다.

(5) 본서는 <歷史>교과서에 수록된 내용을 통하여 한국 근
대초기 교육의 실상은 물론, 단절과 왜곡을 거듭하였던
한국근대사의 일부를 재정립할 수 있는 계기를 마련하
였고, 관련연구에 대한 이정표를 제시함으로써 다각적
인 학제적 접근을 용이하게 하였다.

(6) 본서는 그간 한국사회가 지녀왔던 문화적 한계의 극복
과, 나아가 한국학 연구의 지평을 넓히는데 일조할 것이
며, 일제강점기 한국 초등교육의 거세된 정체성을 재건

하는 데 기여할 수 있을 것이다.

본서는 개화기 통감부기 일제강점기로 이어지는 한국역사의 흐름 속에서 한국 근대교육의 실체는 물론이려니와, 일제에 의해 왜곡된 갖가지 논리에 대응하는 실증적인 자료를 제공함으로써 일제강점기 왜곡된 교육의 실체를 파악할 수 있음은 물론, 관련연구자들에게는 연구의 기반을 구축하였다고 자부하는 바이다.

이로써 그간 단절과 왜곡을 거듭하였던 한국근대사의 일부를 복원·재정립할 수 있는 논증적 자료로서의 가치창출과, 일제에 의해 강제된 근대 한국 초등학교 〈歷史〉교육에 대한 실상을 재조명할 수 있음은 물론, 한국학의 지평을 확장하는 데 크게 기여할 수 있으리라고 본다.

2017년 9월

전남대학교 일어일문학과 김순전

≪朝鮮總督府 編纂 초등학교 <歷史>교과서 編書 凡例≫

1. 원본의 세로쓰기를 편의상 좌로 90도 회전하여 가로쓰기로 하였다.

2. 원본의 상란은 좌란으로 하였다.

3. 원본의 반복첨자 기호는 가로쓰기인 관계로 반복표기 하였다.

4. 원문(原文)의 독음은 ( )안에 가나로 표기하였다.

5. 지명이 두 개인 경우나 두줄로 표기된 경우는 아래와 같이 표기
   하였다.

   예) 高麗(こま)(高句麗(かうくり))=>高麗(こま/高句麗:かうくり)

   第十
   五代   =>   第十五代

   紀元二千二百六十三年(慶長(けいちゃう)八年)

   =>紀元二千二百六十三年(慶長:けいちゃう、八年)

6. 삽화는 최대한 교과서 체제에 맞추었으나 편집상 약간의 크기
   변화가 있다.

7. 삽화제목은 가로쓰기에 맞추어 '우→좌'에서 '좌→우'로 바꾸었다.

朝鮮總督府 編纂 (1922)

『普通學校國史』

(上卷)

兒童用

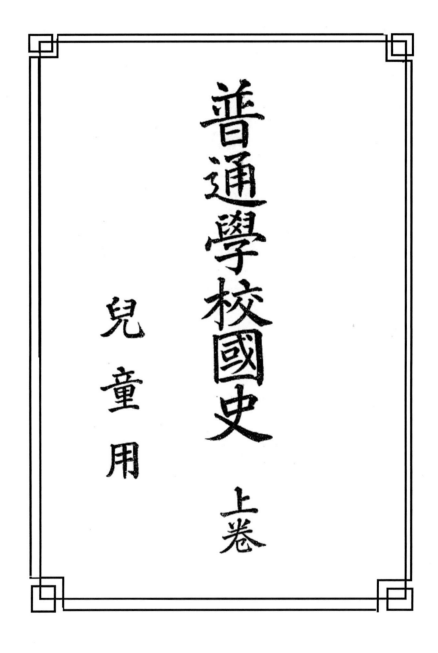

普通學校國史　上卷

兒童用

目錄

御歷代表(一)

御代數	天皇	御在位年間	御代數	天皇	御在位年間
一	神武天皇	元～七六	二一	雄略天皇	一一六～一一三九
二	綏靖天皇	八〇～一一二	二二	清寧天皇	一三九～一一四四
三	安寧天皇	一一二～一五〇	二三	顯宗天皇	一四五～一一四七
四	懿德天皇	一五一～一八四	二四	仁賢天皇	一四八～一一五八
五	孝昭天皇	一八六～二六八	二五	武烈天皇	一五八～一一六六
六	孝安天皇	二六九～三七〇	二六	繼體天皇	一六七～一一九一
七	孝靈天皇	三七一～四四六	二七	安閑天皇	一九一～一一九五
八	孝元天皇	四四七～五〇三	二八	宣化天皇	一九五～一一九九
九	開化天皇	五〇三～五六三	二九	欽明天皇	一九九～一二三一
一〇	崇神天皇	五六四～六三一	三〇	敏達天皇	一二三二～一二四五
一一	垂仁天皇	六三二～七三〇	三一	用明天皇	一二四五～一二四七
一二	景行天皇	七三一～七九〇	三二	崇峻天皇	一二四七～一二五二
一三	成務天皇	七九一～八五〇	三三	推古天皇	一二五二～一二八八
一四	仲哀天皇	八五二～八六〇	三四	舒明天皇	一二八九～一三〇一
一五	應神天皇	八六〇～九七〇	三五	皇極天皇	一三〇二～一三〇五
一六	仁德天皇	九七三～一〇五九	三六	孝德天皇	一三〇五～一三一四
一七	履中天皇	一〇六〇～一〇六五	三七	齊明天皇	一三一五～一三二一
一八	反正天皇	一〇六六～一〇七〇	三八	天智天皇	一三二一～一三三一
一九	允恭天皇	一〇七二～一一一三	三九	弘文天皇	一三三一～一三三二
二〇	安康天皇	一一一三～一一一六	四〇	天武天皇	一三三二～一三四六

御代數	天皇	御在位年間	御代數	天皇	御在位年間
四一	持統天皇	一三四六〜一三五七	六一	朱雀天皇	一五九〇〜一六〇六
四二	文武天皇	一三五七〜一三六七	六二	村上天皇	一六〇六〜一六二七
四三	元明天皇	一三六七〜一三七五	六三	冷泉天皇	一六二七〜一六二九
四四	元正天皇	一三七五〜一三八四	六四	圓融天皇	一六二九〜一六四四
四五	聖武天皇	一三八四〜一四〇九	六五	花山天皇	一六四四〜一六四六
四六	孝謙天皇	一四〇九〜一四一八	六六	一條天皇	一六四六〜一六七一
四七	淳仁天皇	一四一八〜一四二四	六七	三條天皇	一六七一〜一六七六
四八	稱德天皇	一四二四〜一四三〇	六八	後一條天皇	一六七六〜一六九六
四九	光仁天皇	一四三〇〜一四四一	六九	後朱雀天皇	一六九六〜一七〇五
五〇	桓武天皇	一四四一〜一四六六	七〇	後冷泉天皇	一七〇五〜一七二八
五一	平城天皇	一四六六〜一四六九	七一	後三條天皇	一七二八〜一七三二
五二	嵯峨天皇	一四六九〜一四八三	七二	白河天皇	一七三二〜一七四六
五三	淳和天皇	一四八三〜一四九三	七三	堀河天皇	一七四六〜一七六七
五四	仁明天皇	一四九三〜一五一〇	七四	鳥羽天皇	一七六七〜一七八三
五五	文德天皇	一五一〇〜一五一八	七五	崇德天皇	一七八三〜一八〇一
五六	清和天皇	一五一八〜一五三六	七六	近衛天皇	一八〇一〜一八一五
五七	陽成天皇	一五三六〜一五四四	七七	後白河天皇	一八一五〜一八一八
五八	光孝天皇	一五四四〜一五四七	七八	二條天皇	一八一八〜一八二五
五九	宇多天皇	一五四七〜一五五七	七九	六條天皇	一八二五〜一八二八
六〇	醍醐天皇	一五五七〜一五九〇	八〇	高倉天皇	一八二八〜一八四〇

御代數	天皇	御在位年間	御代數	天皇	御在位年間
八一	安德天皇	一八四〇〜一八四五	一〇一	後花園天皇	二〇八八〜二一二四
八二	後鳥羽天皇	一八四五〜一八五八	一〇二	後土御門天皇	二一二四〜二一六〇
八三	土御門天皇	一八五八〜一八七〇	一〇三	後柏原天皇	二一六〇〜二一八六
八四	順德天皇	一八七〇〜一八八一	一〇四	後奈良天皇	二一八六〜二二一七
八五	仲恭天皇	一八八一	一〇五	正親町天皇	二二一七〜二二四六
八六	後堀河天皇	一八八一〜一八九二			
八七	四條天皇	一八九二〜一九〇二			
八八	後嵯峨天皇	一九〇二〜一九〇六			
八九	後深草天皇	一九〇六〜一九一九			
九〇	龜山天皇	一九一九〜一九三四			
九一	後宇多天皇	一九三四〜一九四七			
九二	伏見天皇	一九四七〜一九五八			
九三	後伏見天皇	一九五八〜一九六一			
九四	後二條天皇	一九六一〜一九六八			
九五	花園天皇	一九六八〜一九七八			
九六	後醍醐天皇	一九七八〜一九九九			
九七	後村上天皇	一九九九〜二〇二八			
九八	後龜山天皇	二〇二八〜二〇五二			
九九	後小松天皇	二〇五二〜二〇七二			
一〇〇	稱光天皇	二〇七二〜二〇八八			

普通學校國史　上卷

第一　天照大神(あまてらすおほみかみ)

天皇陛下の御先祖(ごせんぞ)を天照大神(あまてらすおほ
みかみ)と申す。大神(おほみかみ)は御德(おんとく)きはめて高き御方(おんかた)にて、はじめて稲(いね)・麥(むぎ)などを田畑(たはた)にうゑさせ、又蠶(かひこ)をかはせて、萬民(ばんみん)をめぐみたまへり。

大神(おほみかみ)の御弟に素戔嗚尊(すさのをのみこと)と申す御方ありて、たびたびあらあらしき行ありしが、大神(おほみかみ)はつねに尊(みこと)を愛して、之をとがめたまはざりき。しかるに尊(みこと)、大神(おほみかみ)の機屋(はたや)をけがされしかば、大神(おほみかみ)つひにたへかねたまひて、天(あめ)の岩屋(いはや)に入り、岩戸(いはと)をたてて其の中にかくれたまへり。

あまたの神々これを憂(うれ)へ、大神(おほみかみ)を出(いだ)したてまつらんため、岩戸(いはと)の外(そと)にあつまり、八坂瓊曲玉(やさかにのまがたま)・八咫鏡(やたのかゞみ)などを榊(さかき)の枝にかげ、神樂(かぐら)をはじめたり。其の時天鈿女命(あめのうずめのみこと)のまひの樣(さま)をかしかりしかば、神々の笑の聲は天地を動かすばかりなり。大神(おほみかみ)これは何事ぞとあやしみたまひて、少し岩戸(いはと)を開きたまひしかば、

天皇陛下の
御先祖
天照大神の
御德

	神々たゞちに榊(さかき)をさし出せしに、大神(おほみかみ)の御すがた其の枝にかけたる鏡(かゞみ)にうつれり。大神(おほみかみ)いよいよふしぎにおぼしめして、少し戸より出でたまひしを、かたはらにかくれゐたる手力男命(たぢからをのみこと)、御手を取りて出したてまつり、神々聲をあげてよろこびあへり。
素戔嗚尊劍をたてまつる	素戔嗚尊(すさのをのみこと)は神々に追はれて、出雲(いづも)にくだりたまへり。尊(みこと)簸川(ひのかは)の川上(かはかみ)にて八岐(やまた)の大蛇(をろち)を斬りて、人々をすくひたまふ。此の時大蛇(をろち)の尾より一ふりの劍(つるぎ)を得、これはふしぎの劍(つるぎ)なりとて、大神(おほみかみ)にたてまつりたまへり。之を天叢雲劍(あめのむらくものつるぎ)と申す。
御孫を此の國にくだしたまふ	素戔嗚尊(すさのをのみこと)の御子に大國主命(おほくにぬしのみこと)と申す御方ありて、出雲(いづも)地方を平(たひら)げたまひしが、其の他の地方には、わるものどもなほ多かりき。大神(おほみかみ)は御孫瓊瓊杵尊(ににぎのみこと)をくだして、此の國ををさめしめんとおぼしめし、まづ使をつかはして、大國主命(おほくにぬしのみこと)の平げたまへる地方をたてまつらしめたまひしに、命よろこびて其の仰(おほせ)にしたがひたまへり。
神勅をくだしたまふ	大神(おほみかみ)、瓊瓊杵尊(ににぎのみこと)に向ひて告(つ)げたまはく、「此の國は、わが子孫の王(きみ)たるべき地なり。汝(なんぢ)皇孫(くわうそん)ゆきてをさめよ。皇位(くわうゐ)の盛(さかん)なること、天地と共にき

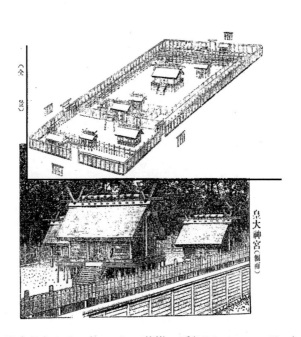

皇大神宮(側面)

はまりなかるべし。」と。萬世一系(ばんせいいつけい)の
天皇をいたゞきて、いつの世までも動きなきわが國體
(こくたい)の基(もとゐ)は、實(じつ)にこゝに定まれり。

わが國體の基

大神(おほみかみ)はまた八坂瓊曲玉(やさかにのまがた
ま)・八咫鏡(やたのかゞみ)・天叢雲劒(あめのむらくものつ
るぎ)を瓊瓊杵尊(ににぎのみこと)に授(さづ)けたまひき
之を三種(さんしゆ)の神器(じんぎ)といふ。尊(みこと)は
之を奉じ、あまたの神々をしたがへて日向(ひうが)にく
だりたまへり。これより神器(じんぎ)は、御代々の天皇
あひつたへて皇位(くわうゐ)の御しるしとしたまへり。

三種の神器を授けたまふ

皇大神宮	大神(おほみかみ)の神器(じんぎ)を尊(みこと)に授けたまひし時、「此の鏡(かゞみ)をわれと思ひて、つねにあがめたてまつれ」と仰(おほ)せられたり。されば此の御鏡(みかゞみ)を御神體(ごしんたい)として大神(おほみかみ)をまつれる伊勢(いせ)の皇大神宮(くわうだいじんぐう)は、御代々の天皇及び國民(こくみん)の深くうやまひたてまつれる御宮(おんみや)なり。

天照大神 ── 天忍穂耳尊(あめのおしほみゝのみこと) ── 瓊瓊杵尊 ── ── 彦火火出見尊(ひこほほでみのみこと) ── 鸕鶿草葺不合尊(うがやふきあへずのみこと) ── 神武天皇

第二　神武天皇(じんむてんのう)

日向を出で
たまふ

瓊瓊杵尊(ににぎのみこと)より御二代をへて、神武(じん
む)天皇の御時にいたるまでは、御代々日向(ひうが)にま
しましてわが國ををさめたまひしが、東の方には、なほ
わるものどもはびこりて、甚だざわがしかりき。天皇は
之を平げて、人民を安(やす)んぜんとおぼしめし、舟(ふ
な)いくさをひきゐて日向(ひうが)を發し、大和(やまと)
に向ひたまひ、多くの年月をへて浪速(なには)につきた
まへり。

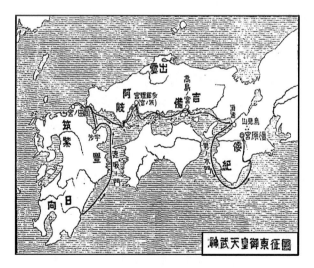

神武天皇御東征圖

大和に入り
たまふ

天皇河内(かはち)より大和(やまと)に入らんとしたまひ
しに、わるものどものかしら長髄彦(ながすねひこ)とい
ふもの勢(いきほひ)强く、御軍(みいくさ)をふせぎて入
れたてまつらず。よりて天皇道をかへて、紀伊(きい)より

大和(やまと)に進まんとしたまふ。其のあたりは、山高
く谷深く道なきところも多かりしが、天皇は之をものと
もしたまはず、飛行く烏(からす)をしるべとし、兵士を
はげまし、道をひらかせて、つひに大和(やまと)に入り
たまへり。

神武天皇けはしき山道をわけ進みたまふ

大和地方を
平げたまふ

かくて、しだいにわるものどもを平げ、ふたゝび長髄彦
(ながすねひこ)を討(う)ちたまふしかるに長髄彦(ながす
ねひこ)の手下(てした)のものども力のかぎり戰ひけれ
ば、御軍(みいくさ)たやすく勝つこと能はざりき時に一
天にはかにかきくもりて、雹(へう)降りいだし、いづく
より飛來りしか、金色(きんいろ)の鵄(とび)天皇の持ち
たまへる御弓(おんゆみ)のさきにとまり、其の光の強く
かゞやきたるに、わるものどもは目くらみてまた戰ふこ
と能はず、つひに大いにやぶれ、長髄彦(ながすねひこ)
もついでころされたり。

やがて天皇は、宮を畝傍山(うねびやま)の東南橿原(かしはら)にたてて、はじめて御卽位(ごそくゐ)の禮を行ひたまへり此の年をわが國の紀元元年(きげんぐわんねん)とし、毎年二月十一日の紀元節(ぎげんせつ)は、此のめでたき日にあたれるがゆゑに、國民ひとしく之を祝(いは)ふなり。

天皇はまた御孝心ふかく、御先祖の神々を鳥見山(とみのやま)にまつりたまふ。かくて天皇は、天照大神(あまてらすおほみかみ)の定めたまひしわが帝國の基(もとゐ)をいよいよ固(かた)くしたまひてかくれたまへり。其のかくれたまひし日にあたりて行はるゝ御祭は、毎年四月三日の神武天皇祭(じんむてんのうさい)なり。

第三　日本武尊(やまとたけるのみこと)

神武(じんむ)天皇大和(やまと)にうつりたまひしより後
は、天皇の御威光(ごゐくわう)おひおひ四方にひろがり
しも、都(みやこ)を遠(とほ)くはなれたる東西の國々に
は、わるものどもなほ少からず、時々(ときどき)そむき
て、人民をなやましたり。

九州の熊襲
を平げたま
ふ

第十二代景行(けいかう)天皇の御代(みよ)に至り、九州
の南の方にすめる熊襲(くまそ)そむきたれば、天皇、御
子小碓尊(をうすのみこと)をつかはして之を討たしめた
まふ。尊(みこと)は御生れつきくわつぱつにて、御力も
強くましませしかば、此の頃御年わづかに十六なりし
も、仰(おほせ)にしたがひて、たゞちに九州に至りたま
ふ。熊襲(くまそ)のかしら川上(かはかみ)のたけるは、
かくとも知らず、人々と共に酒を飲みてたのしみゐた
り。尊(みこと)は御髮(おんかみ)をとき、少女(せうぢよ)
のすがたになりて、たけるに近づき、劍(つるぎ)をぬき
て其の胸(むね)をさしたまへり。たけるはおどろきて、
「日本一の強き御方かな。これよりは日本武(やまとたけ
る)と名のりたまへ。」と申して、息(いき)たえたり。よ
りて尊(みこと)は御名を改(あらた)め、めでたく大和(や
まと)にかへりたまへり。

東國に向ひ
たまふ

其の後、東の國の蝦夷(えぞ)そむきしかば、天皇また尊
(みこと)をして之を討たしめたまふ。尊(みこと)は熊襲

（くまそ）御征伐（ごせいばつ）のためにつかれたまひたれど、天皇の仰（おほせ）をうけて、いさみて都をたち、まづ伊勢（いせ）に至りて皇大神宮（くわうだいじんぐう）を拜し、

日本武尊御劍をぬきて草を薙ぎたまふ

天叢雲劒（あめのむらくものつるぎ）をいただきて、東國に向ひたまへり。尊（みこと）の駿河（するが）に至りたまひし時、其の地のわるものども尊（みこと）を欺（あざむ）きて、鹿（しか）がりせんとて野原の中にみちびきたてまつり、四方より草をやきたてて、尊（みこと）を弑（しい）したてまつらんとせり。尊（みこと）御劒（みつるぎ）をぬき草を薙（な）ぎはらひて、ふせぎたまひしに、わるものどもは、かへつておのがつけたる火にやかれて、ことごとくほろぼされたり。これより此の御劒（みつるぎ）を草薙劒（くさなぎのつるぎ）と申すこととなれり。

草薙劒

東國の蝦夷を平げたまふ	尊(みこと)これより軍(いくさ)を東に進めたまひしが、蝦夷(えぞ)どもは、みな御勢(おんいきほひ)におそれ、弓矢(ゆみや)をすてて降參(かうさん)せり。かくて尊(みこと)は常陸(ひたち)地方に至り、國々を平げて、大和(やまと)にかへりたまはんとせしが、途中(とちゆう)にて病にかゝり、つひにかくれたまへり。 
尊の御てがら	尊(みこと)はたふとき御身を以て、兵士と共になんぎをしのびたまひ、少年の御時より、西に東にわるものどもを討ちて、少しも御身をやすめたまふひまなくして、かくれたまひしなり。されど其の御てがらにより、遠方まで平ぎて、世(よ)の中(なか)よくをさまれり。尊(みこと)の御子、後に至りて天皇の御位に卽(つ)きたまふ。之を第十四代仲哀(ちゆうあい)天皇と申す。

朴赫居世王(ぼくかくきよせいわう)

むかしの朝鮮

むかし朝鮮半島の北部は箕子(きし)といへる人、支那(しな)より來りてこれををさめたりといふ。後支那のために攻取られてしばらく其の領土となれり。半島の南部は馬韓(ばかん)・辰韓(しんかん)・卞韓(べんかん)の三つに分れ、いづれも多くの小國よりなれり。これらの國の人々は早くより海をわたりて、內地と往來(わうらい)したり。

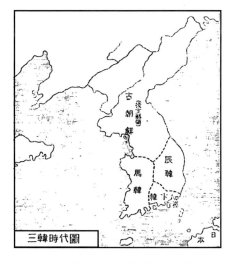

三韓時代圖

任那

卞韓(べんかん)の國々は、新羅(しらぎ)のためしばしば苦しめられしかば、崇神(すじん)天皇の御代、其の中の任那(みまな/加羅:から)といへる國、使をつかはしてすくひをもとめたり。

新羅

新羅(しらぎ)はもと辰韓(しんかん)の一國なりしが、しだ

朴赫居世 高麗 百濟	いに辰韓(しんかん)の地を併せたり。崇神(すじん)天皇の御代朴赫居世(ぼくくわくきよせい)其の王となるに及び、內地よりわたり來りし瓠公(ここう)等を用ひて、よく國ををさめたり。王とほゞ同じ頃に朱蒙(しゆもう)といへるもの、滿洲(まんしゆう)の地に國をたてて、高麗(こま/高句麗:かうくり)と稱(しよう)したり。其の子温祚(をんそ)は南にくだり、垂仁(すゐにん)天皇の御代、馬韓(ばかん)の地に百濟(くだら)國をたてたり。

第四　神功皇后(じんぐうくわうごう)

熊襲を討ち
たまふ

仲哀(ちゆうあい)天皇の皇后を神功皇后(じんぐうくわうごう)と申し、御生れつき賢(かしこ)くををしくましませり。天皇の御代に熊襲(くまそ)またそむきしかば、天皇は、皇后と共に九州にみゆきして之を討ちたまひしが、いまだ平がざるうちにかくれたまへり。

新羅を討ち
たまふ
　三韓

此の頃朝鮮には、新羅(しらぎ)・百濟(くだら)・高麗(こま)の三國ありて、之を三韓(さんかん)といへり。中にも新羅(しらぎ)は最(もつと)も我が國に近く、且(かつ)その勢強かりき。されば皇后は、まづ新羅(しらぎ)をしたがへなば、熊襲(くまそ)はおのづから平がんとおぼしめし、

武內宿禰(たけうちのすくね)とはかり、御みづから兵を
ひきゐて新羅(しらぎ)を討ちたまふ。時に紀元八百六十
年なり。

皇后(くわうごう)は御出發(ごしゆつばつ)の前、香椎(か
しひ)の海べに出で、御髮(おんかみ)を
解(と)き海水にて洗(あら)ひ
たまひて、男の如くみづら
といふ髮のふうにゆひ、

神功皇后はるかに新羅の方をのぞみたまふ

人々に向ひたまひて、「われ今かりに男のすがたになり
て軍(いくさ)をひきゐ、神々の御たすけと汝等の力とに
よりて新羅(しらぎ)を討ちしたがへん。」と仰(おほ)せら
れしに、武內宿禰(たけうちのすくね)をはじめ一同つゝ
しみて「仰(おほせ)にしたがふべし。」と答へたてまつれ
り。

三韓我が國にしたがふ	皇后(くわうごう)舟いくさをひきゐて對馬(つしま)にわたり、それより新羅(しらぎ)におしよせたまふ。軍船(いくさぶね)海にみちみちて、御勢すこぶる盛なりしかば、新羅王(しらぎわう)大いに恐れていはく、「東の方に日本といふ神國(しんこく)ありて、天皇といふすぐれたる君いますと聞く。今來れるは、必ず日本の神兵(しんぺい)ならん。いかでかふせぎ得べき。」と。たゞちに白旗(しらはた)をあげて降參し、皇后(くわうごう)の御前にちかひて、「たとひ太陽(たいやう)西より出で、川の水さかさまに流るゝ時ありとも、毎年の貢(みつぎ)はおこたり申さじ。」といへり。やがて皇后(くわうごう)凱旋(がいせん)したまひしが、其の後百濟(くだら)・高麗(こま)の二國もまた我が國にしたがへり。
皇后の御てがら	かくて、これより朝鮮は天皇の御德になびきしたがひ、熊襲(くまそ)もおのづから平げり。又第十五代應神(おうじん)天皇の御代に、王仁(わに)といふ學者(がくしや)など百濟(くだら)より來りて學問をつたへ、機織(はたおり)・鍛冶(かぢ)などの職人(しよくにん)も、おひおひ渡り來りて、わが國ますます開けしは、全く神功皇后(じんぐうくわうごう)の御てがらに基(もと)づきしなり。

第五　仁德天皇(にんとくてんのう)

萬民をめぐ
みたまふ

第十六代仁德(にんとく)天皇は應神(おうじん)天皇の御子にして、御なさけ深(ふか)く、常に人民をあはれみたまへり。天皇は都を難波(なには)にさだめたまひしが、皇居(くわうきよ)はきはめて質素(しつそ)なる御つくりなりき。天皇ある日、高き御殿(ごてん)にのぼりて、四方をのぞみたまひしに、村々より立つかまどの煙(けむり)少かりしかば、かくかまどの煙の少きは、五穀(ごく)みのらずして、食物の足(た)らざるためならん。都近きところすらかくの如くなれば、遠き國々にては、人々いかに苦しみ居るならんとおぼしめし、勅(みことのり)して三年の間税(ぜい)ををさむることを免(めん)じたまへり。されば皇居(くわうきよ)はしだいにあれ損(そん)ずれども、御心にもかけたまはず、御衣(ぎよい)すら新(あらた)にはつくらしめたまはざりき。

人民よろこ
びて皇居を
造りたてま
つる。

そのうち豊年(ほうねん)うちつゞきて、人民皆ゆたかになり、村々の煙も盛に立ちのぼりたれば、天皇これを見たまひて、人民の富めるをよろこびたまひ、「われすでに富めり。」と仰せられたり。人民は皇居(くわうきよ)のあれ損じたるをつたへ聞きて、税(ぜい)ををさめ、又新(あたら)に皇居(くわうきよ)を造りたてまつらんことを願ひ出でたれども、天皇は之をゆるしたまはざりき。

仁德天皇民のかまどの煙をのぞみたまふ

されどなほしきりに願ひたてまつりたれば、さらに三年の後に至り、はじめて御ゆるしありたり。人民よろこびいさみて、われさきにとはせ集り、日夜(にちや)工事にはげみしかば、皇居たちまちうるはしくできあがれり。

天皇はなほ人民のためをはかりたまひ、堤(つゝみ)をきづかせ、池をほらせなどして、農業をすゝめたまひしかば、人々皆ふかく天皇の御恩(ごおん)に感じたてまつり、おのおの其の業をたのしみて、世の中よくをさまれり。

農業をすゝめたまふ

第六　聖德太子(しやうとくたいし)

太子政をとりたまふ

仁德(にんとく)天皇より御十八代めの天皇を第三十三代推古(すゐこ)天皇と申す。天皇は女帝にましませしかば、政治(せいぢ)を御甥(おんをひ)の聖德太子(しやうとくたいし)にまかせたまへり。

十七條の憲法を定めたまふ

太子(たいし)は御生れつき人にすぐれて賢(かしこ)くましまし、一時によく十人の訴(うつたへ)を聞分(ききわ)けたまひしといふ。其の上に、朝鮮の學者について、深く學問ををさめたまひしかば、朝鮮・支那(しな)のよきところをとりて、いろいろ新(あたら)しき政治をはじめたまひ、遂(つひ)に十七條の憲法(けんぱふ)を定めて、官民(くわんみん)の心得べきことを示したまへり。

使を支那につかはしたまふ

太子(たいし)は又使を支那(しな)につかはして、交際(かうさい)をはじめたまへり。其の頃、支那(しな)は國の勢强く、學問なども進みゐたりしかば、常にみづから高ぶりて、他の國々を皆屬國(ぞくこく)の如くにとり

聖德太子

	あつかへり。されど太子(たいし)は少しも其の勢に恐れたまふことなく、彼(か)の國につかはしたまひし國書(こくしよ)にも、「日出(ひい)づる處(ところ)の天子、書を日沒(ひぼつ)する處の天子にいたす。恙(つゝが)なきか。」とかゝせたまへり。支那(しな)の國主(こくしゆ)これを見ていかりたれども、程なく使を我が國につかはしたり。よりて太子(たいし)はさらに留學生(りうがくせい)をも彼の國に送りたまひ、其の後引きつゞき兩國の間にゆききありたれば、これまで朝鮮を經(へ)て我が國に渡り來りし學問などは、たゞちに支那よりつたはることとなれり。
佛教をおこしたまふ	これよりさき、太子(たいし)の御祖父第二十九代欽明(きんめい)天皇の御代に、佛教(ぶつけう)始めて百濟(くだら)よりつたはれり。太子(たいし)は深く之を信じたまひて、多くの寺を建て、又御みづから教を說きたまひしかば、これより佛教大いに國內(こくない)にひろまり、建築(けんちく)などもいちじるしく進みたり。太子(たいし)の建てたまひし寺の中にて最も名高きは、大和(やまと)の法隆寺(はふりゆうじ)にして、其のおもなる建物は昔のまゝなりといはれ、わが國にて最も古き建物なり。
法隆寺	
人々太子ををしみたてまつる	かくの如く、太子(たいし)は大いにわが國の利益(りえき)をはかりたまひしが、いまだ御位に卽きたまはざる前に、うせたまへり。此の時、世の中の人々は皆、親をうしなへるが如く、なげきかなしみたりといふ。

第七　天智天皇(てんぢてんのう)と
藤原鎌足(ふぢはらのかまたり)

蘇我氏の無道

推古(すゐこ)天皇の御代の前後に、最も勢ありしは蘇我(そが)氏なり蘇我(そが)氏は武內宿禰(たけうちのすくね)の子孫にして、代々朝廷(てうてい)の政治にあづかり、勢にまかせて、しだいに我がまゝなるふるまひ多かりき。蘇我蝦夷(そがえみし)は第三十三代推古(すゐこ)・第三十四代舒明(じよめい)・第三十五代皇極(くわうぎよく)の三天皇に仕へたてまつりしが、心よろしからぬものなれば、ほしいまゝにあまたの人民をつかひて、あらかじめおのれ等父子の墓(はか)を作り、おそれ多くも之を陵(みさゝぎ)といへり。此の時聖徳太子(しやうとくたいし)の御女は大いにいかりたまひて、「天に二つの日なく、國に二人の君なきに、いかなればかゝる我がまゝをするぞ。」と仰せられたり。蝦夷(えみし)の子入鹿(いるか)はなほも思のまゝにふるまひて、おのれに緣(えん)ある皇族を御位に卽けたてまつらんがために、聖徳太子(しやうとくたいし)の御子孫をほろぼし、遂におのが家を宮(みや)といはしめ、子等を王子(わうじ)といはしむるに至れり。まことに朝廷をおそれざる無道(むだう)のことといふべし。

中大兄皇子鎌足と共に入鹿を誅したまふ

中臣鎌足(なかとみのかまたり)は此のさまを見て大いにいきどほり、朝廷の御ために入鹿(いるか)父子をのぞか

んとはかれり。此の頃皇極(くわうぎよく)天皇の御子中大兄皇子(なかのおほえのわうじ)も、また蘇我(そが)氏の無道をにくみたまひしかば、鎌足(かまたり)はいかにもしておのが心を皇子にうちあけたてまつらんと思ひしに、ある時皇子の蹴鞠(けまり)の御遊(おんあそび)にまゐりあひ、御靴(くつ)のぬげたるを取りてさし上げ、これより皇子に親(した)しみたてまつることを得、ひそかに同じ志(こゝろざし)の人々とはかりゐたり。されど入鹿(いるか)は家のめぐりに池を掘(ほ)りて城(しろ)の如くにし、出入の時にはあまたの人々をしたがへ、すこしも心をゆるさざりき、たまたま三韓(さんかん)より貢物(みつぎもの)をたてまつることあり、大極殿(だいごくでん)にて其の式を行はせらるゝ日に、入鹿(いるか)はまゐりて皇極(くわうぎよく)天皇の御そばにありしかば、此の折(をり)を以て入鹿(いるか)を誅(ちゆう)せんとし、皇子は御みづからほこをとりたまひ、鎌足(かまたり)等は弓矢(ゆみや)・劍(つるぎ)などを持ちて御殿(ごてん)のわぎにかくれゐたり。然るに人々は入鹿(いるか)を恐れてためらひたるに、皇子はまつさきに進み入り、遂に人々と共に入鹿(いるか)を誅し、さらに天皇の御前に進み出でて、つゝしみて入鹿(いるか)の不忠を申し上げたまへり。

中臣鎌足御靴を中大兄皇子にさし上ぐ

蘇我氏ほろぶ

蝦夷(えみし)は家にありて皇子と戰はんとし、之につきしたがふものも少からざりき。皇子すなはち人をやりて、わが國には、昔より君臣(くんしん)の別(べつ)あることをいひ聞かせたまひしかば、人々ちりぢりににげ去り、蝦夷(えみし)も遂に家を燒きて自殺(じさつ)せり。

武内宿禰(たけ
うちのすくね) ..... 蘇我石川
(そがいしかは) ..... 馬子(うまこ) ──

───── 蝦夷(えみし) ───── 入鹿(いるか)

第八　天智天皇(てんぢてんのう)と
藤原鎌足(ふぢはらのかまたり)(つゞき)

大化の新政
をたすけ行
ひたまふ

やがて皇極(くわうぎよく)天皇は御位を御弟第三十六代孝德(かうとく)天皇にゆづりたまひ、中大兄皇子(なかのおほえのわうじ)は其の皇太子(くわうたいし)となりたまへり。皇太子(くわうたいし)は天皇をたすけたてまつりて、大いに政治を改め、これまで勢あるものが多くの土地をもちて、ほしいまゝに人民を使ひたりし習(なら)はしをとゞめて、これ等の土地・人民をことごとく朝廷にをさめしめたまへり世に之を大化(たいくわ)の新政(しんせい)といふ。大化(たいくわ)とは、此の時定められたる

年號の始

年號(ねんがう)にして、之を年號の始とし、其の元年は紀元一千三百五年にあたれり。

兵を出して
百濟をすく
はしめたま
ふ

孝德(かうとく)天皇崩(ほう)じたまひて、皇極(くわうぎよく)天皇再(ふたゝ)び御位に卽きたまふ之を第三十七代齊明(さいめい)天皇と申す。中大兄皇子(なかのおほえのわうじ)はなほ皇太子(くわうたいし)として、引きつゞき政治にあづかりたまへり此の頃支那(しな)は唐(たう)の代にて、勢甚だ盛なりしが、新羅(しらぎ)は其の助(たすけ)をかりて百濟(くだら)をほろぼさんとせしかば、百濟(くだら)の人々すくひを朝廷にこへり皇太子すなはち天皇を奉じて九州におもむきたまひしが、天皇間もなく行宮(あんぐう)に崩じたまひしかば、皇太子つぎて立ちたまふ。第三十八代天智(てんぢ)天皇これなり。天皇兵を

	出して百濟(くだら)をすくはしめたまひしに、我が軍利をうしなひ、百濟(くだら)は程なくほろびしかば、天皇はながく我が軍を海外に勞(らう)することの不利なるを見たまひ、遂に之を引上(ひきあ)げしめたまへり。ついで高麗(こま)もまた唐(たう)にほろぼされ、新羅(しらぎ)ひとり威(ゐ)をふるふに至り、これより朝鮮は全く我が國よりはなれたり。されど唐(たう)とは此の後もなほ交(まじはり)を絕(た)たざりき。
國內の政治を新にしたまふ	これより天皇はもつぱら御心を國內の政治に用ひたまひ、都を近江(あふみ)にうつし、鎌足(かまたり)をして、いろいろ新しき法令(はふれい)を定めしめたまへり。此の法令は、後に第四十二代文武(もんむ)天皇の大寶(だいはふ)年中に至りて大いに改められ、之を大寶律令(だいはふりつりやう)といひ、此の後ながく政治の本となれり。
大寶律令	
藤原鎌足の大功	中臣鎌足(なかとみのかまたり)は、さきに蘇我(そが)氏をほろぼせしより、二十餘年の間朝廷に仕へて大功ありしかば、天皇は常に之を重んじたまへり。鎌足(かまたり)大病(たいびやう)にかゝりし時、かたじけなくも天皇その家にみゆきして御みづから病を問ひたまひ、「何なりとも望(のぞ)むことあらば申すべし。」と仰せたまへり。鎌足(かまたり)深く天皇の御恩に感じたてまつり、「もとよりおろかなる身に、何の望むことか候(さふら)ふべき。たゞ願はくは葬儀(さうぎ)をてあつくせざらんことを。」と申し上げたりとぞ。天皇はやがて鎌足(かまたり)に最も高き位を授け、又藤原(ふぢはら)といふ姓(せい)

藤原氏の始	をたまへり。後の世に盛になれる藤原(ふぢはら)氏は、實にこゝに始れるなり。鎌足(かまたり)は後に大和(やまと)の談山神社(たんざんじんじや)にまつらる。

新羅一統(しらぎいつとう)

三國ならび立つ	新羅(しらぎ)・百濟(くだら)・高麗(こま)三國の中、高麗(こま)は國大きく、南に下りて半島の北部をあはせ、仁德(にんとく)天皇の御代の頃より勢いよいよ強くなり、兵を出してしばしば百濟(くだら)・新羅(しらぎ)の地を攻めたり。二國は大いに恐れ、すくひを朝廷に求めたりしかば、兵をつかはして、これらを保護したまへり。

新羅時代圖

新羅しだいに盛となる	其の後、百濟(くだら)は勢しだいに衰へたるも、新羅(しらぎ)は勝(すぐ)れたる王相ついで出で、兵を出して附近の地を攻め取り、欽明(きんめい)天皇の御代には、つひに任那(みまな)をあはせ、其の勢ますます盛となれり。天智(てんぢ)天皇の御代、文武(ぶんぶ)王出づるに及び、金庾信(きんゆしん)等とはかり、唐(たう)のたすけをかりて百濟(くだら)・高麗(こま)の二國をほろぼしたれば、朝鮮半島はおほかた新羅(しらぎ)の領土となりたり。
新羅一統時代	文武(ぶんぶ)王以後二百數十年間を新羅一統(しらぎいつとう)時代といふ。此の時代には佛教盛に行はれ、學問・美術も大いに進歩し、漢字を以て朝鮮の言語を書きあらはす吏讀(りと)もはじまれり。

第九　聖武天皇(しやうむてんのう)

奈良時代

文武(もんむ)天皇の次に、第四十三代元明(げんみやう)天皇御位に卽きたまふ。紀元一千三百七十年(和銅:わどう三年)天皇は都を大和(やまと)の奈良(なら)にさだめたまへり。これまでは都はたいてい御代ごとにかはる習はしなりしが、これより御七代七十餘年の間、おほむね奈良(なら)の都にましましたり。よりて此の間を奈良時代(ならじだい)といふ。

聖武天皇大佛ををがみたまふ

奈良の最も盛なりし御代

奈良時代(ならじだい)の中にて最も盛なりしは、第四十五代聖武(しやうむ)天皇の御代なり。此の頃は唐(たう)との交通(かうつう)しげく、世の中大いに開けたりしか

	ば、都も唐(たう)の風にならひてりつぱなるものとなり、宮殿(きうでん)などの建物は壁(かべ)を白く、柱(はしら)を赤くぬり、屋根(やね)には瓦(かはら)をふき、人々の風俗(ふうぞく)もすべてはなやかになりたり。
佛教をひろめたまふ 國分寺 東大寺	聖武(しやうむ)天皇は、あつく佛教を信じたまひ、之をひろめて世の中を太平(たいへい)にみちびかんとおぼしめされ、國ごとに國分寺(こくぶんじ)を造らしめたまへりことに奈良(なら)には大和(やまと)の國分寺(こくぶんじ)として、東大寺(とうだいじ)を建て、大佛(だいぶつ)を鑄(い)て之を置かしめたまへり。其の大佛殿(だいぶつでん)は後、度々(たびたび)造りかへられしも、高さ十五丈餘ありて、木造の建物にては世界第一といはれ、大佛も五丈餘の高さにて、其の大なるには驚かざるものなし。
光明皇后	聖武(しやうむ)天皇の皇后は、藤原鎌足(ふぢはらのかまたり)の孫にましまして、世に光明(くわうみやう)皇后と申したてまつる。皇后もまたあつく佛教を信じたまへり。御生れつきなさけ深く、貧しき人々のために病院(びやうゐん)を建てて藥を施(ほどこ)したまひ、又孤兒(こじ)を集めて之を養はしめたまへり。

第十　和氣淸麻呂(わけのきよまろ)

行基と道鏡

佛教の盛になるにつれて、すぐれたる僧多く出でたり中にも行基(ぎやうき)は、諸國を旅行(りよかう)して、あまたの寺を建て、又道を開き、橋をかけ、池を掘(ほ)り、舟(ふな)つきを定めなどして、世の中の便利(べんり)をはかりたれば、大いに人々より尊(たつと)ばれたり。されどまた道鏡(だうきやう)の如き無道の僧も出來(いできた)れり。

和氣淸麻呂宇佐八幡の敎を申し上ぐ

清麻呂宇佐
におもむく

道鏡は第四十八代稱德(しようとく)天皇の御代に仕へたてまつりて、政治にもあづかり、すこぶる勢をふるへりたまたま道鏡(だうきやう)にへつらへるもの、宇佐八幡(うさはちまん)の御告(おんつげ)といつはり、「道鏡(だうきやう)をして皇位に卽かしめたまはば、天下(てんか)

清麻呂神の教を申し上ぐ	太平ならん。」と天皇に申し上げたり。道鏡(だうきやう)これを聞きて大いに喜(よろこ)びしが、天皇は和氣淸麻呂(わけのきよまろ)を宇佐(うさ)につかはして、神の教を受けしめたまへり。
	淸麻呂(きよまろ)の宇佐(うさ)に行かんとせし時、道鏡(だうきやう)淸麻呂(きよまろ)に向ひ、「われ汝に高き官位(くわんゐ)を授(さづ)くべければ、我がためによくはからふべし。」といひて、之をいざなへり。されど、淸麻呂(きよまろ)は忠義の志深く、おのが出世(しゆつせ)のために其の志をかふる如き人にあらざれば、宇佐(うさ)よりかへりて、「わが國は國の初より、君と臣との別(べつ)明(あきら)かに定まれり。決(けつ)して臣を以て君とすることなし。無道のものは早く之を除(のぞ)くべし。」と神の教をば、少しもはゞかるところなく申し上げたり。
淸麻呂の忠義	道鏡(だうきやう)大いに怒(いか)りて、淸麻呂(きよまろ)を大隅(おほすみ)に流し、なほ途中にて之を殺さしめんとせしが、たまたま雷雨(らいう)はげしくして果(はた)さず、淸麻呂(きよまろ)は幸にして其の難(なん)をまぬかれたり。程なく第四十九代光仁(くわうにん)天皇の御代に、道鏡(だうきやう)は下野(しもつけ)におひやられしが、淸麻呂(きよまろ)は召しかへされ、第五十代桓武(くわんむ)天皇の御代に至るまで、朝廷に仕へてますます忠義をつくし、重き役(やく)に用ひられたり。今京都(きやうと)の護王神社(ごわうじんじや)にまつらる。わが國の臣民たるものは、皆淸麻呂(きよまろ)の心を以て

姉廣虫	其の心となさざるべからず。 清麻呂(きよまろ)の姉廣虫(ひろむし)も、まごころを以て朝廷に仕へたてまつり、弟と仲よかりしかば、人々感じ合へり。清麻呂(きよまろ)の流されし時、廣虫(ひろむし)も備後(びんご)に流されしが、また清麻呂(きよまろ)と共に召しかへされたり。廣虫(ひろむし)はつゝしみ深くして、かつて人のかげ口(ぐち)をいひたることなく、又なさけ深く、棄兒(すてご)を拾(ひろ)ひ集めて、育(そだ)てあげたる數八十餘人に及びたりといふ。今廣虫(ひろむし)も護王神社(ごわうじんじや)に合はせまつらる。

第十一　桓武天皇(くわんむてんのう)と
坂上田村麻呂(さかのうへたむらまろ)

都を京都に
さだめたま
ふ

桓武(くわんむ)天皇は光仁(くわうにん)天皇の御子な
り。天皇は和氣清麻呂(わけのきよまろ)の建議(けんぎ)
によりて、今の京都(きやうと)の地を見たてたまひ、其
の山河うるはしく便利多きにより、紀元一千四百五十四
年(延曆:えんりやく十三年)都をこゝにさだめたまへり。
こゝに於て、四方より集り來れる人民は、皆喜びて平安
京(へいあんきやう)といふ。これより明治の初まで一千
七十餘年の間、御代々の天皇おほむね此の都にましませ
り。

平安京の制

桓武天皇

平安京(へいあんき
やう)は、奈良(なら)
の都にならひて、そ
れよりも大きく作ら
せられたり。其の中
央(ちゆうあう)に南
北に通ずる大道(だ
いだう)ありて京を
二つに分ち、さらに
縦横(たてよこ)に碁
盤(ごばん)の目の如
く、あまたの道路を

平安神宮

開けり。大道の北の端(はし)に大内裏(だいだいり)あり
て、其の中に内裏(だいり)・大極殿(だいごくでん)及び諸
官省(しよくわんしやう)あり。内裏(だいり)はすなはち
天皇のまします所にして、紫宸殿(ししんでん)及び其の
他の諸殿あり。大極殿(だいごくでん)は重き御儀式(おん
ぎしき)を行ひたまふ所にして、今桓武(くわんむ)天皇を
まつりたてまつれる京都(きやうと)の平安神宮(へいあん
じんぐう)は、此の御殿の形をうつして造れるものなれ
ば、これによりて、昔の大極殿(だいごくでん)の有様を
おしはかることを得べし。

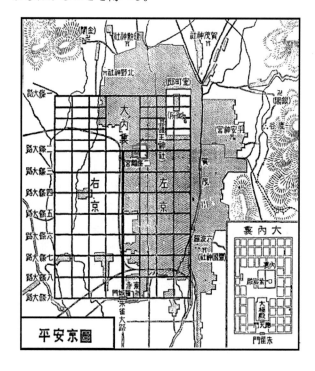

大 極 殿

坂上田村麻呂をして蝦夷を討たしめたまふ

さきに日本武尊(やまとたけるのみこと)の蝦夷(えぞ)御征伐(ごせいばつ)の後、齊明(さいめい)天皇の御代に、阿倍比羅夫(あべのひらぶ)さらに舟いくさをひきゐて、日本海の海岸の蝦夷(えぞ)をうち從(したが)へしが、太平洋にのぞめる地方の蝦夷(えぞ)は、なほしばしばそむきて人民を害せしかば、桓武(くわんむ)天皇は、又坂上田村麻呂(さかのうへのたむらまろ)を征夷大將軍(せいいたいしやうぐん)として、之を討たしめたまへり。田村麻呂(たむらまろ)は、生れつき武勇にして、しかもなさけ深く、怒る時は猛獸(まうじう)も恐れてにげ、笑ふ時は稚兒(をさなご)もなつきてはひよりたりといふ。田村麻呂(たむらまろ)兵をひきゐて發し、いたる所にて賊を破り、遂に今の陸中(りくちゆう)に進みて賊を平げしかば、これより東北の地方始めてしづまれり。

田村麻呂の功	田村麻呂(たむらまろ)は其の功によりて、重く賞せられ、官位もしだいに進み、第五十二代嵯峨(さが)天皇の御代に至りて薨(こう)ぜり。天皇は墓地(ぼち)を山科(やましな)にたまはり、屍(かばね)を平安京(へいあんきやう)に向はせ、武器をそへて葬(はうむ)らしめたまへり。

これより後、將軍(しやうぐん)となりて出征(しゆつせい)する人々は、此の墓(はか)に參詣(さんけい)して武運(ぶうん)をいのれりといふ。

第十二　弘法大師(こうばふだいし)

桓武(くわんむ)天皇より後、數代の間は、天下よくをさまり、新しき宗教(しゆうけう)も傳(つた)はりて、世の中いよいよ開けゆけり。

空海唐に渡る

眞言宗を傳ふ

此の頃空海(くうかい)といふ名高き僧あり。讃岐(さぬき)の人にして、生れつき賢く、神童(しんどう)のほまれありし上に、ますます學問にはげみ、遂に桓武(くわんむ)天皇の御代に唐(たう)に渡りて佛教を學び、三年の後かへりて、我が國に眞言宗(しんごんしゆう)を傳へたり。空海(くうかい)はことに嵯峨(さが)天皇の御信任(ごしんにん)を得て、始めて高野山(かうやさん)を開きしが、

これより此の宗(しゆう)大いにひろまりて、佛教はますます盛になれり。

空海の文字

空海(くうかい)は學問深く、京都(きやうと)に學校をおこして、貴(たつと)きと賤(いや)しきとの別なく、廣く人々の入學をゆるして、之を教へたり。又詩文(しぶん)をよくし、ことに文字にたくみなりき。かつて朝廷の仰(おほせ)を受けて、應天門(おうてんもん)の額(がく)を書きしに、其の額(がく)を門に打ちつけたる後、一つの點を書きおとしたるを知り、額(がく)に向つて筆をなげあげて、たくみに其の點をおぎなひたりといひ傳へたり。かのいろは歌も空海(くうかい)の作るところなりといはる。又讚岐(きぬき)にて萬農池(まんのうのいけ)の堤を築(きづ)くに當(あた)り、たやすく出來上(できあが)らざりしに、空海(くうかい)その工事を助くるに及びて、人々四方より集り來りて、遂に之を成しとげ、人民はながく其の益を受けたり。かくて空海(くうかい)は、世の中の利益をおこしたること多く、上下のうやまひもいよいよ厚(あつ)くして、後に朝廷より弘法大師(こうばふだいし)といふおくり名をたまはりたり。

學問をひろむ

世の利益をおこす

弘法大師のおくり名をたまはる

第十三　菅原道眞(すがはらのみちざね)

平安京(へいあんきやう)の御代の初の頃は、朝廷の御威光(ごゐくわう)すこぶる盛なりしが、間もなく藤原(ふぢはら)氏勢をふるふに至れり。

藤原氏政治をほしいままにす

藤原(ふぢはら)氏は其の先祖鎌足(かまたり)の大功をたてしより、世々大臣となれるもの多く、光明皇后(くわうみやうくわうごう)より後、御代々の皇后(くわうごう)またおほむね此の氏より出でたまふこととなれり。されば其の一門には、攝政(せつしやう)・關白(くわんぱく)の

攝政關白

高官にのぼるものありて、朝廷の政治をほしいまゝにし、此の氏に縁(えん)なきものは全く勢を失ひたり。

道眞重く用ひらる

第五十九代宇多(うだ)天皇は、かねてより藤原(ふぢはら)氏の勢のあまりに強きを憂へたまひ、菅原道眞(すがはらのみちざね)を用ひて其の勢を分たんとしたまへり。道眞(みちざね)は學者の家に生れ、をさなき時より學問にはげみ、十一二歳にしてよく詩を作り、やがて大人(おとな)にもまさりたる學者となれり。殊(こと)に心正しき人なれば、朝廷に仕ふるに及びて、天皇の御信任(ごしんにん)すこぶるあつかりき。

道眞時平と共に政治をとる

宇多(うだ)天皇についで、御子第六十代醍醐(だいご)天皇御位に卽きたまふ。天皇は御なさけ深く、寒夜(かんや)に御衣(ぎよい)をぬぎて、貧民(ひんみん)のつらさを思ひやりたまひしほどの明君(めいくん)にましませり。

筑前にうつさる	されば、天皇また御父の御志をうけて、道眞(みちざね)を右大臣(うだいじん)とし、左大臣(さだいじん)藤原時平(ふぢはらのときひら)とならびて政を行はしめたまへり。 然るに時平(ときひら)は、家(いへ)がらなれど、年若(わか)く、學問も智慧(ちゑ)も道眞(みちざね)におとり、天皇の御信任(ごしんにん)もまた道眞(みちざね)の如くあつからざりしかば、不平(ふへい)にたへずして道眞(みちざね)を天皇に讒(ざん)せり。道眞(みちざね)は之がために官をおとされて、筑前(ちくぜん)の太宰府(だざいふ)にうつされたり。 道眞(みちざね)家を出づる時、常に愛せる庭の梅(うめ)を見て、なごりををしみ、歌をよみていはく、

こちふかばにほひおこせよ、梅(うめ)の花、

あるじなしとて春をわするな。

かた時も天皇の御事を忘れたてまつらず	と。それより遠き海路(うみぢ)を渡りて筑前(ちくぜん)に至り、其の後も身をつゝしみて門より外に出づることなく、かた時も天皇の御事を忘(わす)れたてまつらざりき。かくて春去り夏すぎて九月十日となりし時、去年の今夜は宮中の御宴(ぎよえん)にはべり、詩をたてまつりて御感(ぎよかん)に入り、御衣(ぎよい)を賜(たま)はりしことを思ひ出して感にたへず、恩賜(おんし)の御衣(ぎよい)をさゝげて、君恩(くんおん)のかたじけなきを思ひ、詩を作りて其の心をのべたり。

天満天神

かくて道眞(みちざね)は、太宰府(だざいふ)にあること三年にして薨(こう)じたりしが、後に其の罪なきこと明かになりて、朝廷より高き官位を贈(おく)られたり。又世に天満天神(てんまんてんじん)とうやまひて、京都(きやうと)の北野神社(きたのじんじや)、筑前(ちくぜん)の大宰府神社(だざいふじんじや)をはじめ、全國いたる所に社(やしろ)を建てて之をまつれり。

菅原道眞恩賜の御衣を拜す

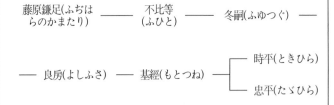

藤原鎌足(ふぢはらのかまたり) ── 不比等(ふひと) ── 冬嗣(ふゆつぐ) ──

── 良房(よしふさ) ── 基經(もとつね) ─┬─ 時平(ときひら)
　　　　　　　　　　　　　　　　　　　　　└─ 忠平(たゞひら)

王建(わうけん)

新羅みだる

宇多(うだ)天皇の御代の頃より、新羅(しらぎ)は政治みだれ、亂賊(らんぞく)所々に起り、自(みづか)ら王と稱(とな)ふるものなどもありたり。中にも弓裔(きゆうえい)は今の江原道鐵原(てつげん)に據(よ)り、勢最も盛なりき。されど其の行、きはめてあらあらしかりければ、部下(ぶか)の人々は之をおひて、王建(わうけん)を迎へたり。

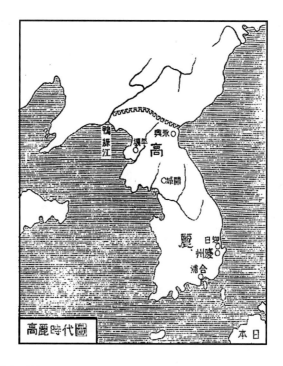

高麗時代圖

王建 高麗一統	王建(わうけん)は松嶽(しようがく/今の開城)の人なり。若(わか)くして父と共に弓裔(きゆうえい)に仕へ、四方に戰ひてたびたび功をあらはせり。弓裔(きゆうえい)のおはるゝに及び、多くの人に推されて王位に上り、國號(こくがう)を高麗(かうらい)と稱(しよう)し、開城に都せり。これを高麗(かうらい)の太祖(たいそ)とす。あたかも醍醐(だいご)天皇の御代なり。其の後高麗(かうらい)の勢はいよいよ盛となり、遂に新羅(しらぎ)をあはせ、他の地方を平定して、半島の地を一統(いつとう)するに至れり。太祖の孫成宗(せいそう)は賢明(けんめい)にして、よく人民ををさめ、いろいろの制度(せいど)を整(とゝの)へ、國の基(もとゐ)をかたくせり。 高麗王系圖 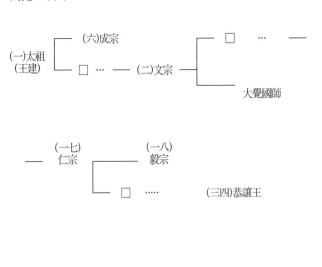

第十四　藤原(ふぢはら)氏の專橫(せんわう)

藤原氏ひとり勢を得

菅原道眞(すがはらのみちざね)しりぞけられて、宇多(うだ)天皇の御志むなしくなりし後は、藤原(ふぢはら)氏ますます勢を得、ひとり朝廷の政治をとりて、日夜遊樂(いうらく)にふけりたり。かくて其の一門の榮華(えいぐわ)は、藤原道長(ふぢはらみちなが)に至りてきはまれり。

道長榮華をきはむ

道長(みちなが)は時平(ときひら)の弟なる忠平(たゞひら)の曾孫(そうそん)にして、第六十六代一條(いちでう)・第六十七代三條(さんでう)・第六十八代後一條(ごいちでう)三天皇の御代に三十餘年の間、朝廷にありて勢をふるひ、其の女は三人まで皇后(くわうごう)となり、其の外孫(ぐわいそん)に當らせたまふ皇子は、三人まで引きつゞきて御位に卽きたまへり。後一條(ごいちでう)天皇の御代、道長(みちなが)攝政(せつしやう)となり、其の女ついで皇后に立ちし時、道長(みちなが)喜(よろこび)にたへず、歌をよみていはく、

　　このよをばわがよとぞ思ふ、もち月の
　　　　　かけたることもなしと思へば。

と。此の歌はおのが望(のぞみ)の皆かなひたるを十五夜(じふごや)の滿月(まんげつ)に引きくらべて、此の世はおのれ一人のものぞといふ意味にして、其の榮華(えいぐわ)にほこれるさまを知るべし。

道長父子の 專横	かくて道長(みちなが)の富は皇室にもまさり、思ふまゝにおごりをきはめたり。かつて法成寺(はふじやうじ)を京都(きやうと)に建てしが、此の寺は奈良(なら)の東大寺(とうだいじ)にも劣(おと)らざる大寺なりき。其の時道長(みちなが)は、ほしいまゝに公卿(くぎやう)等に命じて、宮中・諸官省などにある石を取りて建築場に運(はこ)ばしめたり。

藤原氏の遊樂

然るに工事の出来上らざるうちに、道長(みちなが)病にかゝりしかば、其の子賴通(よりみち)令(れい)を下していはく、「朝廷の事は後(あと)まはしとすとも、法成寺(はふじやうじ)の御用は怠ることなかれ。」と。こゝに於て公卿(くぎやう)等はきそひて日々數多(あまた)の工夫(こうふ)を出し、國々のつかさは朝廷にたてまつるもの

をさしおきて、まづ此の寺の材木・瓦などをさし出せし
ため、工事ことの外早く出來上り、道長(みちなが)しば
らくこゝに居りて薨(こう)ぜり。道長(みちなが)父子の
朝廷をおそれたてまつらざることかくの如く、賴通(よ
りみち)及び其の弟教通(のりみち)も相ついで攝政(せつ
しやう)・關白(くわんぱく)となりて專横(せんわう)をきは
めたり。

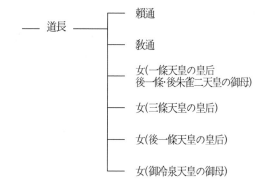

第十五　後三條天皇(ごさんでうてんのう)

藤原氏衰へ
始む

藤原(ふぢはら)氏の勢の最も盛なりしは、道長(みちなが)と賴通(よりみち)との代にして、第七十一代後三條(ごさんでう)天皇出でたまふに及びて、其の勢衰へ始めたり。

後三條天皇學問にはげみたまふ

關白賴通天
皇を恐れた
てまつる

後三條(ごさんでう)天皇は第七十代後冷泉(ごれいぜい)天皇の御弟にして、御年十二にて皇太弟(くわうたいてい)となりたまひ、東宮(とうぐう)にいませしこと二十餘年に及べり。然るに天皇の御母は藤原(ふぢはら)氏にあらせられざるを以て、關白(くわんぱく)賴通(よりみち)は其の東宮(とうぐう)にいますことを好まず、勢にまかせて專橫(せんわう)なるふるまひ多かりしが、天皇はよく之

	を忍(しの)びたまひ、又大江匡房(おほえのまさふさ)を師として學問にはげみ、内外の歴史にも通じたまひし上に、殊に御生れつき嚴格(げんかく)にましませり。されば賴通(よりみち)は心ひそかに天皇を恐れたてまつり、天皇の御卽位に先だち、關白(くわんぱく)を辭(じ)して宇治(うぢ)に隱居(いんきよ)し、弟教通(のりみち)代りて關白(くわんぱく)となれり。
關白教通天皇をはゞかりたてまつる 興福寺	教通(のりみち)もまた勢にまかせて、天皇の思召(おぼしめし)にそむくこと少からざりき。教通(のりみち)かつて、其の氏寺(うぢでら)なる奈良(なら)の興福寺(こうふくじ)の南圓堂(なんゑんだう)を再建(さいこん)せんため、特(とく)に請(こ)ひたてまつることありしが、天皇これを許したまはざりき。教通(のりみち)怒りて、ことごとくおのが一族(いちぞく)の公卿(くぎやう)をひきゐて、朝廷を退出(たいしゆつ)せしかば、天皇はやむことを得ず、教通(のりみち)の請(こひ)を許したまへり。かくて教通(のりみち)は一度(ひとたび)その目的(もくてき)を達したれども、これより大いに天皇を恐れたてまつりて、其の行をつゝしむに至れり。
天皇政治にはげみたまふ	天皇は、藤原(ふぢはら)氏の勢をおさへて政治にはげみたまひ、又官吏等がおごりにふけり大いなる別莊(べつさう)などを作るを喜びたまはず、日々の御膳部(ごぜんぶ)をはじめ、すべて儉約(けんやく)を守りたまへり。かつて岩淸水(いはしみづ)八幡宮(はちまんぐう)に行幸(みゆ

<table>
<tr><td>

頼通天皇を
惜しみたて
まつる

院政の始

</td><td>

き)したまひし時、拜觀者(はいくわんしや)の車にかざり
の金物(かなもの)うちたるを御覽(ごらん)じて、ことごと
く之を取去らしめたまひしことありき。かくて久しくみ
だれたる政治もおのづから整(とゝの)ひ、人心また引き
しまりたり。されど御在位(ございゐ)わづかに五年にし
て皇位を御子第七十二代白河(しらかは)天皇に讓(ゆづり)
たまひ、間もなく崩(ほう)じたまへり。時に御年四十。
前(さきの)關白(くわんぱく)頼通(よりみち)宇治(うぢ)に
ありて之を聞き、折から食膳(しよくぜん)に向ひゐたり
しが、覺(おぼ)えず箸(はし)をおとして、「かくも御世(み
よ)を早くしたまひしか。御國(みくに)の不幸此の上(う
へ)もなし。」とて惜(を)しみたてまつりたりといふ。

白河(しらかは)天皇また御父の御志をつぎて、政を藤原
(ふぢはら)氏にまかせたまはず、御位を讓りたまひし後
も、なほ院中(ゐんちゆう)にて政を聽(き)きたまひしか
ば、藤原(ふぢはら)氏の勢はますます衰へたり。

</td></tr>
</table>

第十六　源義家(みなもとのよしいへ)

地方に武士
おこる

藤原(ふぢはら)氏の衰ふる間に、武士(ぶし)しだいに勢を得るに至れり。さきに藤原(ふぢはら)氏が榮華(えいぐわ)をきはめて、地方の政治をかへりみざりしより、才氣(さいき)ありて藤原(ふぢはら)氏におさへられたる人人は、地方の官吏となりて諸國に下り、遂にとゞまりて武士となるもの多かりき。中にも源氏(げんじ)は第五十六代淸和(せいわ)天皇より出でて、はやくより勢强く、代々功をたてて武名をあげしが、義家(よしいへ)に至りて最もあらはれたり。

淸和源氏

賴義義家と
共に陸奥の
安倍氏を討
つ

源義家(みなもとのよしいへ)は賴義(よりよし)の長男にして、八幡太郎(はちまんたらう)と稱す。後冷泉(ごれいぜい)天皇の御代に、安倍賴時(あべのよりとき)といふもの、陸奥(むつ)にありて、多くの土地をかすめ取り人民を從へてそむきたれば、朝廷は賴義(よりよし)に仰せて之を討たしめたまふ。賴義(よりよし)は義家(よしいへ)と共に、陸奥(むつ)に至りて賴時(よりとき)と戰ひ、遂に之を誅(ちゆう)せりされど賴時(よりとき)の子貞任(さだたふ)・宗任(むねたふ)等なほ勢强くして、容易(ようい)に從はず。賴義(よりよし)進んで之と戰ひしが、折からの寒さに雪さへ降りて、道路の困難(こんなん)いはん方(かた)なく、其の上兵糧(ひやうらう)足らずして人馬共につかれ、さんざんにうち破られたり。義家(よしいへ)時に年十七なりしが、武勇人にすぐれ殊に弓の上手(じやうず)

義家の武勇

	なれば、馬を飛ばして數多の敵を射殺(いころ)し、賴義(よりよし)父子をはじめ主從(しゆうじゆう)わづかに七騎(き)、切(き)りまくりまくり、からうじて敵の圍(かこみ)をのがれ出づることを得たり。
賴義淸原武則の助を得て安倍氏をほろぼす	かくて賊の勢ますます強かりしかば、賴義(よりよし)はすくひを出羽(では)の人淸原武則(きよはらのたけのり)にもとめたり。武則(たけのり)兵をひきゐて來り助けしかば、賴義(よりよし)これと共にしきりに賊を破り、衣川(ころもがは)の館(たて)にせめよせしに、貞任(さだたふ)かなはずして迷(に)げいでしを、義家(よしいへ)これを射んとて追ひつめし時、「衣のたてはほころびにけり。」とよみかけたるに、貞任(さだたふ)ふりむきて、「年をへし糸のみだれのくるしさに。」と答へたれば、義家(よしいへ)大いに感じ、弓につがひたる矢をはづして、貞任(さだたふ)をのがしやりしといふ。まことに武士のなさけといふべしそれより遂に貞任(さだたふ)等を厨川(くりやがは)の城に圍(かこ)みしが、賊は城中に高き櫓(やぐら)をかまへて、其の上より官軍をねらひうちしかば、官軍甚だ之になやめり。賴義(よりよし)すなはち兵士に命じ、人家(じんか)をこぼちて堀をうづめ、又草を苅りて山の如く積みあげしめ、みづからは馬より下(お)りて、はるかに京都(きやうと)の皇居(くわうきよ)を拜し、又石淸水(いはしみづ)八幡宮(はちまんぐう)に祈(いのり)をこめ、火を取りて之を投(な)げこみしに、大風にはかに吹きおこりて、
義家のなさけ	

奥羽要地圖

<table>
<tr><td>前九年の役</td><td>

火はたちまち城中にもえうつれり。賊軍は思の外のことなれば、上(うへ)を下(した)へとあわてさわげるを、頼義(よりよし)すかさず攻めよせて、遂に貞任(さだたふ)等を斬り宗任(むねたふ)等を捕へて、亂全く平ぎたり。世に之を前九年(ぜんくねん)の役(えき)といふ。後頼義(よりよし)鎌倉(かまくら)に八幡宮(はちまんぐう)を建てて神恩(しんおん)を謝(しや)したり。

</td></tr>
<tr><td>義家兵法を學ぶ</td><td>

　義家(よしいへ)京都(きやうと)にかへれる後、關白(くわんぱく)頼通(よりみち)の邸(やしき)に至りて、戦の物語(ものがたり)をしけるに、大江匡房(おほえのまさふさ)これをたち聞きて、「義家(よしいへ)は、大將になるべき才を持てども、惜しいかな、いまだ兵法を知らず。」といへり。義家(よしいへ)の從者(じゆうしや)怒りて、かくと

</td></tr>
</table>

義家(よしいへ)に告げしに、義家(よしいへ)は少しも怒らず、「もつとものことなり。」とて、やがて匡房(まさふさ)を師として兵法を學びたり。

奥羽地方再びみだる

さて奥羽(あうう)の地方にては、さきに清原武則(きよはらのたけのり)、頼義(よりよし)に從ひて安部(あべ)氏の亂を平げ、遂に安部(あべ)氏に代りて勢を得たりしが、白河(しらかは)天皇の御代に至りて、其の子孫の間に爭(あらそひ)起りて、奥羽(あうう)地方再びみだれたり。

源義家弟義光と陣中にあふ

義家野に伏兵あるを知る	義家(よしいへ)陸奥守(むつのかみ)となり、此の亂を平げんとせしが、武則(たけのり)の子武衡(たけひら)等は金澤(かねざは)に據(よ)りて義家(よしいへ)に抗せり。ある時義家(よしいへ)これを攻めんとして進みしに、途中にてはるかに雁(がん)の列をみだせるを見て、たちまち兵法に「野に伏兵(ふくへい)ある時は飛雁(ひがん)列をみだる。」といへることを思ひ出し、兵を發して其の野をさぐらしめしに、果して敵の伏兵を發見(はつけん)し、たゞちに之をみな殺しにせり。義家(よしいへ)部下(ぶか)に語つていはく、「われ若し兵法を學ばざりせば、危(あやふ)き目にあふべかりしなり。」と。
弟義光來り助く	此の頃義家(よしいへ)の弟新羅三郎(しんらさぶらう)義光(よしみつ)兄の身を氣遣(きづか)ひ、官を辭(じ)してはるばる京都(きやうと)より下り來れり。義家(よしいへ)涙(なみだ)をながして喜びていはく、「よくこそ來(き)つれ、亡(な)き父上にあふ心地(こゝち)す。」と。これより二人力を合はせて攻めたれども、敵もよく防(ふせ)ぎ戰ひて、久しく屈(くつ)せざりき。
剛臆の席を分ちて兵士をはげます	よりて義家(よしいへ)は兵士の心をはげまさんとて、毎日兵士の戰ふ樣を見、剛(がう)の者(もの)と臆病者(おくびやうもの)との席を分ちて、戰終りたる後、それぞれの席に着かしめたれば、兵士はいづれも剛(がう)の者の席に着かんと心がけて、皆勇み戰へり。鎌倉(かまくら)權五郎景正(ごんごらうかげまさ)が、わづかに十六歳にして、武勇のほまれをあげたるも此の時のことなり。

遂に奥羽を平ぐ	かくて年月たち、城中兵糧(ひやうらう)乏(とぼ)しくなりて、其の勢やうやく衰へ、武衡(たけひら)等は遂に城を焼きて逃げいでたり。義家(よしいへ)追ひうちて之を斬り、奥羽(あうう)地方全く平ぎぬ。時に第七十三代堀河(ほりかは)天皇の御代の初にして、世に之を後三年(ごさんねん)の役(えき)といふ。亂の後義家(よしいへ)は、戰功(せんこう)の賞を朝廷に請ひたるに、許されざりしかば、義家(よしいへ)はおのが財産(ざいさん)を分ちて部下(ぶか)の將士に與へたり。これより義家(よしいへ)はますます武士の間に重んぜられ、源氏(げんじ)の勢は殊に東國にて盛になれり。
後三年の役	
源氏東國に勢を得	

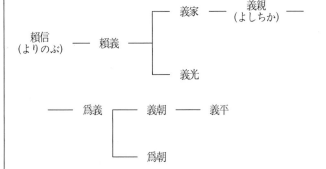

大覺國師(だいかくこくし)

高麗契丹の屬國となる	醍醐(だいご)天皇の御代、契丹(きつたん)といふ國、滿洲(まんしゆう)の地に起り、しばしば朝鮮半島を侵したりしが、高麗(かうらい)は敵するあたはずして、其の屬國となれり。
文宗	高麗(かうらい)の代々の王は佛教をたふとびしかば、此の教は新羅(しらぎ)時代よりも盛となれり。後冷泉(ごれいぜい)天皇の御代、高麗(かうらい)王文宗(ぶんそう)は人材をあげ用ひて政治につとめしかば、國内よくをさまれり。
煦佛教のためにつくす	文宗(ぶんそう)或る時諸王子をあつめて、誰か僧となりて佛教のためにつくすものなきかと問ひしに、其の時わづか十一歳なる煦(く)は、仰(おほせ)に從ひて僧とならんと答へたり。煦(く)はこれより大いに佛教ををさめたり。後宋(そう)にわたらんことを請ひたるも許されざりしが、父王の死後ひそかに彼の地にわたり、名高き學者・僧侶(そうりよ)につきて教をうけ、歸りて天台宗(てんだいしゆう)をつたへたり。
天台宗	
	煦(く)は佛教をひろむるに力をつくせしのみならず、政治にもあづかりて功あり。又内地・宋(そう)等より多くの書を求め、これを印刷(いんさつ)せしめて世にひろめたり。つねに人々をいつくしみ、世のためをはかりしかば、上下のうやまひを一身にあつめたり。死するに及び、大覺國師(だいかくこくし)とおくり名せらる。
大覺國師	

第十七　平氏(へいし)の勃興(ぼつこう)

桓武平氏

源氏(げんじ)とならびて名高き武士は平氏(へいし)なり。平氏(へいし)は桓武天皇より出で、其の勢一時は源氏(げんじ)に劣りしが、平忠盛(たひらのただもり)の子清盛(きよもり)出づるに及びて、大いに家名(かめい)をあらはせり。

藤原賴長崇德上皇にすすめて兵を擧ぐ

此の頃藤原(ふぢはら)氏の一門に權力(けんりよく)の爭あり。左大臣(さだいじん)藤原賴長(ふぢはらのよりなが)は、かねてより其の兄關白(くわんぱく)忠通(ただみち)に代らんとして、兄弟仲よからざりき。されば第七十七代後白河(ごしらかは)天皇の保元(はうげん)元年賴長(よりなが)は天皇の御兄崇德上皇(すとくじやうくわう)の御子なる重仁(しげひと)親王を御位に卽(つ)けたてまつり、おのれ關白(くわんぱく)となりて權力を得んとて、上皇(じやうくわう)にすゝめて兵を擧げんとし、義家(よしいへ)の孫源爲義(みなもとのためよし)を招(まね)けり。爲義(ためよし)これに應(おう)じ、其の子爲朝(ためとも)等をひきゐて上皇(じやうくわう)の御所(ごしよ)に參りしが、爲義(ためよし)の長子義朝(よしとも)は平淸盛(たひらのきよもり)等と共に天皇の御召によりて皇居(くわうきよ)におもむけり。

爲朝の武勇

爲朝(ためとも)は爲義(ためよし)の八男にして、體格(たいかく)人にすぐれ身のたけ七尺ばかり、力強くして弓の

	上手なりき。十三歳の時、九州に下りて、みづから鎮西八郎(ちんぜいはちらう)と稱し、多くの部下(ぶか)をひきゐて、わづか三年の間に九州をうち從へんとせしほどの剛(がう)の者なり。後京都(きやうと)にかへり、程なく父に從ひて上皇(じやうくわう)の御所(ごしよ)に参りしは十八歳の時なりき。
爲朝等の軍敗る	頼長(よりなが)爲朝(ためとも)を召して軍(いくさ)の謀(はかりごと)を問ひしに、爲朝(ためとも)答へていはく、「某(それがし)久しく九州にありて、合戦(かつせん)二十餘度(たび)に及びしが、勝戦(かちいくさ)は夜討(ようち)にかぎれり。今夜皇居(くわうきよ)におしよせ、三方より火をつけて一方より攻めなば、勝利(しようり)うたがひあるべからず。勇氣のある敵は兄義朝(よしとも)のみなれど、それとて某の矢一すぢにてたふすべし。清盛(きよもり)等のへろへろ矢何程のことかあらん。」と。されど頼長(よりなが)其の謀を用ひざりしに、義朝(よしとも)・清盛(きよもり)等早くも夜に乗じて攻來り、火を風上(かざかみ)にはなてり。爲朝(ためとも)等勇をふるつて防ぎ戦ひたれども、其の軍遂に敗れて、上皇(じわうくわう)は讃岐(さぬき)にうつされたまひ、頼長(よりなが)は矢にあたりて死し、爲義(ためよし)は斬られ、爲朝(ためとも)は伊豆(いづ)の大島(おほしま)に流されたり。
保元の亂	世に之を保元(はうげん)の亂(らん)といふ。
平清盛の勢力加る	清盛(きよもり)・義朝(よしとも)はそれぞれ其の功を賞せられしが、清盛(きよもり)は其の頃勢力(せいりよく)ある

藤原信頼義朝とむすぶ	藤原通憲(ふぢはらのみちのり)と親しみて、ますますおのが勢を増せしかば、義朝(よしとも)心甚だ不平(ふへい)なりき。たまたま第七十八代二條(にでう)天皇の御代、藤原信頼(ふぢはらののぶより)といふもの、後白河上皇(ごしらかはじやうくわう)に請ひたてまつりて高き官を得んとせしが、通憲(みちのり)にさまたげられて之を得ること能はざりしかば、深く通憲(みちのり)をうらみ、ひそかに義朝(よしとも)とむすびて之を除(のぞ)かんことを謀れり。

二條天皇平清盛の邸にみゆきしたまふ

義朝・信頼むほんす	平治(へいじ)元年清盛(きよもり)その子重盛(しげもり)等と熊野(くまの)の神社(じんじや)に参詣せんとて京都

	(きやうと)を發せり。こゝに於て義朝(よしとも)・信賴(のぶより)にはかに兵を擧げて通憲(みちのり)を討たんとせしが、通憲(みちのり)は早く身の危(あやふ)きをさとり京都(きやうと)を逃(のが)れ出でしも、途中にて死せり。此の間に義朝(よしとも)等は、おそれ多くも上皇(じやうくわう)の御所(ごしよ)を燒き、上皇(じやうくわう)と天皇とを皇居(くわうきよ)におしこめたてまつれり。
清盛義朝の軍を破る	清盛(きよもり)は途中にて此の事を聞き、重盛(しげもり)のすゝめに從ひて、急ぎて京都(きやうと)に引きかへし、ひそかに天皇をおのが邸に迎へたてまつりしが、ついで上皇(じやうくわう)もまた皇居(くわうきよ)を逃れ出でたまへり。天皇淸盛(きよもり)に勅(みことのり)して義朝(よしとも)等を討たしめたまふ。義朝(よしとも)等は皇居(くわうきよ)にたてこもり、白旗(しらはた)數多うち立てて、淸盛(きよもり)の軍を待ちうけたり。淸盛(きよもり)すなはち重盛(しげもり)等をやりて之を攻めしむ。平家(へいけ)の赤旗(あかはた)朝風(あさかぜ)にひらめきて勇ましく進めり。重盛(しげもり)兵士をはげましていはく、「年號(ねんがう)は平治(へいぢ)、土地は平安(へいあん)、我等は平氏(へいし)なり。此の敵必ず平がん。」と。
重盛・義平の決戰	重盛(しげもり)敵を破りて皇居に攻入り紫宸殿(ししんでん)の前に至りしに、義朝(よしとも)の長子義平(よしひら)馬を走らせて迎へ戰ひ、左近櫻(さこんのさくら)・右近橘(うこんのたちばな)をめぐりて追ひかけければ、重盛

平治の亂

(しげもり)かなはずして引退きたり。義朝(よしとも)平氏(へいし)の軍の逃ぐるを追ひて兵を進めしが、遂に戰敗れて退かんとせしに、皇居(くわうきよ)はすでに平氏(へいし)の軍に占領(せんりやう)せられたり。こゝに於て義朝(よしとも)は東國に走らんとし、尾張(をはり)に至りて家臣(かしん)に殺され、信頼(のぶより)・義平(よしひら)等は捕はれて誅(ちゆう)せられたり。世に之を平治(へいぢ)の亂(らん)といふ。

桓武天皇 ── 葛原(かつらはら)親王 ── 高見(たかみ)王 ── 平高望(たかもち)

┬ 國香(くにか) ── 貞盛(さだもり) ‥‥ 忠盛 ┬ 清盛 ──

└ 良將(よしまさ) ── 將門(まさかど)　　　　└ 經盛(つねもり)

┬ 重盛 ── 維盛

└ 宗盛

── 敦盛

第十八　平重盛(たひらのしげもり)

<table>
<tr><td>源氏全く衰へて平氏大いにおこる</td><td>保元(はうげん)・平治(へいぢ)の兩度の亂によりて、久しく勢ありし源氏(げんじ)は全く衰へ、平氏(へいし)はしだいに盛大(せいだい)となれり。</td></tr>
<tr><td>平氏全盛をきはむ</td><td>其の後清盛(きよもり)の威勢(ゐせい)日に加り、官位もしきりに進みて、平治(へいぢ)の亂の後未(いま)だ十年ならずして、すでに太政大臣(だじやうだいじん)に任ぜられしが、程なく之を辭(じ)して髮をそりたれば、世に太政入道(だじやうにふだう)といへり。又その一族もそれぞれ高き官位にのぼり、一門の領地(りやうち)は三十餘國にわたりて、遂には藤原(ふぢはら)氏にもまさる榮華(えいぐわ)をきはめ、「平氏(へいし)にあらざるものは人にあらず。」とほこるものさへあるに至れり。</td></tr>
<tr><td>清盛の我がまゝ</td><td>清盛(きよもり)は勢の盛なるにつれて、我がまゝのふるまひ多かりしかば、後白河上皇(ごしらかはじやうくわう)これをおさへんと思召せしも、御心にまかせず、遂に御髮をそりたまひて法皇(ほふわう)となりたまへり。時に法皇の近臣等の中に之を憂へいきどほるものあり、僧俊寬(しゆんくわん)の鹿谷(しゝがだに)の別莊(べつさう)に會して、ひそかに平氏(へいし)を滅(ほろぼ)さんことを謀れり。清盛(きよもり)これを知りて大いに怒り、其の人々を捕へてまさに之を斬らんとす。重盛(しげもり)は溫順(をんじゆん)にして忠孝の心厚き人なれば、父を諫(いさ)めていはく、「私の怨(うらみ)を以て官人を殺すは</td></tr>
<tr><td>重盛父を諫む</td><td></td></tr>
</table>

	よろしからず。わが家今まさに全盛(ぜんせい)をきはむ。願はくは善き行を積(つ)みて子孫の繁昌(はんじやう)をはかりたまへ。たとひ御心のまゝにならぬことありとも、われ等子孫のためと思召(おぼしめ)して忍びたまへ。」と。
清盛の不忠	然るに清盛(きよもり)の怒なほやまず、更に法皇(ほふわう)をおしこめたてまつらんとし、一族を招きければ、人々武装(ぶさう)して其の邸(やしき)に集れり。重盛(しげもり)はひとり常の装束(しやうぞく)にて、おくれて至る。弟宗盛(むねもり)これを見、袖(そで)を引きていはく、「これほどの大事(だいじ)に当つて、何故に武装(ぶさう)したまはざるか。父上もすでに鎧(よろひ)を着けたまへり。」と。重盛(しげもり)いはく、「大事とは何事ぞ。朝敵いづこにかある。われは近衛大将(このゑのたいしやう)たり、朝廷の大事にあらずば、みだりに武装(ぶさう)すべからず。」と。清盛(きよもり)これを聞きて恥(はづ)かしく思ひたれど、鎧(よろひ)をぬぐべき暇(いとま)なければ、法衣(ころも)引きかけて重盛(しげもり)に逢(あ)ひ、わざとおちつきたるふりはしたれども、鎧の金物襟(かなものえり)の間よりきらめきたり。重盛(しげもり)はらはらと涙を流していはく、「恩を知るを人とし、知らざるを鳥けだものとす。恩の中にて最も重きは君の御恩なり。ましてわが家は桓武(くわんむ)天皇の御末なれど、中頃甚だ衰へたりしに、父上に及びて榮達(えいたつ)をきはめたまひ、われ等が如きおろかなるものも
重盛また大いに父を諫む	

高き官位をいたゞけるは、これ皆君の御恩なり。

平重盛父清盛の不忠を諫む

今この御恩を忘れて皇威(くわうゐ)をかろんじたてまつらば、神罰(しんばつ)たちまちいたりて、一族日ならず亡(ほろ)ぶべし。父上聞入れたまはずば、重盛(しげもり)兵をひきゐて法皇を守りたてまつるべし。されど父上にてむかひせんもまた忍びがたし。必ず此の御企(おんくはだて)をとげんと思召(おぼしめ)さば、先づ重盛(しげもり)が首をはねられよ。」と。さすがの清盛(きよもり)も、此の諫(いさめ)を聞きて、いつたんは思ひとゞまりき。重盛(しげもり)の如きは、まことに忠孝の道を全うしたる人といふべし。

重盛忠孝の
道を全うす

第十九　武家政治(ぶけせいぢ)の起(おこり)

清盛横暴を
きはむ

平重盛(しげもり)は常に清盛(きよもり)の惡行(あくぎやう)を憂へしが、病にかゝり父に先だちて薨(こう)ぜしかば、其の後は清盛(きよもり)はゞかるところなく横暴(わうばう)をきはめ、遂に後白河法皇(ごしらかはほふわう)をおしこめたてまつれり。こゝに於て源頼政(みなもとのよりまさ)平氏(へいし)を滅して法皇(ほふわう)をすくひたてまつらんとて、法皇(ほふわう)の御子以仁王(もちひとわう)を奉じて兵を擧げんとし、王の命(めい)を諸國の源氏(げんじ)に傳ふ。然るに兵未だ集らざるうちに、頼政(よりまさ)宇治(うぢ)の戰に敗れて自殺し、王も矢にあたりて薨じたまひき。されどこれより、源頼朝(みなもとのよりとも)をはじめ諸國にひそみゐたりし源氏(げんじ)は、王の命に從ひて一時に起れり。

源頼政兵を
擧ぐ

源頼朝兵を
起す

頼朝(よりとも)は義朝(よしとも)の子なり。平治(へいぢ)の亂(らん)の後、十四歳にて伊豆(いづ)に流されしより、二十年の久しき間、その地の豪族(がうぞく)北條時政(ほうでうときまさ)にたよりて、おもむろに回復(くわいふく)の時を待ちしが、今や以仁王(もちひとわう)の命を受くるに及びて、時政(ときまさ)等と共にまつさきに兵を擧げたり。東國にはかねてより心を源氏(げんじ)によする武士多かりしかば、頼朝(よりとも)はこれ等の人人を從へ、早く其の地方を定めて、遂に鎌倉(かまくら)に據れり。

源平合戰要地圖

富士川の對陣

清盛(きよもり)、賴朝(よりとも)を討たんとて、孫維盛(これもり)等をつかはせしかば、賴朝(よりとも)大兵をひきゐ、駿河(するが)に進みて、平氏(へいし)の軍と富士川(ふじかは)をはさんで陣せり。ある夜源氏(げんじ)の一隊ひそかに平氏(へいし)の軍の後(うしろ)へまはらんとせしに、あたりの沼(ぬま)より水鳥(みづとり)數多飛びたちたれば、平氏(へいし)の軍その羽音(はおと)に驚き、敵兵大いに至れりと思ひ、弓矢をすてて逃げかへれり。されど賴朝(よりとも)は之を追はず、なほ東國をかためんとて、兵を鎌倉にかへさんとせし時、たまたま弟義經(よしつね)來り會せり。はじめ平治(へいぢ)の亂の後、義經(よしつね)は幼くして鞍馬寺(くらまでら)にあづけられしに、ある日寺にておのが家の系圖(けいづ)を見て、其の

源義經來り會す

家柄(いへがら)を知り、必ず平家(へいけ)を滅(ほろぼ)さんと心がけ、これより學問·武藝(ぶげい)にはげみたり。後奥州(あうしゆう)平泉(ひらいづみ)に下りて、其の地の豪族藤原秀衡(ふぢはらのひでひら)の家に隱(かく)れゐたりしが、賴朝(よりとも)の兵を起せしことを聞きて上り來りしなり。こゝに於て賴朝(よりとも)は先祖義家(よしいへ)·義光(よしみつ)兄弟の昔をもの語り、其の手を取りて喜びなけりといふ。

源義仲兵を舉ぐ	賴朝(よりとも)の從兄(いとこ)義仲(よしなか)は、さきに二歳の時父を失ひてより、信濃(しなの)の木曾(きそ)山中(さんちゆう)に育(そだ)ちしが、賴盛(よりとも)の兵を舉ぐると同時に兵を起し、信濃(しなの)より北國にうつて出で、維盛(これもり)の大軍を越中(ゑつちゆう)の倶利加羅谷(くりからだに)に追落し、進んで京都(きやうと)にせまれり。
平氏の都おち	此の時清盛(きよもり)はすでに病死し、其の子宗盛(むねもり)は一族と共に第八十一代安德(あんとく)天皇を奉じて、西國におち行きたり。
義仲そむきて誅せらる	義仲(よしなか)はたゞちに京都(きやうと)に入りて、後白河法皇(ごしらかはほふわう)より平氏(へいし)追討(つゐたう)の命を受けしが、勢にまかせて亂暴(らんばう)の行多く、遂にそむきて法皇(ほふわう)の御所(ごしよ)を襲(おそ)ふに至れり。賴朝(よりとも)すなはち弟範賴(のりより)·義經(よしつね)を京都(きやうと)につかはして之を討たしむ。此の時佐々木高綱(さゝきたかつな)は梶原景

季(かぢはらかげすゑ)と、おのおの頼朝(よりとも)より賜はれる名馬(めいば)にうち乗りて、宇治川(うぢがは)の先陣(せんぢん)を争ひ、高綱(たかつな)まづ渡り着きて諸兵これにつぎ、大いに義仲(よしなか)の軍を破り、義仲(よしなか)は遂に近江(あふみ)の粟津(あはづ)にてうち死せり。

熊谷直實平敦盛を呼びかへす

一谷の戰

かゝる間に平氏(へいし)は再び勢を得て、京都(きやうと)を取りもどさんとし、攝津(せつつ)の福原(ふくはら)に引きかへせり。頼朝(よりとも)さらに範頼(のりより)・義經(よしつね)に命じて之を討たしむ。二人道を分ちて進み、範頼(のりより)は生田森(いくたのもり)より義經(よしつね)は一谷(いちのたに)より福原(ふくはら)に向ひしが、義經(よしつね)は鵯越(ひよどりごえ)より敵の後に出で、急に攻めたてしかば、平氏(へいし)の軍かなはず、宗盛(むねもり)天皇を奉じて、讃岐(さぬき)の屋島(やしま)に逃る。時に平敦盛(たひらのあつもり)はたゞ一人舟

	に乗りおくれたれば、騎馬(きば)のまゝ海に入り、沖(おき)の舟におよぎ着かんとしけるに、義經(よしつね)の部下(ぶか)熊谷直實(くまがいなほざね)扇をあげて之を呼びかへせり。敦盛(あつもり)は少年なから、たゞちに馬を返して、直實(なほざね)と組打(くみうち)し、遂に首をうたれたり。敦盛(あつもり)の如きは、實にけなげなる若武者(わかむしや)といふべし。
屋島の戰	義經(よしつね)さらに大風をおかして船を發し、早く屋島(やしま)の城に攻めよせて、火を放(はな)ちたれば、宗盛(むねもり)また天皇を奉じて西海(さいかい)に走れり。此の戰に、義經(よしつね)の部下(ぶか)邢須與一(なすのよいち)は、扇のかなめを射て譽(ほまれ)をあげ、奥州(あうしゆう)より義經(よしつね)に從ひ來りし勇士佐藤繼信(さとうつぎのぶ)は、義經(よしつね)の身代(みがはり)となり、敵の矢にあたりて忠死をとげたり。
壇浦の海戰 平氏亡ぶ	義經(よしつね)また平氏(へいし)の逃ぐるを追ひて、大いに長門(ながと)の壇浦(だんのうら)に戰ふ。平氏(へいし)の軍遂に全く敗れ、宗盛(むねもり)は卑怯(ひけふ)にして、敵に捕はれて後殺されしが、其の他の一族は或は戰死し、或は海に沈(しづ)みて、平氏(へいし)こゝに亡(ほろ)びたり。此の時天皇は御年八歳にましませしが、淸盛(きよもり)の妻二位尼(にゐのあま)にいだかれて、海に入りたまひしは、まことにおそれ多き御事なり。

賴朝義經を 殺す	義經(よしつね)はかく賴朝(よりとも)のために、平氏(へ いし)を滅(ほろぼ)して大功を立てたれど、賴朝(よりと も)は義經(よしつね)をいみて、遂に之を除(のぞ)かんと するに至れり。義經(よしつね)また平泉(ひらいづみ)に逃 れて秀衡(ひでひら)にたよりしが、秀衡(ひでひら)の死せ し後、その子泰衡(やすひら)は賴朝(よりとも)の命により
賴朝奥州を 平ぐ	て義經(よしつね)を殺せり。然るに賴朝(よりとも)は、泰 衡(やすひら)がながく義經(よしつね)をかくまひたるを責 (せ)め、みづから大軍をひきゐて奥州(あうしゆう)をう ち、やがて、泰衡(やすひら)を滅(ほろぼ)したり。
	 富士の裾野のまき狩
賴朝の政治	こゝに於て國内ことごとく賴朝(よりとも)の威勢になび き從ひしが、賴朝(よりとも)は、おごる平家(へいけ)が久 しからずして亡(ほろ)びしにかんがみ、みづからは淸盛 (きよもり)等の如く高き官位にのぼりて、京都(きやうと)

の人々と交ることを好まず、鎌倉(かまくら)に居りて質素(しつそ)なる生活(せいくわつ)をなし、部下(ぶか)にも儉約をすゝめたり。かつてある人十餘枚の衣服を着かざりて、頼朝(よりとも)の前に出でたるに、頼朝(よりとも)たゞちに刀を取りて其の衣服のつまを切り、大いに其のおごりを戒めたることあり。又常に武藝をはげまし、富士の裾野(すその)をはじめ所々にしばしば狩(かり)をもよほしなどして、武士の勇氣を養ひたり。かくて鎌倉(かまくら)の勢いよいよ強くなり、紀元一千八百五十二年(建久:けんきう、三年)頼朝(よりとも)征夷大將軍(せいいたいしやうぐん)に任ぜられて、遂に天下の政治をとるに至れり。將軍(しやうぐん)の政廳(せいちやう)を幕府(ばくふ)といふ。これより凡そ七百年の間武家(ぶけ)の政治つゞきて、朝廷の御威光衰へたるぞ遺憾(ゐかん)なる。

頼朝鎌倉幕府を開く

征夷大將軍

武家政治の始

```
                    頼光(よりみつ)……頼政
源滿仲 ┌─────────
        └── 頼信…………………爲義      義朝
                                        義賢
                                       (よしかた)

      ┌── 頼朝 ─┬── 頼家 ── 公曉
      ├── 範頼   └── 實朝
      ├── 義經
      │
      └────── 義仲
```

第二十　後鳥羽上皇(ごとばじやうくわう)

後鳥羽上皇
久しく政を
聽きたまふ

安德(あんとく)天皇崩じて第八十二代後鳥羽(ごとば)天皇
皇位に卽きたまひしが、御位を讓りたまひし後、上皇と
して久しく政を聽きたまへり。其の間に御子第八十三代
土御門(つちみかど)天皇・第八十四代順德(じゆんとく)天
皇、御孫第八十五代仲恭(ちゆうきよう)天皇相ついで立
ちたまふ。

源氏亡びて
北條氏の世
となる

源賴朝(みなもとよりとも)は、すでに國內の武士をすべ
て、勢甚だ盛なりしも、とかくおのが一族をうとんじ、
義經(よしつね)を滅したる後、また範賴(のりより)をも
うたがひて之を除(のぞ)きたれば、源氏(げんじ)の勢おのづ
から衰へたり。然るに賴朝(よりとも)の妻の父北條時政
(ほうでうときまさ)は、賴朝(よりとも)が始めて兵を擧げ
し時より之を助けて力をつくし、幕府を開くに及びて
は、おもに其の政治にあづかりしを以て、其の勢甚だ强
くなれり。されば、賴朝(よりとも)薨(こう)じて長子賴家
(よりいへ)將軍となりしが、時政(ときまさ)のために廢せ
られ、賴家(よりいへ)の弟實朝(さねとも)職をつげり。賴
家(よりいへ)の子僧公曉(くげう)、實朝を怨み、實朝(さ
ねとも)が鶴岡(つるがをか)八幡宮(はちまんぐう)に參詣
せし時、ひそかにうかゞひよりて之をさし殺し、公曉(く
げう)もまた時政(ときまさ)の子義時(としとき)に殺され
たり。こゝに於て賴朝(よりとも)の子孫全く絕えたれば、

後鳥羽上皇 北條氏を討 たしめたま ふ	義時(よしとき)は京都より賴朝(よりとも)といさゝかの血緣(けつえん)ある幼主を迎へ、みづから執權(しつけん)となりて、幕府の權をもつぱらにするに至れり。 後鳥羽上皇(ごとばじやうくわう)は御生れつき嚴格(げんかく)にましまし、常に日課(につくわ)をたてて諸事(しよじ)を行ひたまひ、風雨(ふうう)の日といへども決して之をやめたまはざりしほどなり。されば上皇(じやうくわう)は、かねてより幕府がほしいまゝに天下の政治を行ふを御いきどほりあり、折もあらば政權(せいけん)を朝廷に取りもどさんと思召(おぼしめ)されたり。たまたま賴朝(よりとも)の子孫絕えたるに、幕府の政治はもとのまゝなるのみならず、義時(よしとき)しばしば上皇(じやうくわう)の仰(おほせ)にそむきしかば、上皇(じやうくわう)大いにいきどほりたまひ、仲恭(ちゆうきよう)天皇の承久(しようきう)三年、遂に國々の武士を召して義時(よしとき)を討たしめたまへり。
承久の變	義時(よしとき)これを聞き、子泰時(やすとき)等をして大軍をひきゐて京都(きやうと)に向はしむ。泰時(やすとき)等官軍を尾張(をはり)・美濃(みの)・近江(あふみ)等に破りて遂に京都(きやうと)をおかせり。義時(よしとき)すなはち上皇(じやうくわう)に從ひたてまつりし人々を、或は斬り或は流し、おそれ多くも後鳥羽(ごとば)上皇を隱岐(おき)に、順德(じゆんとく)上皇を佐渡(さど)に、土御門(つちみかど)上皇を土佐(とさ/後に阿波:あは)にうつした

北條義時の 無道	てまつり、又仲恭(ちゆうきよう)天皇を廢して第八十六代後堀河(ごほりかは)天皇を立てたてまつれり。世に之を承久(しようきう)の變(へん)といふ。武人天皇の思召(おぼしめし)にそむき、みだりに兵を擧げて京都(きやうと)をおかし、あまつさへ天皇を廢立(はいりつ)し、三上皇(じやうくわう)を遠島(ゑんたう)にうつしたてまつりしが如きは、かつて例なき大事變(だいじへん)にして、義時(よしとき)の無道こゝに至りて極(きは)まれりといふべし。

後鳥羽上皇隠岐の御所に憂き年月をおくりたまふ

六波羅府	かくて後鳥羽上皇(ごとばじやうくわう)の御志はむなしくなり、これより後、北條(ほうでう)氏は一族のものをかはるがはる京都(きやうと)の六波羅(ろくはら)に置きて、畿内(きない)・西國(さいこく)の政治を行はしめ、其の勢ますます盛になりたり。其の間に三上皇(じやうくわう)

<table>
<tr><td>隠岐の御所</td><td>

は、いづれも憂(う)き年月を遠島におくりたまひて、遂に其の地に崩(ほう)じたまひしが、中にも後鳥羽上皇(ごとばじやうくわう)の隠岐(おき)の御所(ごしよ)は、わづかに雨風(あめかぜ)をしのぎたまふばかりの假屋(かりや)にて、しほ風のはげしく吹きける時、

　　　われこそは新島守(にひしまもり)よ、おきの海の
　　　　　あらきなみ風こゝろして吹け。

とよみたまふ。上皇(じやうくわう)はこゝにいますこと十九年に及び、御年六十にて崩(ほう)じたまふ。之を傳へ聞きたまへる順徳(じゆんとく)上皇は、あけくれ悲(かな)しみの御涙にくれたまひしが、これより三年の後、御みづから御食事を絶ちて、佐渡(さど)の島にてかくれたまへり。まことにおそれ多きしだいならずや。

</td></tr>
</table>

北條時政
┌── 政子(まさこ)(賴朝の妻)
└── 義時 ── 泰時 ── 時氏(ときうぢ) ── 時頼 ──

── 時宗 ── 貞時(さだとき) ── 高時

第二十一　北條時宗(ほうでうときむね)

時宗の豪勇

北條義時(ほうでうよしとき)はかく無道の行をなせしが、後時宗(ときむね)の代に至り、たまたま未曾有(みそう)の外寇(ぐわいこう)ありて時宗(ときむね)もつぱら之にあたり、大いに我が國威をあぐることを得たり。時宗(ときむね)は時頼(ときより)の子にして、相模太郎(さがみたらう)といふ。生れつき豪氣(がうき)にして弓の上手なり。かつて將軍(しやうぐん)武人を召して弓を射させたる時、人々みな射そんぜんことを恐れて、ためらひたるに、わづかに十一歳なる時宗(ときむね)は、少しも臆(おく)する色なく、ひとり馬に乗りて進み出で、一矢(ひとや)にて的(まと)に射あて、大いに譽をあげたることあり。第九十代龜山(かめやま)天皇の御代、十八歳にて幕府の政治を執(と)れり。

蒙古おこる

これよりさき、支那の北方に蒙古(もうこ)といふ國おこり、しきりに國々を攻取りて、其の勢、西の方は今のロシヤの西南部より、東の方は朝鮮半島に及べり。時に半島にては、新羅(しらぎ)すでに亡びて高麗(かうらい)これに代りゐたり。

時宗蒙古の使をしりぞく

蒙古(もうこ)王はすでに高麗(こま)を從へ、さらに我が國を小國とあなどり、我をも從へんとて、高麗(こま)王に命じ無禮(ぶれい)なる書を送らしめたり。時宗(ときむね)これを見、大いに怒りて其の使をしりぞけたり。

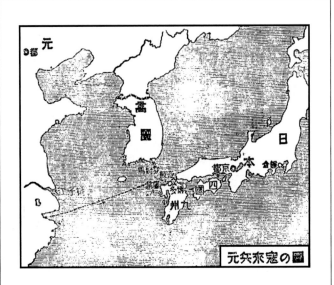

元兵來寇の圖

文永の役	やがて蒙古(もうこ)は支那(しな)の大部分を取りて、國を元(げん)と名づけたり。第九十一代後宇多(ごうだ)天皇の文永(ぶんえい)十一年、元(げん)の軍高麗(こま)の軍を合はせ四萬人を以て、對島(つしま)・壹岐(いき)をおかし、筑前(ちくぜん)によせ來りて、博多(はかた)附近に上陸せしが、我が將士勇敢(ゆうかん)にして、よく之を防ぎしかば、敵軍遂に逃去(にげさ)りたり。世に之を文永(ぶんえい)の役(えき)といふ。
時宗の決心	されど元(げん)の勢ますます強く、また使を我が國につかはし來れり。然るに時宗(ときむね)は決心いよいよ堅く、命じて其の使を斬らしめ、又石壘(せきるゐ)を博多灣(はかたわん)の海岸に築かしめて、元軍(げんぐん)の來寇(らいこう)に備へたり。

弘安の役	かゝる間に、元は全く支那(しな)をあはせ、其の勢に乗じて、弘安(こうあん)四年四萬の兵を發して、朝鮮半島より再び筑前(ちくぜん)に向はしめ、別に支那より十萬の兵を出したり。朝鮮半島より來れる敵兵は、壹岐(いき)を侵(おか)して博多(はかた)にせまりしが、菊池武房(きくちたけふさ)・河野通有(かうのみちあり)等の勇士、或は石壘(せきるゐ)に據(よ)りて之を防ぎ、或は敵艦を襲ひて之をなやましたり。ついで支那(しな)より來れる大軍これと會して、まさに攻めよせんとせし折しも、大風にはかに起りて、敵艦多く沈沒(ちんぼつ)し、溺(おぼ)れ死するもの數を知らず。諸將われ先にと逃(のが)れ去り、取殘されたる兵士は肥前(ひぜん)の鷹島(たかしま)に集りしが、或は殺され或は捕はれたり。世に之を弘安(こうあん)の役(えき)といふ。

弘安の役

上下一致して元寇をうちはらふ	此の二度の役は、まことに或が國始めての大難にして、龜山上皇(かめやまじやうくわう)は大いに之を憂へたまひ、かしこくも御身を以て國難(こくなん)に代らんことを伊勢(いせ)の神宮(じんぐう)に祈りたまひ、時宗(ときむね)は大いなる決心を以て事にあたり、國民も皆奮(ふる)ひおこり、上下心を一にして、遂に此の強敵をしりぞくることを得たり。これより後、元(げん)は再び我が國をうかゞふことなかりき。近く明治(めいぢ)天皇は、時宗(ときむね)の大功を賞したまひて、特に從一位(じゆいちゐ)を贈(おく)りたまへり。

第二十二　後醍醐天皇(ごだいごてんのう)

後醍醐天皇

天皇政權を取りもどさんとしたまふ

弘安(こうあん)の役(えき)の後凡そ四十年にして、第九十六代後醍醐(ごだいご)天皇御位に卽きたまふ。天皇は後宇多(ごうだ)天皇の御子にして、御生れつき英明(えいめい)にましませしかば、幼き御時より御祖父龜山上皇(かめやまじやうくわう)に愛せられたまへり。すでにして天皇學者を召してひろく學問を修(をさ)め、又深く御心を政治に用ひたまひ、はやくより鎌倉(かまくら)幕府の專横(せんわう)を御いきどほりあり、後鳥羽(ごとば)上皇(じやうくわう)の御志をつぎて、政權を朝廷に取りもどさんと思召したまへり。

北條高時

此の頃幕府にては、北條時宗(ほうでうときむね)の孫高時(たかとき)政治を執りしが、生れつき愚(おろか)にして、日夜酒宴(しゆえん)にふけり、數千匹の犬を集めて、其のかみ合(あひ)などを見るを樂(たの)しみとし、

天皇笠置山に行幸したまふ 楠木正成行在所に至る	少しも政治に心がけざりしかば、大いに人望(じんばう)を失ひたり。天皇よりて、かねての御志をとげたまはんとて、ひそかに武士を召したまふ。然るに其の事早くも鎌倉(かまくら)にもれ聞えしかば、高時(たかとき)大いに驚きて兵を京都(きやうと)に上せたり。天皇難を避(さ)けて笠置山(かさぎやま)に行幸(みゆき)したまふ。 こゝに楠木正成(くすのきまさしげ)といふものあり、河内(かはち)の國金剛山(こんがうざん)の麓(ふもと)に住めり。天皇の御召により、笠置(かさぎ)の行在所(あんざいしよ)に至りて奏(そう)しけるやう、「賊軍強しといへども、謀(はかりごと)を以てせばうち破ること難からず。されど勝敗(しようはい)は軍(いくさ)の習(ならひ)なればたまたま敗るゝことありとも、御心をなやましたまふべからず。正成(まさしげ)一人生きてありと聞召(きこしめ)さば、御運(ごうん)遂には開かるべしと思召したまへ。」と。正成かへりて城を赤坂(あかさか)に築き、天皇を迎へたてまつらんとせしが、賊軍間もなく笠置(かさぎ)をおとしいれたり。
天皇隠岐にうつされたまふ	天皇藤原藤房(ふぢはらふぢふさ)等をしたがへ、かしこくも御徒歩(かち)にて笠置(かさぎ)を逃れ出でたまひしが、途中の御困難(ごこんなん)ひとかたならす、晝は隠れ、夜はさまよひ、藤房(ふぢふさ)等は三日まで食せざりければ、身も心もつかれはて、しばし木(こ)かげに休みしに、こずゑの露おちて天皇の御衣(ぎよい)をぬらせしかば、

さしてゆく笠置(かさぎ)の山を出でしより、

あめが下(した)にはかくれがもなし。

とよみたまふ。藤房(ふぢふさ)涙をおさへて、

いかにせん賴むかげとて立寄れば、

なほ袖ぬらす松のしたつゆ。

とこたへたてまつれり。天皇遂に賊の手におちたまひ、やがて隱岐(おき)の島にうつされたまふ。

笠置(かさぎ)破れし後、賊軍また赤坂(あかさか)城を圍(かこ)みしが、城遂におちいりしかば、正成(まさしげ)逃れてしばらく其の身をかくせり。程なく正成(まさしげ)再び兵を集めて城を金剛山(こんがうざん)の千早(ちはや)に築き、天皇の皇子護良(もりなが)親王もまた吉野(よしの)に據(よ)りて、義兵を四方に募(つの)りたまへり。賊の大軍來り攻め、吉野まづおちいりしが、村上義光(むらかみよしてる)は親王の御鎧(よろひ)を賜(たま)はり、之を着てみづから親王といつはり、自害(じがい)せし間に、親王は難をのがれたまふ。又正成(まさしげ)は、僅(わづ)かの兵を以て千早(ちはや)城にたてこもり、種々の謀(はかりごと)をめぐらして、しきりに賊軍をなやましたり。此の間に諸國には、親王の命を奉じて勤王(きんわう)の軍を起すもの多かりき。

天皇隱岐を出でて名和長年を召したまふ	天皇は此の有様を聞召(きこしめ)し、ひそかに隱岐(おき)を出でて伯耆(はうき)に渡り、其の地の豪族(がうぞく)名和長年(なわながとし)を召したまふ。長年(ながとし)命を拜して大いに感激(かんげき)し、一族を集めて之を告げしに、皆ふるつていはく、「此の度の仰(おほせ)をうけたまはるは家の面目(めんもく)なり。天皇の御爲に屍(かばね)を戰場にさらすとも、名を後の世に殘すべし。急ぎ御迎に參るべし。」と。長年(ながとし)すなはち行宮(あんぐう)を船上山(せんじやうさん)に造り、兵を集めて之を守りたてまつれり。
足利尊氏等六波羅を滅す	こゝに於て天皇諸將を遣(つか)はして、京都(きやうと)の六波羅(ろくはら)を攻めしめたまふ。高時(たかとき)これを聞き、足利尊氏(あしかゞたかうぢ)等に命じ兵をひきゐて京都(きやうと)に上らしむ。尊氏(たかうぢ)は源義家(みなもとよしいへ)の子孫にして、かねてより北條(ほうでう)氏に從ふを好まざりしかば、此の時にはかに歸順(きじゆん)し、勤王の人々と共に賊軍を討ちて六波羅(ろくはら)をおとしいれたり。天皇すなはち船上山(せんじやうさん)を發して、京都(きやうと)に向ひたまへり。
新田義貞鎌倉をおとしいる	新田義貞(につたよしさだ)もまた義家(よしいへ)の子孫なり。さきに賊軍に從ひて千早(ちはや)城を攻めしが、歸順(きじゆん)の志をいだき、ひそかに護良(もりなが)親王の命を受けて病と稱し、上野(かうつけ)に歸りて義兵を擧げ、進んで鎌倉を攻め、稻村崎(いなむらがさき)よりうち入りて、高時等を誅(ちゆう)し北條(ほうでう)氏を滅

せり。こゝに於て賴朝(よりとも)以來百四十餘年の間つゞきたりし鎌倉(かまくら)幕府は遂に倒(たふ)れたり。

後醍醐天皇京都にかへりたまふ

天皇京都に
かへりたま
ふ

天皇兵庫(ひやうご)に至りたまひし時、義貞(よしさだ)の使來りて、鎌倉(かまくら)を平げたることを奏せり。正成(まさしげ)また兵をひきゐて迎へたてまつる。天皇正成(まさしげ)を御そば近く召されて、其の忠功をほめたまひ、之を前驅(ぜんく)として京都(きやうと)にかへりたまふ。時に紀元一千九百九十三年(元弘げんこう三年)なり。

| 建武の中興 | これより天皇御みづから天下の政を行ひたまひ、護良(もりなが)親王は功によりて征夷大将軍(せいいたいしやうぐん)に任ぜられ、尊氏(たかうぢ)・義貞(よしさだ)・正成(まさしげ)・長年(ながとし)等も、皆それぞれ恩賞(おんしやう)をかうむれり。こゝに於て政權再び朝廷にかへりしが、此の時年號を建武(けんむ)と改めたまひしかば、世に之を建武(けんむ)の中興(ちゆうこう)といふ。 |

```
                        ┌── 新田義重        ‥  朝氏
                        │   (よししげ)          (ともうぢ) ──
源義家 ── 義國 ─────────┤
          (よしくに)     └── 足利義康        ──  貞氏
                            (よしやす)          (さだうぢ)


       ──────── 義貞 ── 義顯


            ┌── 尊氏 ── 義詮 ── 義滿
       ─────┤
            └── 直義
```

第二十三　楠木正成(くすのきまさしげ)

尊氏野心を
いだく

鎌倉幕府倒れて政權朝廷にかへり、朝廷の御威光(ごゐくわう)再び盛になりしも、武士の中には、久しき間幕府の政治になれて大義にくらく、朝廷の賞罰(しやうばつ)に對して不平をいだき、かへつて武家の政治を喜ぶもの少からず。足利尊氏(あしかゞたかうぢ)はかねてより將軍とならんことを望(のぞ)みたりしかば、これ等不平の武士をなづけて、其の野心(やしん)を果さんとせり。

京都附近の要地圖

護良親王弑せられたまふ 鎌倉宮 尊氏反す 尊氏九州に走る	護良(もりなが)親王は早くも尊氏(たかうぢ)の野心をさとり、之を除(のぞ)かんとしたまひしが、かへつて尊氏(たかうぢ)の讒(ざん)にあひ、鎌倉(かまくら)に送られておしこめられたまへり。此の頃尊氏(たかうぢ)の弟直義(たゞよし)その地を治めたりしが、たまたま北條高時(ほうでうたかとき)の子時行(ときゆき)兵を起して鎌倉(かまくら)を取りかへさんとす。直義(たゞよし)戰敗れて逃ぐるに當り、おそれ多くも人をして親王を弑(しい)したてまつらしめたり。時に親王御年二十八。今鎌倉宮(かまくらのみや)にまつりたてまつれり。 尊氏(たかうぢ)征夷大將軍(せいいたいしやうぐん)となりて東國を治めんことを請(こ)ひ、朝廷の御ゆるしを待たずして鎌倉(かまくら)に下り、時行(ときゆき)をうち破りしが、間もなく其の地に據(よ)りて反(はん)せり。天皇義貞(よしさだ)をして之を討たしめたまふ。然るに官軍竹下(たけのした)・箱根(はこね)の戰に敗れて退きしかば、尊氏(たかうぢ)は直義(たゞよし)と共に進んで京都(きやうと)を犯(おか)し天皇は之を避けて、いつたん比叡山(ひえいざん)に行幸(みゆき)したまへり。されど、此の頃後醍醐(ごだいご)天皇の皇子義良(のりなが)親王を奉じて奥州(あうしゆう)を守れる北畠顯家(きたばたけあきいへ)、また朝廷の命を受けて、親王を奉じ兵をひきゐて京都(きやうと)に上り來り、正成(まさしげ)・義貞(よしさだ)等と力を合はせて、大いに賊軍をうち破り、尊氏(たかうぢ)・直義(たゞよし)をして西國に走らしめたれば、天皇再

尊氏兄弟京都に向ふ	び京都(きやうと)にかへりたまふ。
	尊氏(たかうぢ)は九州にありて再び勢を取りかへし、やがて大軍をひきゐ、直義(たゞよし)と海陸ならび進みて京都(きやうと)に向へり。義貞(よしさだ)は之を兵庫(ひやうご)に防がんとせしが、賊の勢甚だ盛なりしかば、天皇さらに正成(まさしげ)をしておもむき助けしめたまふ。正成(まさしげ)は、一時賊の勢を避け、其の衰ふるをまちて、一擧(いつきよ)に之をうち滅すべき謀(はかりごと)を建てたれども、用ひられず。よりて部下(ぶか)の兵をひきゐて京都(きやうと)を發し、櫻井(さくらゐ)の驛
正成櫻井の驛にて正行に諭す	(えき)に至りし時、かつて天皇より賜(たま)はりし菊水(きくすゐ)の刀を、かたみとして其の子正行(まさつら)に授け、「此の度の合戰(かつせん)、味方(みかた)の勝利おぼつかなし、われ戰死の後は、世はまた足利(あしかゞ)氏のものとなるべし。されど汝必ずわれに代りて、忠節を全(まつた)うせよ。これ汝が第一の孝行なり。」と、ねんごろに諭(さと)して河内(かはち)にかへしやりたり。正成(まさしげ)進んで湊川(みなとがは)に陣し、直義(たゞよし)の陸軍に當りし間に、尊氏(たかうぢ)の水軍もまた上陸して後より攻めかゝりしかば、正成(まさしげ)大いに奮(ふる)ひ戰ひたれども、衆寡(しゆうくわ)敵せず、部下(ぶか)たいてい戰死し、正成(まさしげ)も身に十一箇所の傷(きず)をうけたれば、湊川(みなとがは)の附近の民家
正成湊川に戰死す	に入り、自害せんとす。

楠木正成湊川に奮ひ戰ふ

正成(まさしげ)弟正季(まさすゑ)に向つて、「何か最後の願なる。」と問ひけるに、正季(まさすゑ)、「たゞ七度(なゝたび)人間に生れて朝敵を滅さんことを願ふのみ。」と答へければ、正成(まさしげ)うちゑみて、「われもさこそ思ふなれ。」といひて、遂に兄弟刺(さ)しちがへて死せり。時に正成(まさしげ)年四十三。今正成(まさしげ)をまつれる神戸(かうべ)の湊川(みなとがは)神社は、其の戰死の地にして、境內(けいだい)に德川光圀(とくがはみつくに)の建てたる碑(ひ)あり、「嗚呼(ああ)忠臣(ちゆうしん)楠子(なんし)之(の)墓(はか)」としるせり。實に正成(まさしげ)は古今(ここん)忠臣のかゞみにして、わが國民は皆正成(まさしげ)の如き眞心(まごころ)を以て御國の爲につくさざるべからす。

湊川神社

正成の誠忠

第二十四　新田義貞(にったよしさだ)

名和長年戰
死す

湊川(みなとがは)の戰に、新田義貞(にったよしさだ)も敗れて京都(きやうと)に退き、天皇再び比叡山(ひえいざん)に行幸(みゆき)したまひ、尊氏(たかうぢ)進んで京都(きやうと)に入れり。官軍これを取りかへさんとせしが、成らずして名和長年(なわながとし)等戰死せり。伯耆(はうき)の名和神社(なわじしじや)は長年(ながとし)をまつれるなり。

新田義貞木目峠の風雪をおかして北國におもむく

義貞北國に
向ふ

尊氏(たかうぢ)の京都(きやうと)に入るや、賊の名を避けんが爲に、豐仁(とよひと)親王を立てて天皇と稱し、ついでいつはり降(くだ)りて、後醍醐(ごだいご)天皇の還幸

天皇吉野に行宮を定めたまふ 金崎城おちいる	（くわんかう）を請ひたてまつれり。天皇すなはち義貞（よしさだ）に勅して、皇太子恒良（つねなが）親王を奉じ、北國におもむきて回復をはからしめ、かりに尊氏（たかうぢ）の請を許して京都（きやうと）に還幸したまひしが、間もなくひそかに神器（じんぎ）を奉じて吉野（よしの）に行幸（ぎやうかう）し、行宮（あんぐう）をこゝに定めたまへり。

義貞（よしさだ）叡山（えいざん）の行宮（あんぐう）にて大命（たいめい）を受くるや、涙を流して感激（かんげき）し、一族と共に皇太子及び皇子尊良（たかなが）親王を奉じて、たゞちに北國に向へり。途中木目峠（きのめたうげ）を越えけるが、折しも風雪はげしくして、行軍（かうぐん）すこぶるなやめり。中にも河野（かうの）の一族は、にはかに敵にであひ、戰はんとすれど、馬は雪にこゞえて進まず、兵士は指をおとして弓を引きえず、主從三百騎ことごとく討死（うちじに）せり。義貞（よしさだ）はからうじて、越前（ゑちぜん）の敦賀（つるが）に着き、金崎城（かねがさきじやう）に據（よ）りしが、間もなく賊軍に圍（かこ）まれ、城危くなりしかば、子義顯（よしあき）をとゞめて城を守らしめ、みづから杣山（そまやま）に至りて兵を募れり。然るに其の間に、兵糧（ひやうらう）つきて城おちいり、尊良（たかなが）親王は義顯（よしあき）等と共に自殺したまひ、皇太子は捕はれて京都（きやうと）に送られたまひしが、遂に尊氏（たかうぢ）に弑（しい）せられたまへり。

義貞藤島に戰死す	義貞（よしさだ）は少しも屈せず、杣山（そまやま）より起

り、しばしば賊軍と戰ひて之を破りしが、後藤島(ふぢしま)の戰に、賊の勢强くして官軍まさに敗れんとせしかば、義貞(よしさだ)僅かに五十騎を從へて、急ぎおもむきて之をすくふ。途にて三百騎の敵兵にであひ、大いに奮ひ戰ひしに、其の乘れる馬矢にあたりて泥田(どろた)の中に倒れしかば、義貞(よしさだ)起(お)きあがらんとせし時、一筋(ひとすぢ)の矢飛來りて額(ひたひ)にあたりたれば、もはやかなはじと思ひて、みづからくびはねて死せり。時に年三十八。これより北國の官軍また振(ふる)はざりき。今福井(ふくゐ)の藤島神社(ふぢしまじんじや)に義貞(よしさだ)をまつれり。

第二十五　北畠親房(きたばたけちかふさ)と 楠木正行(くすのきまさつら)

北畠顯家戰
死す

新田義貞(につたよしさだ)の戰死に少し先だちて、北畠顯家(きたばたけあきいへ)もまた戰死せり。かつて顯家(あきいへ)は尊氏(たかうぢ)を九州に走らしたる後、再び義良(よしなが)親王を奉じて陸奥(むつ)に下り、靈山城(りやうぜんじやう)に據(よ)りしが、天皇吉野(よしの)に行幸(みゆき)したまふに及び、また親王を奉じて京都(きやうと)に向ひ、所々に戰ひて敵を破れり。されど其の兵つかれて京都(きやうと)に攻入ること能はず、顯家(あきいへ)遂に和泉(いづみ)の石津(いしづ)に戰死せり。時に年僅かに二十一歳なりき。

北畠親房等海上にて大風にあふ

親房等海路
東に向ふ

かくの如く顯家(あきいへ)・義貞(よしさだ)等の忠臣相ついで戰死したるも、後醍醐(ごだいご)天皇の御志はますます堅く、顯家(あきいへ)の父親房(ちかふさ)等をして、

後醍醐天皇吉野に崩じたまふ	また義良(よしなが)親王を奉じて陸奥(むつ)に下り、官軍の勢を取りかへさしめたまふ。親房(ちかふさ)等伊勢(いせ)より海路(かいろ)東に向ひしに、途中にて大風にあひ、親房(ちかふさ)の船は常陸(ひたち)に着きしも、親王の御船は伊勢(いせ)に吹きもどされ、親王は吉野(よしの)にかへりたまへり。たまたま天皇御病にかゝらせられ、未だ朝敵はびこりて世の中安からざるを恨(うら)みたまひながら、遂に行宮(あんぐう)に崩(ほう)じたまふ。親王御位をつぎたまひ、第九十七代後村上(ごむらかみ)天皇と申す。
親房神皇正統記を著す	其の頃東國の武士多くは賊にくみせしかば、親房(ちかふさ)は陸奥(むつ)に行くこと能はずして、遂に賊の爲に常陸(ひたち)の關城(せきじやう)に圍(かこ)まれたり。親房(ちかふさ)城中にありて、日夜賊を討つ謀をめぐらしつゝ、其の間に神皇正統記(じんのうしやうとうき)を著(あらは)して、天照大神(あまてらすおほみかみ)より後村上(ごむらかみ)天皇に至るまでの皇統(くわうとう)の由來(ゆらい)を述(の)べて大義名分(たいぎめいぶん)を明かにせり。すでにして城陷(おちい)りしかば、親房(ちかふさ)逃れて吉野(よしの)に歸り、これより楠木正行(くすのきまさつら)等と力を合はせて、天皇をたすけたてまつれり。
楠木正行四條畷に戰死す	正行(まさつら)はさきに十一歳の時、櫻井(さくらゐ)の驛にて父に別れ國に歸りてより、もつぱら父の遺言(ゆゐごん)を守りて、常に朝敵を滅すことを心がけ、年やうやく長じて後村上(ごむらかみ)天皇に仕へたてまつり、しばしば賊軍を破りたり。中にも攝津(せつつ)の瓜生野(うり

ふの)の戰に、賊兵大いに敗れ、先(さき)を爭ひて逃るゝ時、川に落ちて流るゝもの五百餘人の多きに及びしが、正行(まさつら)は之をあはれみ、部下(ぶか)に命じて救はしめ、一々親切にいたはりて送りかへしたり。かくて官軍の勢ますます強く、まさに京都(きやうと)に迫(せま)

楠木正行如意輪堂に歌をしるす

らんとせしかば、尊氏(たかうぢ)これを恐れ、高師直(かうのもろなほ)を將とし、大兵を率(ひき)ゐて正行(まさつら)に當らしむ。正行(まさつら)すなはち一族百四十餘人と共に、吉野(よしの)に至りて天皇に拜謁(はいえつ)し、又後醍醐(ごだいご)天皇の陵(みさゝぎ)を拜し、如意輪堂(によいりんだう)の壁(かべ)板(いた)に一族の名を書きつらね、其の末に、

かへらじとかねて思へば梓弓(あづさゆみ)、

　　　　なき數(かず)にいる名をぞとゞむる。

といふ歌をしるし、死を決して河内(かはち)に歸り、賊軍と大いに四條畷(しでうなはて)に戰ふ。正行(まさつら)は必ず師直(もろなほ)をうたんと思ひて、しばしば其の陣に迫りしが、身に數多の矢きずを受け力つきて、遂に弟正時(まさとき)と刺(さ)しちがへて死せり。時に正行(まさつら)年二十三。前年(せんねん)正行(まさつら)に救はれたる賊兵は、深く其の恩に感じ、正行(まさつら)に從ひて此の戰にことごとく討死(うちじに)せり。まことに正行(まさつら)の如きは、勇(ゆう)と仁(じん)とをかねたる武士にして、忠孝の道を全(まつた)うしたるものといふべし。かくて楠木(くすのき)氏は、正行(まさつら)の死後も、其の一族をあげて、ながく朝廷の御爲に眞心をさゝげたり。今四條畷神社(しでうなはてじんじや)に正行(まさつら)をまつれり。

此の後親房(ちかふさ)はひとり忠勤(ちゆうきん)をぬきんでしが、程なく病みて薨(こう)ぜしかば、これより官軍の勢いよいよ衰へたり。今攝津(せつつ)の阿部野神社(あべのじんじや)及び岩代(いはしろ)の靈山神社(りやうぜんじんじや)に親房(ちかふさ)父子をまつれり。

村上天皇 ── 具平(ともひら)親王　　親房 ┬ 顯家
　　　　　　　　　　　　　　　　　　　└ 顯信(あきのぶ)

正行の忠孝兩全

親房薨ず

第二十六　菊池武光(きくちたけみつ)

肥後の菊池氏

朝廷はすでに其のたのみとせられし正行(まさつら)・親房(ちかふさ)の如き忠臣を失ひ、諸國の官軍もまたおほむね衰へたれど、ひとり九州にては、官軍の勢なほ振(ふ)れり。さきに弘安(こうあん)の役に武名をあげたる菊池武房(きくちたけふさ)の孫武時(たけとき)、元弘(げんこう)三年諸國に勤王の軍起りし時、義兵(ぎへい)を肥後(ひご)に起し、僅かなる兵を以て博多(はかた)の賊を討ちて戰死し、九州に於ける勤王のさきがけをなせしが、其の諸子みな能く父の志をつぎて忠義をつくせり。

武光懷良親王を奉ず

時に後村上(ごむらかみ)天皇の御弟懷良(かねなが)親王は、西國の官軍をすべたまはんとて、九州に下りたまふ。武時(たけとき)の子武光(たけみつ)は親王を肥後(ひご)に迎へたてまつり、之を奉じてしばしば賊軍と戰ひ、しだいに其の勢を加へたり。されば尊氏(たかうぢ)大いに之を憂へ、みづから兵を率(ひき)ゐて武光(たけみつ)をうたんとせしが、發する前病みて死せり。

尊氏の不忠不義

尊氏(たかうぢ)はさきに後醍醐(ごだいご)天皇の厚き恩賞をかうむりながら、其の御恩を忘れて朝廷にそむき、忠義の人々を害し、あまつさへ皇族を弑(しい)したてまつれり。其の不忠不義まことににくみても餘りありといふべし。

菊地武光少貳賴尙を大保原に破る

筑後川の戰

かくて菊池(きくち)氏の勢はいよいよ強く、武光(たけみつ)親王を奉じて兵を筑後(ちくご)に進め、賊將少貳賴尙(せうによりひさ)の軍と筑後(ちくご)川をさしはさんで陣せり。武光(たけみつ)川を渡りて戰をしかけたれども、賴尙(よりひさ)大保張(おほばる)に退き、陣を堅くして戰はず。武光(たけみつ)すなはち兵を分ちて之を襲ひ、みづから親王と共に敵の中堅(ちゅうけん)をつく。戰最もはげしくして、親王は御身に三箇所まで傷をおひたまひ、武光(たけみつ)は馬きずつき冑(かぶと)さけしかば、敵將を斬りて、其の馬と冑とを奪ひ、死を決して奮戰(ふんせん)し、遂に大いに敵を破り、賴尙(よりひさ)は本國筑前(ちくぜん)に逃げかへれり。世に之を筑後川(ちくごがは)の戰といふ。

子孫相ついで勤王す

ついで武光(たけみつ)は親王を奉じて筑前(ちくぜん)に進み、また頼尚(よりひさ)を走らせて太宰府(だざいふ)に入り、さらに京都に向はんとせり。然るに後いくばくもなく武光(たけみつ)卒(しゆつ)するに及び、九州の官軍またやうやく衰へしが、其の子孫はなほ久しく朝廷の御爲に力をつくせり。肥後(ひご)の菊池神社(きくちじんじや)は菊池(きくち)氏一族の忠臣をまつれるなり。

藤原忠平 …… 武房 ── 時隆(ときたか) ──

── 武時 ┌── 武重(たけしげ)
        ├── 武敏(たけとし)
        └── 武光

第二十七　足利(あしかゞ)氏の僭上(せんじやう)

足利氏の內部みだる

尊氏(たかうぢ)は朝廷に對したてまつりて無道の行多かりしのみならず、また其の家をも能く治むること能はず、兄弟相爭ひて遂に弟直義(たゞよし)を毒殺(どくさつ)し、部下(ぶか)の將士もしばしばそむき、又たがひに爭へり。かゝる內部(ないぶ)の亂絶えざる間に、足利(あしかゞ)氏は尊氏(たかうぢ)の子義詮(よしあきら)を經て、孫義滿(よしみつ)の代となれり。

細川賴之義滿をたすく

義詮(よしあきら)のまさに死せんとせし時、その嗣子(しし)義滿(よしみつ)年僅かに十歲なりしかば、之を細川賴之(ほそかはよりゆき)に託(たく)して、たすけ導(みちび)かしめたり。賴之(よりゆき)は足利(あしかゞ)氏の一族にして、つゝしみ深き人なれば、義滿(よしみつ)の近侍(きんじ)を戒めて奢(おごり)をとゞめ、又我がまゝなる大名(だいみやう)をおさへ、常に心をつくして其の主をたすけたり。これより、足利(あしかゞ)氏の基やうやく固(かた)くなれり。

後龜山天皇京都に還幸したまふ

義滿(よしみつ)やがて使を吉野(よしの)に遣はして、天皇の還幸(くわんかう)を請ひたてまつる。後村上(ごむらかみ)天皇の御子第九十八代後龜山(ごかめやま)天皇は、人民のながく戰亂に苦しむをあはれみたまひ、其の請を許して京都に還幸(くわんかう)し、神器(じんぎ)を第九十九代後小松(ごこまつ)天皇に傳へたまふ。時に紀元二千五十二年(元中(げんちゆう)、九年)にして、後醍醐(ごだいご)

天皇の吉野(よしの)に行幸(みゆき)したまひしより、こゝに至るまで凡そ六十年なり。こゝに於て多年の兵亂やうやくをさまりしも、これより義滿(よしみつ)征夷大將軍(せいいたいしやうぐん)として威勢(ゐせい)を振ひ、再び武家政治(ぶけせいぢ)の世となれり。

金 閣

義滿奢をきはむ	義滿(よしみつ)やがて將軍職を子義持(よしもち)に讓り、みづから太政大臣(だじやうだいじん)に任ぜられんことを望めり。武人にして太政大臣(だじやうだいじん)に任ぜらるゝことは、平淸盛(たひらのきよもり)以後絕えてなかりしに、義滿(よしみつ)は強(し)ひて朝廷に請ひて、

金閣	遂に之に任ぜられたり。かくて義滿(よしみつ)は奢(おごり)をきはめ、其の室町(むろまち)の邸はすこぶる壯麗(さうれい)にして、庭に多くの美しき花を植ゑたるを以て、世に之を花(はな)の御所(ごしよ)といへり。義滿(よしみつ)また別莊(べつさう)を京都(きやうと)の北山(きたやま)に造り、庭に三層の閣(かく)を建てて、壁にも戸にもすべて金箔(きんぱく)を張りつめ、其の美しきこといはん方なく、世に之を金閣(きんかく)と稱す。義滿(よしみつ)髮を剃(そ)りてこゝに居り、なほ政治を執(と)りしかば、朝廷の官吏も皆義滿(よしみつ)の勢に恐れ、此の別莊(べつさう)に來りて其の命を受くるに至れり。
義滿の僭上	されば義滿(よしみつ)は勢にまかせて僭上(せんじやう)の行多く、かつて比叡山(ひえいざん)にのぼるや、おそれ多くもおのが行列(ぎやうれつ)を上皇(じやうくわう)御幸(みゆき)の御儀式になぞらへて、關白(くわんぱく)以下の公卿(くぎやう)をしたがはしめたり。義滿(よしみつ)また使を支那(しな)にやりて交通を開きしが、此の頃支那(しな)は元(げん)すでに亡びて明(みん)の代となれり。明主(みんしゆ)義滿(よしみつ)を指(さ)して日本國王といひしに、義滿(よしみつ)これを受けてはゞからず、みづからも日本國王と稱して書を送れり。わが國には天皇の外にまた國王あらんや、義滿(よしみつ)の如きはわが國體をないがしろにせるものといふべし。
義滿國體をないがしろにす	

朝鮮の太祖（たいそ）

武臣政をもつぱらにす	さきに平氏の盛（さかん）なりし頃高麗（かうらい）にては、毅宗（きそう）王位にあり。時に文臣と武臣との爭、いよいよ甚だしくなり、武臣は文臣を捕へて其の多くを殺し、遂には王をも弑（しい）するに至れり。これより武臣の勢はしだいに盛となりしが、催忠獻（さいちゆうけん）の出でて勢力をにぎりしより、其の子孫は代々武臣の長として、ながく政治をもつぱらにせり。高麗（かうらい）の蒙古（もうこ）に服せしはあたかも此の頃なり。
崔氏	
倭寇	足利氏が政治を行ひしはじめ頃より、内地の沿海（えんかい）の民は海を渡りてしきりに朝鮮・支那（しな）の沿岸（えんがん）を荒（あら）せり。人々之を倭寇（わこう）と呼びて大いに恐れたり。高麗（かうらい）は兵を出してしばしばこれを討ちしも功なかりき。
李成桂と鄭夢周	後龜山（ごかめやま）天皇の御代の頃、支那（しな）にては元（げん）衰（おとろ）へ明（みん）新（あらた）に起れり。高麗（かうらい）の朝臣（てうしん）は、明（みん）に仕へんとするものと、もとの如く元（げん）に仕へんとするものとの二派に分れしが、遂に明（みん）に仕へんとする李成桂（りせいけい）・鄭夢周（ていむしう）等の勝となれり。後二人の間に不和を生じ、夢周（むしう）は成桂をのぞかんとしてかへつて殺されたり。
朝鮮の太祖	李成桂（りせいけい）は咸鏡南道（かんきやうなんだう）に生る。賢明にして力強く、よく弓をいたり。高麗（か

うらい)に仕へ、北方の女眞(ぢよしん)を服し、又倭寇(わこう)を撃(う)ちて功あり。夢周(むしう)の殺されたる後は、政權全く其の手にあつまり、後龜山(ごかめやま)天皇の元中(げんちゆう)九年(紀元二千五十二年)遂に高麗(かうらい)王を廢して王となる。これ朝鮮第一代の王太祖(たいそ)なり。太祖(たいそ)は使を明(みん)につかはし、王號ならびに朝鮮の國號を稱(しやう)するゆるしを受く。これより後、新王、位に卽くごとに明(みん)のゆるしを受けたり。太祖(たいそ)は都を開城(かいじやう)より京城(けいじやう)にうつし、景福宮(けいふくきゆう)を營(いとな)み、在位七年にして位を讓(ゆづ)れり。

朝鮮の盛時

太祖(たいそ)より以後約百年の間は國内太平にして、人々其の業に安んじ、朝鮮の盛時(せいじ)と稱せらる。其の間に活字(くわつじ)の製(せい)作ありて、多くの書籍(しよせき)印刷(いんさつ)せられ、學問大いに進歩せり。諺文(おんもん)もこの頃つくられたり。

朝鮮王系圖(一)

(一)太祖(李成桂) ┬ (二)定宗
　　　　　　　　 └ (三)太宗 ── (四)世宗 ┬ (五)文宗 ── (六)端宗
　　　　　　　　　　　　　　　　　　　　 └ (七)世祖 ┬ □…………(一一)中宗
　　　　　　　　　　　　　　　　　　　　　　　　　　 └ (八)睿宗

第二十八　足利(あしかゞ)氏の衰微(すゐび)

義政政治に
怠る

義満(よしみつ)より四代を經て義政(よしまさ)の代となれ
り。義政(よしまさ)は僅かに九歳にして家をつぎ、程な
く將軍(しやうぐん)となりしが、少しも心を政治に用ひ
ず。たまたま大風・洪水(こうずゐ)ありて五穀みのらざる
が上に、惡病流行して、人民すこぶるなやみたるに、義
政(よしまさ)さらにあはれみの心なく、盛に室町(むらま
ち)の邸を營(いとな)みしかば、第百一代後花園(ごはなぞ
の)天皇は御心をいためたまひて、之を戒めたまふ。こゝ
に於て義政(よしまさ)大いにおそれ入り、いつたん工事
をとゞめたれども、なほしばしば花見(はなみ)の宴(えん)
などを催(もよほ)して、奢(おごり)にふけりき。されは費
用足らずして、人民より多くの税を取立てしかば、萬民
いよいよ苦しみて、世の中騷(きわ)がしくなれり。

足利家の相
續争

義政(よしまさ)は三十歳に及びて、早く政治に倦(う)み、
未だ子なきを以て、弟義視(よしみ)を養子(やうし)とな
し、之に職を讓らんとし、細川勝元(ほそかはかつもと)
をして之をたすけしめたり。此の時義政(よしまさ)は、
他日子生るとも決して義視(よしみ)を廢せざることを約
束(やくそく)したりしに、間もなく實子(じつし)義尚(よ
しひさ)生るゝに及び、其の母は義視(よしみ)をしりぞけ
て之を立てんとし、諸将の中にて山名宗全(やまなそうぜ
ん)がひとり勝元(かつもと)に尖らざる勢あるを見て、之

細川勝元·山名宗全の對立	に義尙(よしひさ)を託せり。ここに於て、足利家(あしかゞけ)の相續(さうぞく)の爭は、細川(ほそかは)·山名(やまな)二氏の爭となりたり。

應仁の亂

應仁の亂

紀元二千百二十七年第百二代後土御門(ごつちみかど)天皇の應仁(おうにん)元年、勝元(かつもと)·宗全(そうぜん)おのおの味方の大軍を京都(きやうと)に集む。勝元(かつもと)は室町(むろまち)の幕府に入りてここに陣し、其の兵凡そ十六萬、宗全(そうぜん)の陣は其の西にありて、其の兵凡そ十一萬に達せり。

これより兩軍相戰ふこと十一年間の久しきにわたり、其の間に宗全(そうぜん)·勝元(かつもと)相つぎて病死し、

大亂後の京都の有様	後兩軍の諸將もまた戰に倦み、しだいに引去りて京都(きやうと)の亂始めて止みたり。世に之を應仁(おうにん)の亂(らん)といふ。これが爲に、幕府をはじめ名高き社寺其の他の建物多く燒けうせて、花の都もたちまち燒野(やけの)とかはれり。ある人この有樣を見て、 汝(なれ)や知る都は野べの夕雲雀(ゆふひばり)、 あがるを見ても落つる涙は。 とよみたりき。
幕府權力を失ふ 銀閣	かゝる大亂の中にも、義政(よしまさ)はなほ奢(おごり)をやめず、後京都(きやうと)の東山(ひがしやま)に別莊(べつさう)を造り、義滿(よしみつ)の金閣にならひて、庭中に銀閣(ぎんかく)を建て、茶(ちや)の湯(ゆ)などの遊にふけりて、空(むな)しく日を送れり。されば幕府の財政(ざいせい)はますます困難となり、將軍の命令はほとんど行はれざるに至れり。 

第二十九　北條氏康(ほうでううぢやす)

戰國時代

應仁(おうにん)の亂後は、諸將おのおの其の國に歸りて相戰へども、將軍の威權(ゐけん)衰へて、之を如何ともすること能はず。英雄(えいゆう)きそひ起りて、凡そ百年の間戰亂やむ時なかりき。世に之を戰國時代(せんごくじだい)といふ。

北條早雲起る

此の時に當りて、先づ起りたるは北條早雲(ほうでうさううん)なり。早雲(さううん)は平氏(へいし)にて、はじめ伊勢(いせ)にありしかば伊勢新九郎(いせしんくらう)といふ。生れつき聰明(そうめい)なれば、はやくより時勢(じせい)を見て、おのが家をおこさんと志し、六人の勇士と共に駿河(するが)に來りしが、東國の亂れたるに乘じて急に起り、伊豆(いづ)を取りて北條(ほうでう)に居り、盛に金銀を散(さん)じて人望をあつめ、又北條(ほうでう)氏の子孫と稱して、ますます士民(しみん)を服せしめたり。早雲(さううん)ついで相模(さがみ)を取らんとし、使を小田原(をだはら)城にやり、箱根山(はこねやま)を借りてこゝに鹿狩せんといつはり、多くの兵士を獵師(れふし)の姿(すがた)にかへて山に入りこましめ、不意に小田原(をだはら)城を襲ふ。城主驚きて逃走り、早雲(さううん)やすやすと城を奪ひてこゝに移(うつ)り、おひおひに相模(さがみ)を從へて、其の勢大いに東國に振へり。

北條氏康

氏康の修養	早雲(さううん)の子氏綱(うぢつな)また勇武にして、兵を武藏(むさし)に進め、上杉(うへすぎ)氏を破りて、江戸(えど)・河越(かはごえ)の諸城をおとしいれたり。氏綱(うぢつな)の子氏康(うぢやす)は、十二歳の頃まですこぶる臆病にて、鐵砲の音を聞きても驚くほどなりしが、後深くみづから恥(は)ぢて、武事を習ひ、遂に武勇の人となり、父につぎてますます勢を得たり。
河越の戰	此の頃上杉朝定(うへすぎともさだ)・憲政(のりまさ)等は、河越(かはごえ)城を取りかへさんとて、八萬の大軍を率ゐて來り圍む。北條(ほうでう)氏の將固く城を守りて半年に及び、城中の兵糧やうやく乏しくなれり。氏康(うぢやす)すなはち小田原(をだはら)よりおもむき助けしが、其の兵僅かに八千に過ぎず、敵の大軍に當り難きを

以て、僞(いつは)りて和睦(わぼく)を申しこみ、其の油斷
(ゆだん)せるに乘じ、夜半にはかに敵軍を襲ひて大いに
之を破れり。時に朝定(ともさだ)は戰死し、憲政(のりま
さ)は上野(かうづけ)に逃げかへりしが、いくばくもなく
また氏康(うぢやす)に攻められて越後(ゑちご)に走れり。

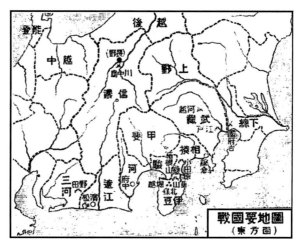

戰國要地圖（東方面）

氏康よく國
を治む

これより氏康(うぢやす)ますます諸國を攻めて、おのが
領地を廣めたり。氏康(うぢやす)は戰に巧(たく)みなるの
みならず、能く國を治めて、常に部下(ぶか)を愛し人民
をめぐみたれば、士民みな之になつき、諸國の人々も其
の政治をしたひ、きそひて小田原(をだはら)に集り來り
しといふ。早雲(さううん)の起りしより凡そ六十年に
して、其の領地はすでに伊豆(いづ)・相模(さがみ)・武藏
(むさし)・上野(かうづけ)等の諸國に及べり。

第三十　上杉謙信(うへすぎけんしん)と武田信玄(たけだしんげん)

謙信の生ひたち

北條(ほうでう)氏と肩(かた)をならべて、之と相爭へるものに越後(ゑちご)の上杉謙信(うへすぎけんしん)あり。謙信(けんしん)はもと長尾(ながを)氏にして、平氏(へいし)より出づ。其の家代々上杉(うへすぎ)氏に仕へて越後(ゑちご)にありき。父を長尾爲景(ながをためかげ)といひ、謙信(けんしん)は其の二男なり。生れつき大膽(だいたん)にしてすこぶる勇氣あり。幼き時、父戰死して兄晴景(はるかげ)家をつぎしが、柔弱(じうじやく)にして部下(ぶか)にあなどられ、其の國大いに亂れたり。謙信(けんしん)すなはち僧となりて諸國を見あるき、ついで越後(ゑちご)に歸りて兄に代り、國內の亂を平げ、しだいに近國を從へて勢甚だ盛なり。後上杉憲政(うへすぎのりまさ)が北條氏康(ほうでううぢやす)に追はれて謙信(けんしん)にたより來り、其の家名を授くるに及び、始めて上杉(うへすぎ)氏を稱(とな)へたり。これより謙信(けんしん)は憲政(のりまさ)の爲に、しばしば兵を關東(くわんとう)に

謙信小田原に迫る

出して北條(ほうでう)氏と戰ひ、ある時はるかに小田原(をだはら)の城下(じやうか)に迫りしことありしが、敵は其の武勇に恐れて、途中出でて防ぐものなく、あたかも無人の野を行くが如き有樣なりき。

信玄の生ひたち

此の頃甲斐(かひ)に武田信玄(たけだしんげん)あり。

信玄信濃を取る	其の家は新羅三郎(しんらさぶらう)義光(よしみつ)より出で、代々甲斐(かひ)にありて其の領主(りやうしゆ)たり。信玄(しんげん)は幼き時より智謀(ちばう)ふかく、十六歳の時、父信虎(のぶとら)にしたがひて信濃(しなの)に攻入りしに、敵城固くして信虎(のぶとら)は八千の兵を以て之を破ること能はざりしに、信玄(しんげん)は僅かに三百の兵を率(ひき)ゐ、謀(はかりごと)を以て不意に襲ひて之をおとしいれしことあり。程なく父に代りて能く其の國を治め、又しだいに信濃(しなの)を攻取りしかば、信濃(しなの)の村上(むらかみ)氏等は越後(ゑちご)に走りて謙信(けんしん)の助を請へり。  川中島に對陣せる上杉謙信
川中島の戰	謙信(けんしん)よりて村上(むらかみ)氏等の爲に、しばしば信濃(しなの)に入りて、信玄(しんげん)と川中島(かは

謙信敵をあはれむ	なかじま)に戰ひたり。中にもある年秋の戰に、謙信(けんしん)は一萬三千の兵を率ゐて川中島(かはなかじま)に出陣(しゆつぢん)し、信玄(しんげん)は二萬の大軍を以て之をはさみ擊(うち)にせんとせしを、謙信(けんしん)たちまち其の謀(はかりごと)をさとり、不意に信玄(しんげん)の陣を襲ひ、みづから太刀(たち)をふるつて信玄(しんげん)に切りつけしに、信玄(しんげん)は軍配團扇(ぐんばいうちは)を以て之を防ぎ、やうやく危難(きなん)を免(まぬか)れたり。かくて久しき間勝敗決せざりしが、謙信(けんしん)は信玄(しんげん)とかくまではげしく戰ひたれども、甲斐(かひ)の人民が食塩(しよくえん)の乏しきに苦しめるを聞き、之をあはれみて越後(ゑちご)より塩を送らしめたれば、人々深く其の義に感じたりといふ。  川中島に對陣せる武田信玄

信玄志を達せずして死す	此の二人は、おのおの折を見て京都(きやうと)に上り、將軍を奉じて天下に號令(がうれい)せんと志せり。されば、信玄(しんげん)はますます近國を攻取り、遂に駿河(するが)を合はせ、遠江(とほたふみ)に進み、さらに三河(みかは)に入りしに、たまたま病にかゝり、國に歸る途中にて死せり。謙信(けんしん)これを聞き、良き相手(あひて)を失へりとて、深く惜しみたりとぞ。
謙信も目的を果さずして死す	謙信(けんしん)もまたすでに越中(ゑつちう)・能登(のと)などの諸國を取り、まさに大兵を率ゐて京都(きやうと)に向はんとせしに、出發の期にのぞみ、にはかに病死して目的を果さざりき。

第三十一　毛利元就(まうりもとなり)

東國に北條(ほうでう)・上杉(うへすぎ)・武田(たけだ)の三氏ならび立てる時に當り、西國には毛利元就(もうりもとなり)やうやく勢を得たり。

毛利元就嚴島神社に參詣す

元就の生ひたち

元就(もとなり)は大江匡房(おほえまさふさ)の子孫にして、其の家代々安藝(あき)にありき。元就(もとなり)は幼き時より大志(たいし)をいだけり。十二歳の時嚴島神社(いつくしまじんじや)に參詣し、從者(じゆうしや)の祈(いのり)をこむるを見て、其の祈りしところを問ひしに、從者(じゆうしや)は「若君(わかぎみ)に中國を平げさせたまへと祈(いの)りたり。」と答へたり。元就(もとなり)いはく、「そは愚なる祈(いのり)かな。何故に天下を平げさせたまへとは祈(いの)らざりしか。天下を志して

大内氏のみ だれ	やうやく中國を得べし。中國を志さば何とて中國を得べ きぞ。」と。元就(もとなり)長じて智勇かね備り、又よく 部下(ぶか)を愛せしかば、人人皆よろこび服したり。 これより先、久しく中國にて勢を振ひたるは、周防(すは う)の大内(おほうち)氏にして、大内義興(おほうちよしお き)は數箇國を領して、最も富強をきはめ、其の城下山口 (やまぐち)のにぎはひは京都(きやうと)にもまさりたり。 其の頃京都(きやうと)は大いに衰へて、朝廷も御費用乏 しきにより、第百四代後奈良(ごなら)天皇は、久しく御 卽位の禮を擧げたまふこと能はざりしに、義興(よしお き)の子義隆(よしたか)は、其の御費用をたてまつりて忠 節をいたせり。されど義隆(よしたか)富強をたのみて、 やうやく奢(おごり)にふけり、武備(ぶび)を怠りしかば、 遂に其の家臣陶晴賢(すゑはるかた)の爲に殺されたり。
嚴島の戰	此の頃元就(もとなり)は義隆(よしたか)の部下(ぶか)なり しが、すなはち義兵を起して、晴賢(はるかた)の大軍を 嚴島(いつくしま)におびき出し、風雨の夜に乘じて島に おし渡り、不意に晴賢(はるかた)の陣を襲ひて之を破 り、遂に晴賢(はるかた)を滅(ほろぼ)せり。世に之を嚴島 (いつくしま)の戰といふ。

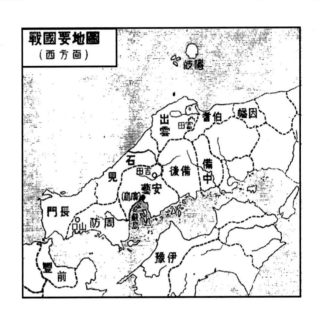

元就威を中
國に振ふ

これより元就(もとなり)は、其の勢に乗じ、たちまち周防(すはう)・長門(ながと)等を取りて大內(おほうち)氏に代り、又兵を出雲(いづも)に出して尼子(あまこ)氏と爭ひ、富田(とだ)の城を圍(かこ)むこと七年にして、遂に之を降(くだ)せり。こゝに於て毛利(まうり)氏は、中國・九州の地に於て十餘國を領し、大內(おほうち)氏よりもはるかに強大となれり。殊に元就(もとなり)は大義に通

元就御卽位
の費用をた
てまつる

元就三子を
戒む

じ、第百五代正親町(おほぎまち)天皇御卽位の禮を行ひたまひし時、その御費用をたてまつりて、忠勤(ちゆうきん)をはげみ、又かつて其の三子毛利隆元(たかもと)・吉川元春(きつかはもとはる)・小早川隆景(こばやかはたかかげ)に、三人共同(きようどう)して毛利(まうり)家を守ら

んことを、ねんごろに戒めたり。後隆元(たかもと)は父に先だちて死し、其の子輝元(てるもと)家をつぐに及び、元春(もとはる)・隆景(たかかげ)の二人、心を一にして之をたすけしかば、毛利(まうり)氏は、元就(もとなり)の死後といへども勢少しも衰へざりき。

平城天皇
(へいぜい)　…大江匡房　…　廣元　―― 毛利季光　…
　　　　　　　　　　　　　　(ひろもと)　(すゑみつ)

…　弘元 ―― 元就 ┌ 隆元 ―― 輝元
　(ひろ　　　　　├ 元春
　もと)　　　　　│ (吉川)
　　　　　　　　└ 隆景
　　　　　　　　　(小早川)

第三十二　後奈良天皇(ごならてんのう)

公卿の困難

戰國時代には、北條(ほうでう)・武田(たけだ)・上杉(うへすぎ)・毛利(まうり)四氏の外にも、豪族(がうぞく)各地に據(よ)りて、互に土地を奪ひあひ、戰爭しばらくも止む時なかりしかば、諸國にある公卿(くぎやう)の領地はもとより、皇室の御料地(ごれうち)さへ、いつしか勢力ある豪族(がうぞく)におかされたり。然るに幕府も貧しくして、皇室の御費用をたてまつること能はざれば、公卿(くぎやう)は多く緣をたよりて地方に下り、京都(きやうと)に殘れるものは、衣食にも事かきたり。ある時身分(みぶん)ある公卿(くぎやう)に面會を請ひたるものありしに、「此の寒き時候に夏の服にては恥かし。」といへるを「苦しからず。」とて參りたるに、素肌(すはだ)に蚊帳(かや)をまとひてあひたりといふ。公卿(くぎやう)の苦しみたる樣これにても知るべし。

朝廷衰ふ

後奈良(ごなら)天皇の御代は、朝廷殊に衰へて、御所(ごしよ)の築地(ついぢ)は破れたれども之をつくろふこともかなはず、賢所(かしこどころ)の御あかしの光は、遠く三條(さんでう)の橋より見えしとなり。さればおそれ多くも、天皇の每日の御用にすら事かきたまふことしばしばなりしといふ。

天皇朝儀を再興したまふ

されど天皇は、かくの如き乏しき御費用の中よりなほ節約(せつやく)したまひて、久しくすたれたる朝廷の御儀式を再興(さいこう)したまひ、また伊勢(いせ)の神宮(じん

天皇神宮を
敬ひたまふ

天皇の御仁
徳

ぐう)のあれ果てたるをなげきたまひて、之を造營したま
はんと思召(おぼしめ)されしも、かなはざりしかば、伊
勢(いせ)に奉幣使(ほうへいし)をたてて、其の由(よし)を
ことわらしめたまひき。殊に天皇は御あはれみの心深
く、たまたま少しの貢(みつぎ)をたてまつるものあれ
ば、たゞちに之を皇族・公卿(くぎやう)に分ちたまひ、ま
た常に大御心(おほみごころ)を萬民の上にかけたまへ
り。ある年長雨(ながあめ)降りつゞきし上に惡病流行し
て、人民死するもの多かりき。天皇深く憂へたまひて、
御みづから經文(きやうもん)を寫(うつ)したまひ、之を醍
醐(だいご)の三寶院(さんばうゐん)に下して、其のわざは
ひを除(のぞ)かんことを祈(いの)らしめたまへり。天皇が
御身の御困難をかへりみたまはずして、もつぱら萬民を
いつくしみたまへる御仁德のかたじけなさには、誰か感
泣(かんきふ)せざらん。

普通學校國史 上卷 終

年　表

御代數	天　皇	紀　元	年　號	摘　要
一	神武天皇	元	元　年	天皇御卽位の禮を行ひたまふ
一二	景行天皇	七五七	二十七年	日本武尊熊襲を討ちたまふ
同		七七〇	四十年	日本武尊蝦夷を討ちたまふ
一四	仲哀天皇	八六〇	九　年	神功皇后新羅を討ちたまふ
一六	仁德天皇	九七六	四　年	天皇勅して税を免じたまふ
二九	欽明天皇	一二一二	十三年	百濟より始めて佛敎をつたふ
三三	推古天皇	一二六四	十二年	聖德太子十七條の憲法を定めたまふ
同		一二六七	十五年	聖德太子使を支那につかはしたまふ
三六	孝德天皇	一三〇五	大化元年	大化の新政はじまる
三八	天智天皇	一三二三	二　年	新羅唐兵と共に百濟を滅す(新羅文武王三年)
同		一三二八	七　年	新羅唐兵と共に高麗を滅す(新羅文武王八年)
同		一三二九	八　年	藤原鎌足薨ず
四三	元明天皇	一三七〇	和銅三年	天皇奈良の都をたてたまふ
四五	聖武天皇	一四〇一	天平十三年	天皇勅して國ごとに國分寺を造らしめたまふ
四八	稱德天皇	一四二九	神護景雲三年	和氣淸麻呂宇佐八幡の敎を申し上ぐ
五〇	桓武天皇	一四五四	延曆十三年	天皇平安京をたてたまふ
同		一四五七	同　十六年	天皇坂上田村麻呂をして東北地方を討たしめたまふ
五一	平城天皇	一四六六	大同元年	空海唐よりかへる
六〇	醍醐天皇	一五六一	延喜元年	菅原道眞太宰府にうつさる
六一	朱雀天皇	一五九六	承平六年	高麗太祖朝鮮半島を統一す(高麗太祖十九年)
六八	後一條天皇	一六八七	萬壽四年	藤原道長薨ず
七〇	後冷泉天皇	一七二二	康平五年	源賴義安倍貞任等を滅す(前九年の役)
七一	後三條天皇	一七二八	治曆四年	天皇皇位に卽きたまふ
七三	堀河天皇	一七四七	寬治元年	源義家淸原武衡等を滅す(後三年の役)
七七	後白河天皇	一八一六	保元元年	源爲朝等の軍敗る(保元の亂)
七八	二條天皇	一八一九	平治元年	源義朝等戰敗る(平治の亂)

八〇	高倉天皇	一八三九	治承三年	平重盛薨ず
八一	安徳天皇	一八四五	壽永四年	平氏亡ぶ
八二	後鳥羽天皇	一八五二	建久三年	源頼朝征夷大將軍に任ぜらる
八四	順徳天皇	一八七九	承久元年	源實朝殺され源氏亡ぶ
八五	仲恭天皇	一八八一	同 三年	後鳥羽上皇北條義時を討ちたまふ(承久の變)
九一	後宇多天皇	一九三四	文永十一年	元軍來り侵す(文永の役)
同	同	一九四一	弘安四年	元軍再び來り侵す(弘安の役)
九六	後醍醐天皇	一九九三	元弘三年	新田義貞鎌倉をおとしいれ北條氏を滅す
同	同	一九九三	元弘三年	天皇幕府の政權を朝廷にをさめたまふ
同	同	一九九五	建武二年	護良親王弑せられたまふ
同	同	同 年	足利尊氏反す
同	同	一九九六	延元元年	楠木正成戰死す(湊川の戰)
同	同	同 年	名和長年戰死す
同	同	同 年	天皇吉野に行幸したまふ
同	同	一九九八	同三年	北畠顯家戰死す(石津の戰)
同	同	同 年	新田義貞戰死す(藤島の戰)
九七	後村上天皇	二〇〇八	正平三年	楠木正行戰死す(四條畷の戰)
同	同	二〇一四	同九年	北畠親房薨ず
同	同	二〇一九	同 十四年	菊池武光少貳賴尚を破る(筑後川の戰)
九九	後龜山天皇	二〇五二	元中九年	天皇京都に還幸したまふ
同	同	同 年	朝鮮太祖王位に卽く
九八	後小松天皇	二〇五七	應永四年	足利義滿金閣を造る
一〇二	後土御門天皇	二一二七	應仁元年	應仁の亂起る
同	同	二一四三	文明十五年	足利義政銀閣を造る
一〇四	後奈良天皇	二二〇六	天文十五年	北條氏康上杉氏を破る(河越の戰)
同	同	二二一五	弘治元年	毛利元就陶晴賢を滅す(嚴島の戰)
一〇五	正親町天皇	二二二一	永祿四年	上杉謙信武田信玄と戰ふ(川中島の戰)

大正十一年十二月二十三日印刷
大正十一年十二月二十五日發行

普史上
定價金貳拾參錢

朝鮮總督府

東京市下谷區二長町一番地

印刷者　井上源之丞

東京市下谷區二長町一番地

印刷所　凸版印刷株式會社

朝鮮總督府 編纂 (1922)

『普通學校國史』

(下卷)

兒童用

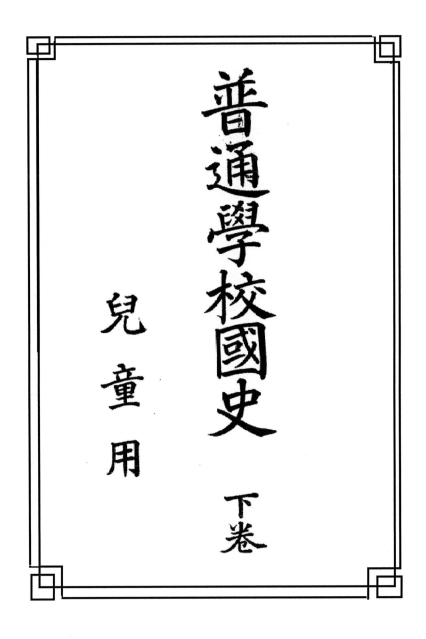

普通學校國史　下卷

兒童用

目錄

御歷代表(二)

御代數	天皇	御在位年間	御代數	天皇	御在位年間
一	神武天皇	元～七六	二一	雄略天皇	一一六～一一三九
二	綏靖天皇	八〇～一一二	二二	清寧天皇	一一三九～一一四四
三	安寧天皇	一一二～一五〇	二三	顯宗天皇	一一四五～一一四七
四	懿德天皇	一五一～一八四	二四	仁賢天皇	一一四八～一一五八
五	孝昭天皇	一八六～二六八	二五	武烈天皇	一一五八～一一六六
六	孝安天皇	二六九～三七〇	二六	繼體天皇	一一六七～一一九一
七	孝靈天皇	三七一～四四六	二七	安閑天皇	一一九一～一一九五
八	孝元天皇	四四七～五〇三	二八	宣化天皇	一一九五～一一九九
九	開化天皇	五〇三～五六三	二九	欽明天皇	一一九九～一二三一
一〇	崇神天皇	五六四～六二一	三〇	敏達天皇	一二三二～一二四五
一一	垂仁天皇	六三二～七三〇	三一	用明天皇	一二四五～一二四七
一二	景行天皇	七三一～七九〇	三二	崇峻天皇	一二四七～一二五二
一三	成務天皇	七九一～八五〇	三三	推古天皇	一二五二～一二八八
一四	仲哀天皇	八五二～八六〇	三四	舒明天皇	一二八九～一三〇一
一五	應神天皇	八六〇～九七〇	三五	皇極天皇	一三〇二～一三〇五
一六	仁德天皇	九七三～一〇五九	三六	孝德天皇	一三〇五～一三一四
一七	履中天皇	一〇六〇～一〇六五	三七	齊明天皇	一三一五～一三二一
一八	反正天皇	一〇六六～一〇七〇	三八	天智天皇	一三二一～一三三一
一九	允恭天皇	一〇七二～一一一三	三九	弘文天皇	一三三一～一三三二
二〇	安康天皇	一一三～一一六	四〇	天武天皇	一三三二～一三四六

御代數	天皇	御在位年間	御代數	天皇	御在位年間
四一	持統天皇	一三四六〜一三五七	六一	朱雀天皇	一五九〇〜一六〇六
四二	文武天皇	一三五七〜一三六七	六二	村上天皇	一六〇六〜一六二七
四三	元明天皇	一三六七〜一三七五	六三	冷泉天皇	一六二七〜一六二九
四四	元正天皇	一三七五〜一三八四	六四	圓融天皇	一六二九〜一六四四
四五	聖武天皇	一三八四〜一四〇九	六五	花山天皇	一六四四〜一六四六
四六	孝謙天皇	一四〇九〜一四一八	六六	一條天皇	一六四六〜一六七一
四七	淳仁天皇	一四一八〜一四二四	六七	三條天皇	一六七一〜一六七六
四八	稱德天皇	一四二四〜一四三〇	六八	後一條天皇	一六七六〜一六九六
四九	光仁天皇	一四三〇〜一四四一	六九	後朱雀天皇	一六九六〜一七〇五
五〇	桓武天皇	一四四一〜一四六六	七〇	後冷泉天皇	一七〇五〜一七二八
五一	平城天皇	一四六六〜一四六九	七一	後三條天皇	一七二八〜一七三二
五二	嵯峨天皇	一四六九〜一四八三	七二	白河天皇	一七三二〜一七四六
五三	淳和天皇	一四八三〜一四九三	七三	堀河天皇	一七四六〜一七六七
五四	仁明天皇	一四九三〜一五一〇	七四	鳥羽天皇	一七六七〜一七八三
五五	文德天皇	一五一〇〜一五一八	七五	崇德天皇	一七八三〜一八〇一
五六	清和天皇	一五一八〜一五三六	七六	近衛天皇	一八〇一〜一八一五
五七	陽成天皇	一五三六〜一五四四	七七	後白河天皇	一八一五〜一八一八
五八	光孝天皇	一五四四〜一五四七	七八	二條天皇	一八一八〜一八二五
五九	宇多天皇	一五四七〜一五五七	七九	六條天皇	一八二五〜一八二八
六〇	醍醐天皇	一五五七〜一五九〇	八〇	高倉天皇	一八二八〜一八四〇

御代數	天皇	御在位年間	御代數	天皇	御在位年間
八一	安德天皇	一八四〇～一八四五	一〇二	後土御門天皇	二一二四～二一六〇
八二	後鳥羽天皇	一八四五～一八五八	一〇三	後柏原天皇	二一六〇～二一八六
八三	土御門天皇	一八五八～一八七〇	一〇四	後奈良天皇	二一八六～二二一七
八四	順德天皇	一八七〇～一八八一	一〇五	正親町天皇	二二一七～二二四六
八五	仲恭天皇	一八八一。	一〇六	後陽成天皇	二二四六～二二七一
八六	後堀河天皇	一八八一～一八九二	一〇七	後水尾天皇	二二七一～二二八九
八七	四條天皇	一八九二～一九〇二	一〇八	明正天皇	二二八九～二三〇三
八八	後嵯峨天皇	一九〇二～一九〇六	一〇九	後光明天皇	二三〇三～二三一四
八九	後深草天皇	一九〇六～一九一九	一一〇	後西院天皇	二三一四～二三二三
九〇	龜山天皇	一九一九～一九三四	一一一	靈元天皇	二三二三～二三四七
九一	後宇多天皇	一九三四～一九四七	一一二	東山天皇	二三四七～二三六九
九二	伏見天皇	一九四七～一九五八	一一三	中御門天皇	二三六九～二三九五
九三	後伏見天皇	一九五八～一九六一	一一四	櫻町天皇	二三九五～二四〇七
九四	後二條天皇	一九六一～一九六八	一一五	桃園天皇	二四〇七～二四二二
九五	花園天皇	一九六八～一九七八	一一六	後櫻町天皇	二四二二～二四三〇
九六	後醍醐天皇	一九七八～一九九九	一一七	後桃園天皇	二四三〇～二四三九
九七	後村上天皇	一九九九～二〇二八	一一八	光格天皇	二四三九～二四七七
九八	後龜山天皇	二〇二八～二〇五二	一一九	仁孝天皇	二四七七～二五〇六
九九	後小松天皇	二〇五二～二〇七二	一二〇	孝明天皇	二五〇六～二五二六
一〇〇	稱光天皇	二〇七二～二〇八八	一二一	明治天皇	二五二六～二五七二
一〇一	後花園天皇	二〇八八～二一二四	一二二	今上天皇	二五七二～…

普通學校國史 下卷

第三十三　織田信長(おだのぶなが)

戰國時代に於て、諸國に起りたる英雄(えいゆう)は多く
京都(きやうと)に上りて天下に號令せんと志せしが、い
づれも之を果さざりしに、織田信長(おだのぶなが)出で
て初めて其の目的を達し、殊に朝廷を尊びて忠勤をはげ
みたり。

織田信長馬を走らせて桶狹間に向ふ

信長の生ひ
たち

信長(のぶなが)は平重盛(たひらのしげもり)の子孫なりと
いふ。其の家代々尾張(をはり)にあり、父を信秀(のぶひ
で)といひ、勇武にしてしばしば兵を近國に出して領地を
廣めたり。信長(のぶなが)は幼き時よりあらあらしきふ

	るまひ多く、家をつぎても武術のみを事として政をかへりみず、家臣平手政秀(ひらでまさひで)これを憂へ、度々(たびたび)諫(いさ)めたれども聽(き)かれざるにより、書置(かきおき)して自殺せり。時に信長(のぶなが)二十歳なりしが、深く其の忠義に感じ、これより心を改め行をつゝしむに至れり。後信長(のぶなが)政秀寺(せいしうじ)を建てて、ねんごろに政秀(まさひで)をとむらひたり。
桶狹間の戰	此の頃駿河(するが)に今川義元(いまがはよしもと)あり、はやくより信秀(のぶひで)と相爭ひしが、遠江(とほたふみ)・三河(みかは)の二國を從へたれば、更に織田(おだ)氏を滅して京都(きやうと)に上らんとし、三國の兵四萬五千を率ゐて尾張(をはり)に攻入れり。たまたま信長(のぶなが)は淸洲(きよす)の城中に家臣と夜話(やわ)にふけりゐたりしが、此の報を得て、少しも驚く色なく、なほ談笑(だんせう)をつづけたり。翌朝味方の壘危(とりであやふ)しと聞くや、たゞちに馬を走らせてうつて出づ。然るに義元(よしもと)は、既(すで)に諸城を取りて氣おごり、桶狹間(をけはざま)に陣して、將士と共に酒宴を開きゐたり。信長(のぶなが)の兵は僅かに二千に足らざれど、をりからの暴風雨に乘じて、急に義元(よしもと)の本陣にうち入り、其の軍のうろたへ騷ぐ間に、遂に義元(よしもと)を斬る。時に義元(よしもと)は四十二歳にして、信長(のぶなが)は二十七歳の壯年(さうねん)なりき。こゝに於て信長(のぶなが)の威名(ゐめい)忽(たちま)ち四方にあらはれたり。

信長勅を拝す	第百五代正親町(おほぎまち)天皇は、常に朝廷の衰へたるをなげきたまひ、如何にもして天下の亂を鎭(しづ)めんとの御志あり。はるかに信長(のぶなが)の武名を聞召(きこしめ)し、御料地(ごれうち)を回復すべきことを勅し、天下にならびなき名將とほめたまふ。信長(のぶなが)もとより勤王の志深く、勅を拝して感涙(かんるゐ)にむせび、一身をさゝげて御心を安めたてまつらんと決心せり。

信長正親町天皇の勅を拝す

信長の勤王	時に幕府もまた其の勢ますます衰へて、將軍義輝(よしてる)部下に害せられ、弟義昭(よしあき)逃れ來りて助を信長(のぶなが)に求む。信長(のぶなが)すなはち義昭(よしあき)を奉じて京都(きやうと)に入り、將軍の職に就(つ)かしめたり。これより信長(のぶなが)は皇居を修理し、御費用を獻(けん)じ、專(もつぱ)ら朝廷の御爲に盡せしかば、久しく絶えたる御儀式も再興(さいこう)せられ、諸國に逃げゐたる公卿(くぎやう)もおひおひに歸り來りて、京都

足利將軍亡ぶ	（きやうと）はやうやくもとの有樣に立ちかへれり。 それより信長（のぶなが）は次第（しだい）に近畿の諸國を平げ、土民をあはれみて、其の名いよいよ高くなりしかば、義昭（よしあき）遂には己が將軍の職を信長（のぶなが）に奪はれんことを恐れ、之を除（のぞ）かんとするに至れり。信長（のぶなが）怒りて義昭（よしあき）を追出し、足利（あしかゞ）將軍ここに亡びたり。時に紀元二千二百三十三年（天正：てんしやう、元年）にして、義滿（よしみつ）が將軍たりしより、こゝに至るまで凡そ百八十餘年を經（へ）たり。
信長安土城を築く	かくて信長（のぶなが）は城を近江（あふみ）の安土（あづち）に築きしが七重（しちぢゆう）の天主閣（てんしゆかく）雲にそびえて壯麗を極めたり。信長（のぶなが）こゝに據りて四方を定めんとし、先づ其の將羽柴秀吉（はしばひでよし）を中國地方に遣はして毛利輝元（もうりてるもと）を攻めしむ。既にして信長（のぶなが）、秀吉（ひでよし）の請により自ら中國に向はんとし、明智（あけち）光秀（みつひで）等を先發せしめ、ついで京都（きやうと）に入りて本能寺（ほんのうじ）に宿（やど）れり。
本能寺の變	然るに光秀（みつひで）は、かねて其の主を怨めることあり。たまたま本能寺（ほんのうじ）の備なきに乘じ、俄（にはか）にそむきて來り襲ふ。信長（のぶなが）自ら森蘭丸（もりらんまる）等と共に奮戰（ふんせん）して之を防ぎしも、
信長の勳功	かなはず、遂に火を放ちて自殺せり。時に天正（てんしやう）十年にして、年四十九歳なりき。信長（のぶなが）さきに勅を拜してより、專ら天下を平げて叡慮（えいりよ）を安ん

じたてまつらんとせしが、其の業まさに成らんとして、忽ち逆臣(ぎやくしん)の手にたふれたるは惜しむべし。朝廷その勳功(くんこう)を賞して、特に太政大臣(だじやうだいじん)從一位(じゆゐちゐ)を贈りたまふ。京都(きやうと)の建勳神社(たけいさをじんじや)は信長(のぶなが)をまつれるなり。

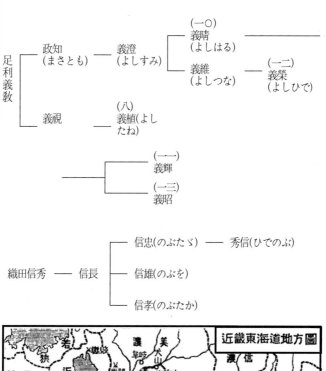

近畿東海道地方圖

李退溪(りたいけい)と李栗谷(りりつこく)

儒學	高麗(かうらい)時代に儒學は大いに衰へたるも、此の時代の末よりまた起れり。朝鮮時代に入りて代々の王これをすゝめたりしかば、ますます盛となり、有名なる儒者も多く出でたり。されば今まで榮えたりし佛教は次第に衰へ、僧侶は大いにいやしめらるゝに至れり。儒者として最も名高きは、李退溪(りたいけい)と李栗谷(りりつこく)となり。
李退溪	李退溪(りたいけい)は戰國時代の末頃の人にして、幼より學を好み、十二歳の時、論語の「弟子(ていし)入つては則(すなは)ち孝、出でては則ち弟(てい)。」といふ語に感じ、それよりますます德をみがき學を修め、其の名大いにあらはれたり。中宗(ちゆうそう)の時、官に仕へたりしが、間(ま)もなく病にかゝりて職を辭し、慶尚北道(けいしやうほくだう)禮安(れいあん)に退き、多くの子弟(してい)を教へたり。後大提學(だいていがく)に擧げられ、
書院起る	上下皆其の學德を慕へり。死後、陶山書院(たうざんしよゐん)を建てて之をまつる。この頃より書院(しよゐん)しだいに朝鮮の各地に設けられたり。
李栗谷	李栗谷(りりつこく)は豊臣秀吉(とよとみひでよし)と同じ頃の人なり。七八歳の頃よく詩文を作れり。長ずるに及び學問ますます進み、試驗の度(たび)ごとに首席(しゆせき)を以て及第せり。宣祖(せんそ)の時、地方官となりてよく人民を治め、しだいに高官にのぼれり。又家を黄海道(くわうかいだう)の石潭(せきたん)にいとなみ、諸生(しよせい)

<table>
<tr><td>黨派の爭起る</td><td>

の教育につとめしかば、遠近皆其の名を知らざるなし。

宣祖(せんそ)の時、金孝元(きんかうげん)・沈義謙(ちんぎけん)の二人相よからず、互に黨(たう)をたてて爭へり。金氏にくみするを東人といひ、沈氏にくみするを西人といふ。黨派(たうは)の爭これより起る。栗谷(りつこく)これを憂へ、其の爭をやめんことに力をつくしたるも效なく、しだいに多くの黨派(たうは)を生じ、おのおの政權をにぎらんために、他を罪におとしいれんことをはかりたれば、これより政治大いに亂るゝに至れり。今なほ朝鮮人の間に老・少・南・北の四色の別あるは其の殘りなり。
</td></tr>
</table>

朝鮮王系圖(二)

第三十四　豐臣秀吉(とよとみひでよし)

秀吉の出世

豐臣秀吉(とよとみひでよし)は、尾張(をはり)の貧しき農家に生る。八歳にして父を失ひ、寺に入れられしが、僧となるを好まず、專ら武事に心がけ、常に勇士の物語(ものがたり)を聞くことを喜べり。十六歳の時、遠江(とほたふみ)に行きて松下(まつした)氏の僕となりしが、後尾張(をはり)に歸りて織田信長(おだのぶなが)に仕へ、木下藤吉郎(きのしたとうきちらう)秀吉(ひでよし)と名のれり。はじめは草履(ざうり)取(とり)となりしかど、少しの油斷(ゆだん)もなく忠實に勤めしかば、おひおひ重く用ひられ、遂に部將となりて度々戰功を立てたり。こゝに於て信長(のぶなが)の勇將丹羽長秀(にはながひで)・柴田勝家(しばたかついへ)の姓を一字づつ取りて、己(おの)が姓となし、羽柴築前守(はしばちくぜんのかみ)と稱せり。

光秀を滅す

信長(のぶなが)の中國を平げんとするや、秀吉(ひでよし)命を受けて先づ發し、次第に諸城を陷(おとしい)れ、遂に進みて毛利(まうり)氏の部將淸水宗治(しみづむねはる)を備中(びつちゆう)の高松城(たかまつじやう)に圍み、川をせきとめて之を水攻(みづぜめ)にす。をりからの五月雨(さみだれ)に水みなぎりて、城まさに沈まんとするも、宗治(むねはる)なほ屈せず。輝元(てるもと)大軍を率ゐて來り、之を救はんとせしが、其の敵すべからざるを察して和を求め、己(おの)か領地のうち五箇國を讓りて、城中

の將士を助けんことを請ふ。されど秀吉(ひでよし)これを聽かざりしより、宗治(むねはる)は身を以て士卒の命(いのち)に代らんとし、城より小舟を乘出して、敵の面前に自刃(じじん)し、和議はじめて成れり。此の和議中たまたま本能寺(ほんのうじ)の變報(へんばう)達せしかば、和成るや、秀吉(ひでよし)ただちに軍をかへし、光秀(みつひで)を山城(やましろ)の山崎(やまざき)に伐つて之を滅せり。本能寺(ほんのうじ)の變を去ること僅かに十一日。秀吉(ひでよし)の機敏(きびん)なること實に驚くべし。

勝家を滅す　　時に信長(のぶなが)の部將は多かりしも、いづれも其の機におくれしに、秀吉(ひでよし)獨り遠方よりはせかへり、諸將に先だちて主の仇(あだ)を復し、又厚く信長(のぶなが)の葬儀(さうぎ)を行ひ、上下の信用を得て、勢俄に盛になりたり。柴田勝家(しばたかついへ)等これをねたみ、兵を擧げて秀吉(ひでよし)を除かんとせしが、秀吉(ひでよし)これを近江(あふみ)の賤嶽(しづがたけ)に破れり。此の時秀吉(ひでよし)の部下加藤淸正(かとうきよまさ)・福島正則(ふくしままさのり)・片桐且元(かたぎりかつもと)等七人の勇士槍(やり)をふるつて功名(こうみやう)を立てしかば、世に之を賤嶽七本槍(しづがたけしちほんやり)といふ。それより秀吉(ひでよし)は、勝に乘じて越前(ゑちぜん)にうち入り、勝家(かついへ)を攻滅(せめほろぼ)し、前田利家(まへだとしいへ)等をして北國を鎭めしむ。こゝに於て織田(おだ)氏の部將は、皆秀吉(ひでよし)の命を聽(き)くに至れり。

大阪城を築く	かくて秀吉(ひでよし)は、堅固(けんご)なる城を大阪(おほさか)に築けり。此の地、東と北とに大河をひかへ、西は海に臨み、便利にして要害なれば、秀吉(ひでよし)はこゝに據りて天下を定め、信長(のぶなが)の志を成しとげんとす。朝廷秀吉(ひでよし)の功を賞して、しきりに官位をのぼせ、遂に藤原(ふぢはら)氏のほか例なき關白(くわんぱく)を授けたまひ、ついで太政大臣(だじやうだいじん)に任じ、豐臣(とよとみ)の姓を賜へり。  後陽成天皇聚樂第に行幸したまふ
秀吉の動圧	秀吉(ひでよし)は又京都(きやうと)にうるはしき邸宅(ていたく)を營みて聚樂第(じゆらくだい)と名づけ、こゝに第百六代後陽成(ごやうぜい)天皇の行幸(ぎやうかう)を請ひたてまつり、自ら文武百官を率ゐて御供(おんとも)せり。士民四方より來り集りて之を拜觀し、「はからざり

き、今日また太平の樣を見んとは。」といひ、涙を流して
喜び合へり。天皇この第に留(とゞま)りたまふこと五
日、その間に秀吉(ひでよし)は、御料(ごれう)を獻じ、親
王及び公卿(くぎやう)の領分を定め、又諸大名(しよだい
みやう)をして、相共に皇室を尊ぶべきことを誓(ちか)は
しめたり。秀吉(ひでよし)また新に皇居を造りたてまつ
り、京都(きやうと)の市街をも整へたれば、朝廷の御有
樣も京都(きやうと)の樣も、信長(のぶなが)の時よりは、
更に立ちまさるに至れり。

全國を平ぐ かゝる間に、國内やうやく秀吉の威勢に從ひしが、獨り
北條氏康(ほうでううぢやす)の子氏政(うぢまさ)、孫氏直
(うぢなほ)は小田原(をだはら)に據り、其の要害と將士の
武勇とをたのみて秀吉(ひでよし)の命を聽(き)かず。より
て秀吉(ひでよし)大軍を發し、德川家康(とくがはいへやす)を先手(さきて)として、東海(とうかい)・東山(とうさ
ん)の兩道より攻入り、壘を石垣山(いしがきやま)に築き
て小田原(をだはら)城を見下し、四方より之を圍み攻め
しめたれば、城遂に陷(おちい)り、氏政(うぢまさ)は自殺
し、氏直(うぢなほ)は降れり。時に紀元二千二百五十年
(天正十八年)にして、應仁(おうにん)の亂後百餘年の間亂
れに亂れたる日本國中も、こゝに始めて平ぎたり。

第三十五　豊臣秀吉(とよとみひでよし)

(つゞき)

秀吉明と交を修めんとす	秀吉(ひでよし)既に國内を平げたれば、更に明(みん)と交(まじはり)を修めんとし、朝鮮をして其の意を通ぜしむ。然るに明(みん)我が求(もとめ)に應ぜざるにより、秀吉(ひでよし)は道を朝鮮にかりて之を伐たんとせしが、朝鮮は明(みん)を恐れて從はざりき。

豊臣秀吉名古屋城にて軍船の出發を望む

兵を朝鮮に出す	こゝに於て秀吉(ひでよし)、朝鮮を定めて明(みん)に及ばんとし、關白(くわんぱく)の職を養子秀次(ひでつぐ)に讓りて

	太閤(たいかふ)と稱し、肥前(ひぜん)の名古屋(なごや)におもむきて諸軍を指圖(さしづ)せり。紀元二千二百五十二年(文祿:ぶんろく元年)小西行長(こにしゆきなが)・加藤清正(かとうきよまさ)を先手として、十三萬餘の大軍海を渡りしが、幾千とも知れぬ軍船(いくさぶね)、いづれも家々の紋つきたる幕(まく)うちまはし、思ひ思ひの旗おし立て、威勢のほどいはん方なし。それより諸將釜山(ふざん)に上陸し、道を分ちて北進せしが、戰へば勝ち、攻むれば取り、忽ち京城(けいじやう)を陷(おとしい)れ、行長は國王の後を追ひて平壤(へいじやう)を取り、清正(きよまさ)は東北の地方を定めて二王子をとりこにせり。清正(きよまさ)はたゞに武勇にすぐれたるのみならず、よく王子をいたはり、又民をあはれみたれば、彼の人々も其の德になつけりといふ。かくて我が軍は三箇月にして、殆(ほとん)ど朝鮮全國を從へたり。
碧蹄館の戰	朝鮮王大いに恐れて、救を明(みん)に請ひしかば、明(みん)の大軍來り助けて、行長(ゆきなが)を平壤に破り、勢に乘じて京城を取りもどさんとす。我が諸將の中には、京城をすてて退(しりぞ)かんとするものありしが、小早川隆景(こはやがはたかかげ)は、「大敵の來るは何よりの幸なり、いざやわが手竝(てなみ)を見せん。奮戰してたふるとも、日本に隆景(たかかげ)ありと知らせんはまた愉快(ゆくわい)ならずや。」といひて聞きいれず。立花宗茂(たちばなむねしげ)等と碧蹄館(へきていくわん)に陣して、六七倍の敵兵をさんざんにうち破れり。

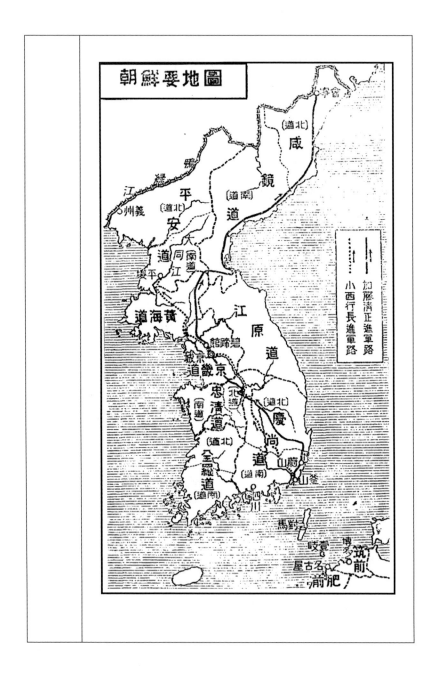

和議破れ再び兵を朝鮮に出す	こゝに於て明(みん)は大いに驚き、行長(ゆきなが)によりて和を求む秀吉(ひでよし)これを許して、出征軍(しゆつせいぐん)を引上げしめ、明(みん)よりは講和(かうわ)の使を送り來れり。時に秀吉(ひでよし)は歸りて大阪城にあり、明使(みんし)をこゝに召せしに、其のもたらせる國書に、秀吉(ひでよし)を日本國王となすとありしかば、秀吉(ひでよし)無禮を怒りて、明使(みんし)を追ひ、再び出兵の命を下せり。
蔚山籠城	慶長(けいちやう)二年、清正(きよまさ)・行長(ゆきなが)もとの如く先手となりて、全軍海を渡り、程なく朝鮮の南部を從へたり。年の末に至りて、明(みん)の大軍淺野幸長(あさのよしなが)等を蔚山(うるさん)城に圍めり。清正(きよまさ)急を聞きておもむき救ひ、城に入る。時に城未だ全く成らず、兵糧も乏しく、清正(きよまさ)以下紙を食ひ、馬の血をすゝるに至るも、なほ屈せざりしが、間もなく我が援兵(ゑんぺい)來るに及び、力を合はせて大いに明軍(みんぐん)を破れり。
泗川の戰	既にして秀吉(ひでよし)病にかゝり、慶長(けいちやう)三年、六十三歳を以て伏見(ふしみ)城に薨(こう)ぜり。出征の諸將遺言(ゆゐごん)によりて兵をかへせしに、たまたま明軍(みんぐん)二十萬島津義弘(しまづよしひろ)を泗川(しせん)に攻む。義弘(よしひろ)僅かに五六千の兵を以て、奮戰して之を破りしかば、明軍(みんぐん)また我が後をうかゞはず、諸將無事に引上ぐることを得たり。かくて前後六年にわたりたる戰爭は、こゝに其の終を告げたり。

秀吉の人物	秀吉は輕き身分(みぶん)より起り、其の智勇を以て國内を平げ、皇室を尊び人民を安んじ、更に外征の軍を起して、國威を海外にかゞやかしたる豪傑(がうけつ)なり。されど一方には、又極めてやさしき人なりき。平生母につかへて孝行を盡せしが、肥前(ひぜん)の名古屋(なごや)にありし時、母の病重しと聞くや、急ぎて京都(きやうと)に歸りしに、母既に死せしかば、聲をあげて泣(なき)悲しみ、其の病床(びやうしやう)に侍(じ)せざりしをなげきたり。又かつて少年の頃仕へたりし松下(まつした)氏を召出して、多くの領地を與へ、常に之を優待(いうたい)せり。
朝廷秀吉の勳功を賞したまふ	朝廷秀吉(ひでよし)の大功を思召し、其の社に豐國大明神(とよくにだいみやうじん)の號を賜ひ、正一位(しやういちゐ)を授けたまへり。今京都(きやうと)の豐國神社(とよくにじんじや)に秀吉(ひでよし)をまつれり。

第三十六　德川家康(とくがはいへやす)

徳川家康駿河にありて學問を修む

家康の生ひたち

豊臣秀吉(とよとみひでよし)の後をうけて、國内統一(とういつ)の業を完(まつた)うしたるは、德川家康(とくがはいへやす)なり。家康(いへやす)は三河(みかは)の人にして、新田(につた)氏の後と傳へらる。父は岡崎(をかざき)の城主にて、廣忠(ひろただ)といひ、其の領地今川(いまがは)氏と織田(おだ)氏との間にはさまりて、獨立を保(たも)つこと能はず。よりて廣忠(ひろただ)は、今川(いまがは)氏に附き、家康(いへやす)を人質(ひとじち)として駿河(するが)に送りしに、途中にて織田信秀(おだのぶひで)に奪はれたり。家康(いへやす)時に年六歳なりき、それより二年の後、更に今川(いまがは)氏のもとに送られて、

	ながく留めおかれしが、其の間に師につきて學問を修めたりといふ。
家康の人となり	かく家康(いへやす)は幼き時よりさまざまの難儀(なんぎ)に出あひしを以て、何事にも辛抱(しんばう)づよく、其の上生れつき賢かりしかば、少年の頃より人にすぐれたる考ありき、かつて信秀(のぶひで)のもとにありし時、慰(なぐさみ)にとて人より飼鳥(かひどり)を贈られたるに、家康(いへやす)喜ばずしていはく、「此の鳥よく他の鳥の鳴(な)きまねはすれども、己の鳴聲(なきごゑ)とてはなし。かゝるものは大將のもてあそぶべきものにあらず。」と。又駿河(するが)にありし頃、安部河原(あべかはら)にて、數多の兒童の石合戰(いしがつせん)をなせるを見、「小勢(こぜい)の方は、おのづから決心堅く、隊も整ふべければ、必ず勝たん。」といひしに、果して其の通(とほ)りなりきといふ。
家康の出世	家康(いへやす)十九歳の時、今川義元(いまがはよしもと)に從ひて、尾張(をはり)に攻入りしが、義元(よしもと)戰死したる後、其の子氏眞(うぢざね)愚にして父の仇をうたんともせざれば、家康(いへやす)は信長(のぶなが)と結(むす)び、それより遠江(とほたふみ)を取りて濱松(はままつ)に移り、次第に領地を廣めて、勢甚だ盛になれり。本能寺(ほんのうじ)の變後、信長(のぶなが)の子信雄(のぶを)秀吉(ひでよし)と不和(ふわ)となり、助を家康(いへやす)に請ふに及び、家康(いへやす)これに應じて兵を尾張(をはり)に出し、小牧山(こまきやま)に陣して秀吉(ひでよし)の大軍と對せり。秀吉(ひでよし)の部下(ぶか)虚

<table>
<tr>
<td>關原の戰</td>
<td>

（きよ）に乗じて三河（みかは）を襲はんとす。家康（いへやす）急に兵をかへして之を長久手（ながくて）に破り、大いに威名をあげたり。ついで秀吉（ひでよし）と和して之に仕へ、其の小田原攻（をだはらぜめ）に從ひて功あり、北條（ほうでう）氏のもとの領地を得て、武藏（むさし）の江戸（えど）に移れり。

秀吉（ひでよし）薨じて、子秀賴（ひでより）年僅かに六歳なりしかば、家康（いへやす）は秀吉（ひでよし）の遺言によりて伏見（ふしみ）城にあり、前田利家（まへだとしいへ）と共に之をたすけしが、間もなく利家（としいへ）薨じて、家康（いへやす）の勢獨り盛なりき。時に、秀吉（ひでよし）に重く用ひられし大名（だいみやう）に石田三成（いしだみつなり）といふものあり。此の有様を見て、遂には秀賴（ひでより）の爲に不利とならんことを憂へ、毛利輝元（まうりてるもと）・上杉景勝（うへすぎかげかつ）等と共に家康（いへやす）を除かんとす。こゝに於て景勝（かげかつ）、その領地會津（あひづ／岩代）にありて兵を擧げしかば、家康（いへやす）は鳥居元忠（とりゐもとただ）を伏見（ふしみ）にとゞめ、自ら兵を率ゐて東下せり。三成（みつなり）その虛（きよ）に乗じ、たゞちに兵を起して伏見（ふしみ）城を攻む。元忠（もとただ）主命（しゆめい）を重んじてよく防ぎしかども、かなはずして忠死せり。家康（いへやす）これを聞きて兵をかへし、三成（みつなり）等と大いに美濃（みの）の關原（せきがはら）に戰ふ。此の時全國の大名（だいみやう）は、おほむね美濃（みの）を界として二つに分れ、東は多く家康（いへやす）に附き、西は三成（みつなり）に味方し、

</td>
</tr>
</table>

東軍は凡そ七萬五千、西軍は八萬ばかりなり。合戦數度
に及びしも、勝敗(しようはい)容易に決せざりしが、た
たま西軍の中にそむきて家康(いへやす)に應ずるものあ
りしかば、西軍忽ち敗れて、三成(みつなり)以下の諸將多
く殺されたり。時に紀元二千二百六十年(慶長:けいちや
う、五年)なり世に之を天下分目(わけめ)の戰といふ。

新田義重 ―― 義季 … 松平廣忠 ―― 徳川家康 ――
(としすゑ) (まつだひら)

―― 秀忠(ひでたゞ) ―― 家光(いへみつ)

第三十七 徳川家康(とくがはいへやす)

(つゞき)

江戸幕府は じまる	關原(せきがはら)の戰の後、家康(いへやす)は大いに賞罰を行ひ、景勝(かげかつ)・輝元(てるもと)をはじめ西軍に味方したる大名(だいみやう)の領地を或は削(けづり)或は取上げて、之を有功の諸將に分ち與へたり。かくて天下の實權家康(いへやす)の手にうつり、紀元二千二百六十三年(慶長:けいちやう、八年)家康(いへやす)征夷大將軍(せいいたいしやうぐん)に任ぜられ、幕府を江戸(えど)に開けり。
家康と秀賴 との間柄	こゝに於て、豐臣(とよとみ)氏は德川(とくがは)氏と全く其の位置をかへ、ただ一の大名(だいみやう)のやうになれり。されど秀賴(ひでより)は、堅固なる大阪(おほさか)城にあり、年やうやく長じて高き官位に進み、又秀吉(ひでよし)の恩を受けたる人々の中には、之を尊びて豐臣(とよとみ)氏の盛なりし昔にかへさんと思ふもの少からず。よりて家康(いへやす)は、將軍の職を子秀忠(ひでたゞ)に讓りて駿府(すんぷ/靜岡)に隱居(いんきよ)せし後も、なほ心を安んずること能はざりき。
方廣寺の落 成式より騒 動起る	はじめ秀吉(ひでよし)、京都(きやうと)に方廣寺(はうくわうじ)を建てて、木造の大佛を置きしに、大地震(おほぢしん)の爲に損ぜしかば、家康(いへやす)は秀賴(ひでより)にすゝめて、父の志をつぎて之を造りかへしむ。其の大佛は銅造にて、高さ六丈三尺、奈良(なら)の大佛よりもなほ大なりき。此の時秀賴(ひでより)、又大鐘(おほがね)

	を鑄(い)たりしが、其の銘(めい)の中に、國家(こくか)安康(あんかう)の句ありしかば、家康(いへやす)大いに怒り、ことさらにわが名を切りて、われをのろへるなりとし、俄に落成(らくせい)の式をとゞめしめたり。片桐且元(かたぎりかつもと)は秀賴(ひでより)の命を受けて之を辯解(べんかい)し、豐臣(とよとみ)氏の爲におだやかに取りまとめんとしたれども、秀賴(ひでより)の生母淀君(よどぎみ)をはじめ、かねて家康(いへやす)の仕打(しうち)に快(こゝろよ)からざりし大阪(おほさか)方の人々は、且元(かつもと)をしりぞけ、秀賴(ひでより)にすゝめて兵を擧げしめたり。
大阪冬の陣	家康(いへやす)は、たゞちに秀忠(ひでたゞ)と共に大兵を率ゐて大阪(おほさか)城を圍めり。城中の兵は其の半にも及ばざれども、城固くして容易に陷らず。よりて家康(いへやす)は、ひとまづ和睦(わぼく)を申し込みしに、城中の諸將は大いに之に反對(はんたい)せしかど、淀君(よどぎみ)等は戰爭を恐れて之に同意せしかば、和議遂に成れり。時に第百七代後水尾(ごみづのを)天皇の慶長十九年の冬にして、之を大阪冬(おほさかふゆ)の陣(ぢん)といふ。
大阪夏の陣	此の和議の中に總堀(そうぼり)を埋(うづ)むる條件(でうけん)あり。總堀とは外堀(そとぼり)のことなるに、家康(いへやす)は士卒を發して、外堀(そとぼり)はもとより内堀(うちぼり)をも悉く埋めしめたり。

家康大阪城を攻む

こゝに於て秀頼(ひでより)その約にそむきたるを憤(いき
どほ)り、翌元和(げんな)元年の夏再び兵を擧げしかば、家

康(いへやす)父
子また大兵を率
ゐて之を攻む。
此の時、城の要
害もとの如くな
らざるを以て、
木村重成(きむ
らしげなり)以
下の勇將城を出
でて奮戰せし
が、皆討死して

家康太平の 基を開く	城遂に陷り、秀賴(ひでより)母子自殺して豐臣(とよとみ)氏亡びたり。之を大阪夏(おほさかなつ)の陣(ぢん)といふ。これより天下また德川(とくがは)氏に敵するものなし。 翌年家康(いへやす)は太政大臣(だじやうだいじん)に任ぜられ、程なく七十五歳にて薨ぜり。家康(いへやす)は最も忍耐力(にんたいりよく)に富み、おひおひに己が事業を進めて、遂に國内を統(す)べ、善き政治を行ひ、學問を興(おこ)し、以て二百六十餘年間の太平の基を開きたり。されば朝廷、家康(いへやす)をまつれる社に東照大權現(とうせうだいごんげん)の號を賜ひ、後さらに宮號(きゆうがう)を下したまへり下野日光山(しもつけにつくわうざん)の東照宮(とうせうぐう)はすなはちこれなり。

第三十八　德川家光(とくがはいへみつ)

三代將軍家光(いへみつ)は秀忠(ひでたゞ)の子にして、生れつき豪氣の人なり。二十歳にて將軍職に就(つ)きし時、諸大名(しよだいみやう)を集めていはく、「わが父祖は、諸君の力をかりて天下を得たれば、諸君に向つて同輩(どうはい)の禮を用ひしが、余(よ)は生れながらの將軍なれば、此の後は全く家臣として待遇(たいぐう)せん。若し不平のものあらば、國に歸りて兵馬の用意をなせ。」と。諸大名(しよだいみやう)その威光に恐れ、これより幕府の威權甚だ盛になれり。

徳川家光諸大名を試む

家光(いへみつ)は又キリスト教の事よりして、外國との交通を禁ずるに至れり。

外國との交通盛に行はる	これより先、後奈良(ごなら)天皇の御代にポルトガル(葡萄牙)人始めて我が國に渡り來りしより、イスパニヤ(西班牙)・オランダ(和蘭)・イギリス(英吉利)などの人々も、おひおひに來りて通商(つうしやう)を開きたり。又我が國民も遠く海外に渡り行きて盛に貿易(ぼうえき)を營み、シャム(暹羅)をはじめ所々に移住(いぢゆう)するもの多く、日本町さへ立てられたりき。
キリスト教ひろまる	ポルトガル人來りしより、間もなくキリスト教もまた傳はれり。織田信長(おだのぶなが)は手あつく其の宣教師(せんけうし)を保護(ほご)し、京都(きやうと)・安土(あづち)等に教會堂・學校を建てしめたれば、キリスト教は次第にひろまり、西洋の學問もやうやく行はれたり。
キリスト教を禁ず	然るにキリスト教の信者(しんじや)の中には、わが國の風にそむくものありて弊害(へいがい)少からざれば、秀吉(ひでよし)は之を禁じ、教會堂をこぼち、宣教師を國外に追出せり。家康(いへやす)もまた此の方針(はうしん)によりて其の教を嚴禁(げんきん)せしも、外國との貿易はもとの如く之を許せり。されば、海外との交通頻るしげくして、宣教師のひそかに來るもの絶えず、國民の之を信ずるものなほ多かりき。こゝに於て家光(いへみつ)は、其の禁絶(きんぜつ)しがたきを見て、信者(しんじや)を嚴刑(げんけい)に處(しよ)し、且國民の外國に行くことを禁じたり。
島原の亂	然るに九州は、其の教の最も早く傳はりたる地にて、信者の數も甚だ多く、肥前(ひぜん)の島原(しまばら)半島及び肥後(ひご)の天草(あまくさ)島等は、實に其の中心たりき。

家光の鎖國 (さこく)	これ等の信者(しんじや)は、幕府の禁のきびしきを怒り、第百八代明正(みやうしやう)天皇の寛泳(くわんえい)十四年亂を起し、島原(しまばら)半島なる原城(はらのしろ)にたてこもれり。家光(いへみつ)すなはち兵を發して之を討たしむ。其の徒の勢さかんにして容易にくだらざりしかば、更に兵を增して圍み攻めしめ、翌年遂に之を平げたり。 家光(いへみつ)はこれよりますますキリスト教を嫌(きら)ひ、國民の海外に出づるを許さざるのみならず、西洋人の我が國に來ることをも嚴禁し、たゞオランダ人はキリスト教の布教(ふけう)に關係(くわんけい)せざりしより、支那(しな)人と同樣に、長崎(ながさき)に來りて貿易することを許せり。かく國を鎖(とざ)せしかば、キリスト教は遂に國内に絕えて、幕府の目的は達したれども、外國との交通は全く衰へ、洋書を讀むことをさへ禁ぜられて、國民は外國の事情にうとく、世界の進步におくるゝに至れり。

第三十九　後光明天皇(ごくわうみやうてんのう)

島原(しまばら)の亂旣に平ぎて、幕府の權力いよいよ盛なる時に當り、御英明なる第百九代後光明(ごくわうみやう)天皇御位にましませり。

幕府權勢を京都に振ふ

はじめ家康(いへやす)は、信長(のぶなが)・秀吉(ひでよし)にならひて朝廷を敬(うやま)ひ、諸大名(しよだいみやう)に命じて皇居を造らしめ、又御料を增したてまつれり。されど政治の實權は自ら之を握(にぎ)り、京都(きやうと)所司代(しよしだい)を置きて、ひそかに朝廷及び公卿(くぎやう)をおさへ、秀忠(ひでたゞ)は又藤原(ふぢはら)氏の例にならひて、其の女東福門院(とうふくもんゐん)を後水尾(ごみづのを)天皇の宮に入れたてまつり、皇室の外戚(ぐわいせき)となりて、ますます幕府の威權を加へたりき。

後水尾天皇幕府の專橫を憤りたまふ

されば幕府は、勢にまかせて專橫(せんわう)なるふるまひ少からず。かつて後水尾(ごみづのを)天皇京都(きやうと)のすぐれたる僧だちに紫衣(しい)を賜ひしに、將軍家光(いへみつ)はほしいまゝに之を取上げしめ、其の命をこばみたる人々をばいづれも奥羽(あうう)に流せり。こゝに於て天皇大いに御憤(おんいきどほり)あり、

　　あし原やしげらばしげれおのがまゝ、
　　とても道ある世とは思はず。

とよみたまひ、俄に御位を皇女に譲りたまへり。これ明正(みやうしやう)天皇にして、御母はすなはち東福門院(とうふくもんゐん)なり。實に女帝の立ちたまふは、久しく絶えたることなりき。

後光明天皇

明正(みやうしやう)天皇についで、御弟後光明(ごくわうみやう)天皇御年十一にて御位に卽きたまふ。天皇は嚴格なる御性質にましまし、御幼少の時より深く學問を好みたまひ、幕府をおさへて皇威を張らんとしたまへり。

ある時、後水尾(ごみづのを)上皇御病にかゝりたまひしに、天皇これを聞召(きこしめ)して大いに驚き、たゞち

後光明天皇
幕府をおさ
へんとした
まふ

所司代のと
どむるを聽
かず上皇の
御病を見ま
ひたまふ

	に上皇の御所(ごしよ)をたづねんとしたまふ。時の所司代板倉重宗(いたくらしげむね)は之をさゝへたてまつりて、いちおう幕府に問合はせんとしければ、天皇は、「かゝる事何とて幕府に問ふべきぞ。若し朕(ちん)の外出を氣遣(きづか)はば、皇居より上皇の御所(ごしよ)に通ずる長廊下(ながらうか)を造るべし。朕は廊下づたひに御たづね申さん。」と仰せられ、遂に御所(ごしよ)に至りて、上皇御病を見まひたまへり。
所司代の言をしりぞけたまふ	天皇また擊劍(げきけん)を好みたまひしに、重宗(しげむね)これをとゞめたてまつりていはく、「此の事江戸(えど)に聞えなば、必ず惡しかりなん。陛下若し止めたまはずば、臣(しん)切腹(せつぷく)せんのみ。」と。天皇のたまはく、「朕未だ武人の切腹を見たることなし。汝よろしく席を設けて切腹すべし、朕親しく之を見ん。」と。さすがの重宗(しげむね)も、こゝに至りて如何ともせんすべなく、恐れ入りて、やうやく事なきを得たりといふ。
早く崩じたまふ	かくて幕府は、大いに天皇をはゞかりたてまつりしが、不幸にして天皇は、御在位僅かに十二年にして崩(ほう)じたまひしかば、上下これを惜しみたてまつらざるものなし。

第四十　德川光圀(とくがはみつくに)

學問大いに
興る

島原(しまばら)の亂の後は、西洋の學問全く傳はらざり
しも、我が國の學問はますます發達(はつたつ)したり。
はじめ家康(いへやす)は、武力を以て天下を定めたれど
も、之を治むるには學問を以てせざるべからずと考へ、
林道春(はやしだうしゆん)等の漢學者(かんがくしや)を招
き、又古き書物をさがし出して之を出版(しゆつぱん)せ
しめたり。これより學問に向ふものやうやく多く、殊に
五代將軍綱吉(つなよし)は、幼き時より學問を好み、將
軍となるに及びて、自ら書物を講義(かうぎ)して人々に
聽かせ、又孔子(こうし)の廟(べう)を江戸(えど)の湯島
(ゆしま)に建てて、道春(だうしゆん)の子孫をしてながく
之をまつり、且生徒に教授(けうじゆ)せしめたり。

光圀歴史を
讀みて感ず

こゝに於て諸大名(しよだいみやう)も之にならひて、學
問に勵(はげ)むもの多かりしが、水戸(みと)の德川光圀
(とくがはみつくに)の如きは最もいちじるしきものな
り。光圀(みつくに)は家康(いへやす)の孫にして、生れつ
き頗る賢明なり。六歳の時將軍家光(いへみつ)の命によ
り、兄賴重(よりしげ)をこえて世嗣(よつぎ)と定めらる。
光圀(みつくに)やゝ長じて心安んぜず、ある時支那(しな)
の歴史を讀みて、「伯夷(はくい)といふ人あり、其の父が
弟叔齊(しゆくせい)に家を傳へんとせしを知り、父死す
るに及びて叔齊(しゆくせい)に讓りしに、叔齊(しゆくせ
い)もまた兄に讓れり。」とあるを見、大いに其の義に感じ

て、兄の子に家を讓らんと決心し、又世の人をみちびく
には歴史によらざるべからずと思ひて、國史を著さんと
の志を立てたり。

徳川光圀大日本史を著す

<table>
<tr><td>大日本史を
著す</td><td>當時わが國には、良き歴史の書物少くして、國民のわが
國體を辨(わきま)へざるもの多く、やゝもすれば、幕府
の勢の甚だ盛なるを見て、皇室の尊きことを知らざるが
如き有様なりき。光圀(みつくに)これをなげき、四方よ
り學者を招き、廣く書物を集めて、國史をしらべしめ、
遂に名高き大日本史(だいにほんし)を作りて、名分を正
(たゞ)し國體を明かにせり。此の書は、後に國民の尊王
心(そんのうしん)をひき起すに大いに力ありしものなり。</td></tr>
</table>

朝廷を尊び 忠孝をすゝ む	光圀(みつくに)は尊王の心深く、常に皇室を敬ひたてまつり、毎年正月元日には、禮服(れいふく)を着けて京都(きやうと)の方を拜せり。しばしば家臣に語りて、「わが主君は天皇なり。將軍はわが家の本家(ほんけ)なり。將軍を主君と思ひあやまることなかれ。」と戒め、又楠木正成(くすのきまさしげ)の碑を湊川(みなとがは)に建て、領內の孝子(かうし)・貞女(ていじよ)を賞しなどして、忠孝の道をすゝめたり。
光圀の質素	光圀(みつくに)は大名(だいみやう)にてありながら儉約(けんやく)を守り、己(おの)が居間(ゐま)の天井(てんじやう)・壁などは、自ら反古紙(ほぐかみ)にて張り、衣服も極めて粗末(そまつ)なるものをまとひたりき。遂にかねての決心通り家を兄賴重(よりしげ)の子に讓りて、西山(にしやま)といふ所に隱居し、更に質素(しつそ)なる生活を送れり。世に名高き水戸(みと)義公(ぎこう)とは光圀(みつくに)のことなり。

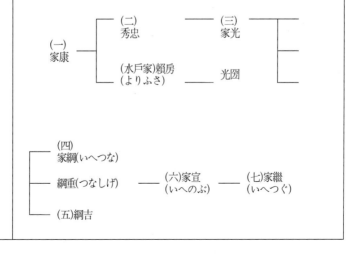

第四十一　大石良雄(おほいしよしを)

<table>
<tr><td>武勇の氣風
衰ふ</td><td>綱吉(つなよし)の學問を盛にしたるはよけれど、次第に政治に倦みて能樂(のうがく)などにふけり、殊に己(おの)が生年(うまれどし)戌(いぬ)の年に當ればとて、犬を保護すること極めて厚く、若し之を傷つくるものあれば重き罪にあて、又飼主(かひぬし)なき犬を集めて大切に飼はせ、其の數十萬匹に及べりといふ。かくて政治大いにゆるみたる上に、當時、久しく太平うちつゞきたれば、淨瑠璃(じやうるり)・芝居(しばゐ)など流行し、武勇の氣風は失せて、上下の風俗おのづからはでになりたり。</td></tr>
<tr><td>淺野長矩吉
良義央を城
中に傷つく</td><td>かゝる時代にありて、人心を新にせしは赤穗義士(あかほぎし)の復讐(ふくしう)なり。江戸(えど)幕府にては、毎年正月使を京都(きやうと)に上せて年賀(ねんが)を申し上げしめ、勅使(ちよくし)ついで江戸(えど)に下るの例なりき。第百十二代東山(ひがしやま)天皇の元祿(げんろく)十四年の春、勅使の東下に當り、幕府は播磨赤穗(はりまあかほ)の藩主(はんしゆ)淺野長矩(あさのながのり)等に其の接待を命じ、且儀式にくはしき吉良義央(きらよしなか)を指圖役(さしづやく)と定めたり。然るに義央(よしなか)は、性質惡しく欲(よく)深き人なれば、長矩(ながのり)の進物(しんもつ)の少きを以て、とかく親切に指圖せざるのみならず、殊に城中に於て勅使を馳走(ちそう)する當日、人々の前にて之を罵りたれば、長矩(ながのり)は憤(いきどほり)にたへずして、遂に義央(よしなか)を傷</td></tr>
</table>

	つけたり。幕府長矩(ながのり)の場所柄(ばしよがら)をも辨へざる仕業(しわざ)をせめて、切腹を命じ、其の領地を取上げたり。
良雄の人となり	長矩(ながのり)の家臣に大石良雄(おほいしよしを)といふものあり。少年の頃山鹿素行(やまがそかう)につきて兵學(へいがく)を習ひ、後京都(きやうと)に赴(おもむ)きて、伊藤仁齋(いとうじんさい)に漢學を學び、文武の道に通ぜり。されど良雄(よしを)は、己(おの)が才をあらはさざれば、人々は之をあなどりしが、仁齋(じんさい)などは、かへつて其の人となりに感じたりといふ。
良雄等復讐を謀る	主家の變あるや、良雄(よしを)は赤穂(あかほ)にあり、之を聞きて大いになげき、先づ主家の再興を謀り、若し行はれずんば、義央(よしなか)を殺して長矩(ながのり)の志を達せんとせり。良雄(よしを)と志を同じくせる諸士(しよし)の中には、たゞちに事を起さんとするものもありしが、良雄(よしを)は之を諭(さと)して時の來るを待たしめ、自らは山科(やましな)に退けり。既にして義央(よしなか)家を其の子に讓りて隱居し、長矩(ながのり)の家は再興せられざることに定まりしかば、良雄(よしを)等はいよいよ謀(はかりごと)を決して、ひそかに江戸(えど)に下れり。
良雄等の忠節	元祿(げんろく)十五年の冬、良雄(よしを)は同志の士四十六人と共に深夜(しんや)雪をふみて義央(よしなか)の邸を襲ひ、遂に之を殺し、首を長矩(ながのり)の墓にそなへて其の主をまつり、ついで幕府に自首(じしゆ)せり。良雄(よしを)の持てる小刀には、「萬山(ばんざん)重(おも)から

ず、君恩(くんおん)重し。一髪(いつぱつ)輕(かる)からず、我が命(めい)輕し。」と彫(ほ)りつけたりしとぞ。又良雄(よしを)の子良金(よしかね)は年僅かに十五歳なれど、智勇人にすぐれて事を共にしたり。綱吉(つなよし)深く良雄(よしを)等の其の主に忠義を盡したるを賞し、幕府の中にも之を助けんと欲するものありしかど、かねて幕府は、多くの人々が徒黨(とたう)を結ぶことを禁じたれば、やむなく死を賜へり。其の事を傳へ聞くもの、良雄(よしを)等の節義(せつぎ)に感ぜざるはなく、赤穗(あかほ)義士のほまれ甚だ高く、此の後ながく士民の義心を勵ましたりき。

大石良雄等その主の讐を復す

第四十二　新井白石(あらゐはくせき)

綱吉(つなよし)薨じて、家宣(いへのぶ)・家繼(いへつぐ)相つぎて將軍となりしが、新井白石(あらゐはくせき)此の二代に仕へて、政治上種々の改革(かいかく)を行ひたり。

白石の苦學

白石(はくせき)は上總(かづさ)の人なり。生れつき頗るさとく、三歳の時はやくも字を寫し、常に「天下一」と書けりといふ。九歳の頃より日課を定めて字を習ひ、夜に入りて睡氣(ねむけ)を催せば、水をかぶりて習ひつゞけたり。既にして家計(かけい)次第に貧しくなりしかども、白石(はくせき)は少しも屈せず、ますます勵みて和漢(わかん)の學に通ぜり。

白石の友情

其の後、白石(はくせき)は木下順庵(きのしたじゆんあん)の門人となりて、學問いよいよ進めり。順庵(じゆんあん)、白石(はくせき)の學才を賞して、加賀(かが)の藩主にすゝめんとせしに、白石(はくせき)は友情に厚き人なれば、かへつて加賀(かが)生れの友人に讓れり。間もなく順庵(じゆんあん)のすゝめによりて家宣(いへのぶ)に仕へ、其の將軍となるに及びて重く用ひられたり。

皇族の出家したまふ習はしをとゞむ

これまで朝廷にては、皇太子に立ちたまふ御方の外は、皇族たいてい出家(しゆつけ)したまふ習はしなりき。白石(はくせき)は、其の事のおそれ多く如何にも道理にたがへるをなげきて、將軍をして、此の習はしをやめんことを朝廷に請はしめたり。第百十三代中御門(なかみかど)

朝鮮の使のもてなし方を改む	天皇が、御弟を親王として閑院宮家(かんゐんのみやけ)を立てたまひしは、此の意見に基づけるなりといふ。 はじめ家康(いへやす)朝鮮と交(まじはり)を修めてより、將軍の代(だい)がはり毎に、朝鮮より使を我が國に送る定(さだめ)なりき。然るに幕府の之をもてなすこと、勅使よりも厚き有樣なれば、白石(はくせき)は、之が爲にわが國の體面(たいめん)を損ずるを論じ、將軍にすすめて其のもてなし方を改めしめたり。

朝鮮の使者の行列

貨幣を鑄直し交外國貿易を制限す	さきに綱吉(つなよし)奢(おごり)にふけり、又大なる寺院などを建てたる爲、幕府の財政困難となりしかば、金貨には銀・銅を多く混(ま)ぜ、金貨には錫(すゞ)などを混ぜて、貨幣(くわへい)の數を増して費用の不足をおぎなひ來

多くの書物を著す	れり。されど貨幣の價はおのづから下り、品物の價はたかくなりて、人民大いに苦しみたり。又外國貿易の爲に、金銀おびたゞしく國外に出でたれば、白石(はくせき)はこれ等を改めんとし、しばしば書を家宣(いへのぶ)にたてまつりて、意見を述べたり。よりて家繼(いへつぐ)の時に至り、始めて貨幣を鑄直(いなほ)して質を良くし、又貿易の額を制限(せいげん)して、金銀の多く國外に出づるを防ぎたりき。 かくて白石(はくせき)は、政治上に大功を立てしが、吉宗(よしむね)八代の將軍となるに及び、幕府を退きて、有益なる多くの書物を著し、學者としても其の名高し。白石(はくせき)が少年の頃より貧困(ひんこん)を忍(しの)びて、かつて他人にたよらず、遂に當代にならびなき學者・政治家となりて其の志をとげたるは、まことに感ずべきなり。

第四十三　德川吉宗(とくがはよしむね)

吉宗の幼時

將軍吉宗(よしむね)は家康(いへやす)の曾孫にして、紀伊家(きいけ)に生る。幼き頃より頗る賢明なり。ある時その父、諸子を膝下(ひざもと)によび集め、刀の鐔箱(つばばこ)を示して、「いづれの鐔にても、望にまかせて取らすべし。」といひしに、吉宗(よしむね)のみは物いはずひかへゐたり。父これをあやしみて、「汝は何とてさやうに遠慮(ゑんりよ)するか。」と問ひしかば、「殘(のこり)の鐔(つば)を箱のまゝ賜はりたし。」と答へたり。父はほゝゑみて、「年にも似ざる大膽者(だいたんもの)よ。」といひつつ、其の請にまかせたりしに、吉宗(よしむね)は之を己が室に持ちかへりて、悉くお附の人々に分ち與へたりといふ。

よく藩を治む

吉宗(よしむね)は末子(ばつし)の身なれば、やゝ長ずるに及びて、出でて小藩の主となりしが、絶えず下民(かみん)の生活の有様に注意し、自ら儉約を守りて、よく其の領地を治めたり。又常につつしみ深く、人の、朝廷の事を話す時は、必ず座を正して謹みて聽きたりといふ。既にして二人の兄相ついで死せしかば、歸りて紀伊家(きいけ)をつぎたり。

大岡忠相をあげ用ふ

其の頃伊勢(いせ)の山田奉行(やまだぶぎやう)に大岡忠相(おほをかたゞすけ)といふ人あり、これより先、山田(やまだ)の農民、紀伊藩(きいはん)の農民と田地(でんぢ)の界を爭ひしが、紀伊藩(きいはん)の農民不正(ふせい)なりしか

ど、今までの奉行(ぶぎやう)は、皆紀伊家(きいけ)にはゞ
かりて之を決せざりしを、忠相奉行(たゞすけぶぎやう)
となるや、たゞちに山田(やまだ)の農民を勝とせり。吉
宗(よしむね)ひそかに其の公平(こうへい)なるに感じ、後
將軍となるに及びて、忠相(たゞすけ)を江戸町奉行(えど
まちぶぎやう)にあげたり。

世に名高き大岡越前守(おほをかゑちぜんのかみ)とは、
すなはち此の人なり。

徳川吉宗オランダ人を招きて部下に馬術を授けしむ

吉宗(よしむね)の將軍となりたる時は、元祿(げんろく)頃
の風なほ殘り、武士の生活はでにて、武藝は殆どかへり
みられざりき。吉宗すなはち儉約の令を下し、自ら綿服
(めんぷく)を着け、金銀をちりばめたる城門等をこぼた
しめて、手本を示し、又しばしば鷹狩(たかがり)・水泳
(すゐえい)を行ひ、オランダ人を招きて部下(ぶか)に馬術

儉約をすゝ
め武事を勵
ます

	を授けしめなどして、武事を勵ませり。これより、武士は大いに活潑になり、士風おのづから立直(たちなほ)りたり。
産業をすゝむ	吉宗(よしむね)は深く心を産業に用ひ、甘藷(さつまいも)が飢饉(ききん)の時に效あるより、靑木昆陽(あをきこんやう)をして甘藷の作方(つくりかた)を記さしめ、其の書物と種芋(たねいも)とを諸國にひろめしめたり。又其の頃砂糖は、すべて支那(しな)より輸入(ゆにふ)して、價甚だたかかりしかば、吉宗(よしむね)は甘蔗(さたうきび)の苗を取寄せ、城中に植ゑて砂糖を製せしめたり。されば諸藩にても多く之にならひて、産業に注意せしかば、諸國の産物次第に増すに至れり。
洋書の禁を解く	吉宗(よしむね)は又西洋の學術の進めるを聞きて、之を學ばしめんと欲し、今までの禁を解(と)きて、キリスト教に關せざる書物は、之を讀むことを許せり。これより國民は、始めて洋書にて西洋の學術を學ぶことを得、後世洋學の盛になる基開けたり。
幕府中興の英主	かくの如く吉宗(よしむね)は、善き政治を行ひて、世の中よく治りたれば、世に之を德川(とくがは)幕府中興(ちゆうこう)の英主といふ。

```
                  (紀伊家)              (八)    (九)         (一〇)
家康 ── 頼宣 ──── 光貞 ─── 吉宗    家重 ──── 家治
        (よりのぶ)   (みつさだ)          (いへしげ)    (いへはる)
               ┌── 宗武      ┌── 宗尹
               │   (むねたけ)  │   (むねたゞ)
               └── 定信      └── 治済 ─── (一一)家済
                   (さだのぶ)      (はるなり)    (いへなり)
```

第四十四　松平定信(まつだひらさだのぶ)

定信幕府に用ひらる	吉宗(よしむね)薨じてしばらくの間は、天下太平を樂しみたりしが、其の後政またゆるみしかば、家濟(いへなり)十一代の將軍となるに及び、松平定信(まつだひらさだのぶ)を用ひて、之を整へしめたり。
定信の生ひたち	定信(さだのぶ)は吉宗(よしむね)の孫にして、幼き時より賢く、十三歳の時書物を著せしほどなり。されど生れつきとかく短氣(たんき)なりしが、古今(ここん)の書物を讀むに至り、深く自ら戒めて行をつつしめり。既にして松平(まつだひら)氏をつぎ、奥州(あうしう)白河(しらかは)の藩主となりて、よく領内を治め、人望頗る高かりき。
勤儉をすゝむ	其の頃暴風・洪水(こうずゐ)などの天災(てんさい)しきりに起り、飢饉もまた相つぎしかば、人心一般(いつぱん)におだやかならず、江戸(えど)大阪(おほさか)をはじめ各地に於て、數百の貧民、隊を組みて米屋を襲ひ、其の家をこぼち、米穀を奪ふなどの暴動うちつづきたり。されば定信(さだのぶ)の幕府に入るや、吉宗(よしむね)の定にならひて、大名より下民に至るまで、きびしく奢(おご)り)を禁じ、衣服・家具(かぐ)の新調(しんてう)を見合はさせ、かりそめにもぜいたくの品を用ひしめず、平生勤儉(きんけん)して餘りあれば、飢饉などの用意に之を貯(たくは)へしめたり。
文武の道を勵ます	定信(さだのぶ)は又當時の人々が遊惰(いうだ)に流れたるを憂へ、先づ武士の風儀(ふうぎ)を正さんとして、文武の

	道を勵ませり。すなはち湯島(ゆしま)の學問所(がくもんじよ)をひろげ、新に柴野栗山(しばのりつざん)などの學者を招きて、漢學を盛にし、又多くの道場(だうぢやう)を江戸(えど)市中に開かせて、武藝を稽古(けいこ)せしめしかば、世の風俗も次第に改れり。
皇居の御造營につとむ	たまたま京都(きやうと)に大火あり、皇居も其の災(わざはひ)をかうむれり。定信(さだのぶ)は將軍の命により、上京して自ら皇居御造營の工事を指圖せしが、宮殿は悉く昔の法式(はふしき)の通りうるはしく出來上りしかば、第百十八代光格(くわうかく)天皇は、深く御滿足(ごまんぞく)に思召され、御太刀(たち)等を定信(さだのぶ)に賜ひて、其の功を賞せられたり。天皇は御なさけ深くおはしまし、定信(さだのぶ)また善き政を行ひたれば、天下の人々は、西に聖天子(せいてんし)ましまし東に名臣(めいしん)出づとて、喜び合へり。
意を海防に用ふ	かくて國内よく治り、人々安心したりしに、はからずも憂は外より起れり。さきに家光(いへみつ)國を鎖(とざ)せしより、西洋諸國との交通は久しく絶えたりしに、たまたま寛政(くわんせい)四年ロシヤ(露西亞)の使根室(ねむろ)に來りて、始めて通商を請ふ。幕府これを許さざりしかば、これより形勢(けいせい)やうやくおだやかならず。こゝに於て定信(さだのぶ)大いに意を海防(かいばう)に用ひ、自ら股引(もゝひき)・草鞋(わらぢ)がけにて、けはしき山谷をこえ、宿(やど)なきところにては野宿(のじゆく)などし、數多の困難を忍びて、伊豆(いづ)相模(さがみ)等の海岸を巡視(じゆんし)せり。

定信(さだのぶ)かつて
外國船を畫かしめ、
之に題して、

松平定信海岸を巡視す

この船のよろてふことを、夢(ゆめ)の間(ま)も
わすれぬは世の寶(たから)なりけり。

とよめり。定信(さだのぶ)が日夜海防の事を憂へたる
は、之によりても知るべし。

數多の書物
を著す

程なく定信(さだのぶ)は職を辭(じ)し、樂翁(らくをう)と
號して風月(ふうげつ)を友とし、多くの書物を著せり。
定信(さだのぶ)もと體質(たいしつ)弱かりしも、常に養生
(やうじやう)につとめ、七十二歳の高齡(かうれい)を以て
卒したり。

英祖(えいそ)と正祖(せいそ)

朝鮮半島淸の屬國となる	朝鮮半島は昔より北方の强國に攻められ、其の屬國となりたることしばしばなりき。後水尾(ごみづのを)天皇の御代の頃、滿洲族新に起りて國を立て、わが朝鮮半島に攻め入りたり時の朝鮮王仁祖(じんそ)は一時江華(こうくわ)島に難をさけしが、間もなくこれと和せりやがて滿洲族は其の國號を淸(しん)と稱せしが、朝鮮の命を奉ぜざるを怒り、再び大兵を率ゐて來り攻む仁祖(じんそ)は南
丙子の亂	漢山城に入りて、之を固守せしも敵する能はず、遂に出でて降(くだ)る之を丙子(へいし)の亂といふ。これより朝鮮半島はながく淸の屬國となれり。時に明正(みやうしやう)天皇の御代なり。
英祖·正祖	仁祖より數代を經て、英祖(えいそ)·正祖(せいそ)相ついで立つ。ともに英明にして、其の治世合はせて七十餘年、力を民政につくし、農事をすゝめ、節儉を行ひ、刑罰をかろくし、又大いに學問を奬勵(しやうれい)せり。正祖(せいそ)は書をよくし、文章にたくみなりき。又孝心ふかく、父が早く世を去りたるを悲しみ、しばしば水原に行きて之を弔(とむら)ひ、又其の地に城を築けり。この頃、黨派の爭盛にして、內亂さへ起りたれば、二王は其の弊をやめんことに最も心を用ひたり、されども二王の後は幼主相つぎ、外戚(ぐわいせき)政治をもつぱらにしければ、王威しだいに衰へゆけり。
キリスト敎	これよりさき西洋の文物は、支那(しな)及び內地に傳はり

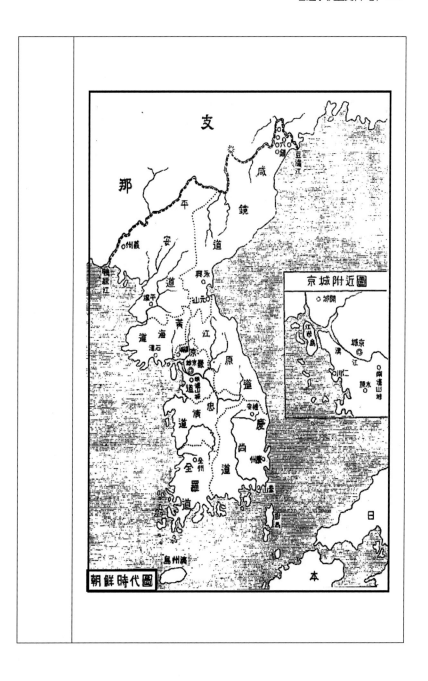

支那

那

咸鏡道

平安道

義州

鴨綠江

豆滿江

黃海道

江原道

忠清道

慶尚道

全羅道

濟州島

京城附近圖

開城

江華島

漢江

京城

仁川

南漢山城

水原

朝鮮時代圖

日本

しが、これらの地を經て朝鮮にも入りきたれり。正祖(せいそ)の時にいたり、キリスト教を信ずるものしだいに多く、支那(しな)より周文謨(しうぶんぼ)といへる宣教師も來れり。正祖(せいそ)はキリスト教の政治上に災(わざはひ)をなすを慮(おもんばか)り、人民のこれを信ずることを禁じたるのみならず、又命を下してキリスト教に關する書をあつめてやかしめたり。ついで純祖(じゆんそ)の時には、周文謨(しうぶんぼ)をはじめ多くの信者を捕へ、刑に處したり。其の後ひそかにキリスト教を信ずるものなほ絶えざりしも、西洋の學術はこれを研究せんとするものなかりき。

第四十五　本居宣長(もとをりのりなが)

外には外國との關係はじまりて、やうやく事多からんとするに當り、內には學問の進むにしたがひて、尊王の論大いに起るに至れり。

國學起る

これより先、學問といへばたいてい漢學なりしが、契沖(けいちゆう)といへる僧出でて、國語・國文の研究(けんきう)に心をひそめしより、國學(こくがく)始めて起れり。其の後國學の研究はおひおひに進み、寬政(くわんせい)の頃本居宣長(もとをりのりなが)に至りて大成したり。

宣長の生ひたち

宣長(のりなが)は伊勢の松坂(まつざか)の人にて、はやく父を失ひ、母の手に育てらる。八歲の頃より讀み書きを習ひたりしが、後契沖(けいちゆう)の著せる書物を見て、始めて國學に志し、ついで賀茂眞淵(かもまぶち)の弟子(でし)となりて、ますます其の研究を進め、遂に一代の大學者となれり。

古事記傳を著す

此の頃漢學者の中には、みだりに支那(しな)を尊びて、かへつて我が國を卑(いや)しむの風あり。宣長(のりなが)大いに之をなげき、わが國體の萬國にすぐれたることを明かにせんとて、數多の書物を著せり。中にも世に名高き古事記傳(こじきでん)は、古事記(こじき)といふ最もふるき歷史をくはしく說明したるものにて、實に三十五年の長き年月を經て、出來上りたるなり。其の間、宣長(のりなが)は四疊半(よでふはん)の書齋(しよさい)にとぢこもり、日

夜筆をおかず、時に退屈(たいくつ)すれば、部屋(へや)の隅にかけたる鈴(すゞ)を鳴らして、自ら氣を慰(なぐさ)め又勵みたり。よりて其の部屋(へや)を鈴(すゞ)の屋(や)と名づけたりき。

本居宣長の書齋

宣長(のりなが)は常に櫻の花を愛し、自ら畫きたる己が像に、

「大和心」の歌をよむ

　　敷島(しきしま)の大和心(やまとごころ)を人とはば、
　　　朝日(あさひ)ににほふ山櫻花(やまざくらばな)。

と題せり。此の歌よくわが日本魂(やまとだましひ)をよみあらはせりとて、後の世までもてはやさる。

尊王論大いに起る	宣長(のりなが)は、多くの書物をのこせし上に、日本全國にわたりて五百人に近き弟子をもちたれば、宣長(のりなが)の志をつぎて、盛に其の說をとなふるもの多し。こゝに於て人々いよいよわが國體を辨(わきま)へ、わが大日本帝國は、萬世一系の天皇大政を御みづからしたまふべきものにて、幕府が政を專らにするは、道理にたがへることをさとるに至り、尊王の論ますます勢を加へたり。

第四十六 高山彦九郎(たかやまひこくらう)と 蒲生君平(がまふくんぺい)

朝威の衰へたるをなげくもの出づ

さきに竹内式部(たけのうちしきぶ)・山縣大貳(やまがただいに)など出でて尊王の大義をとなへ、いづれも幕府に罪せられたりしが、今や尊王論の盛なるにつれて、朝廷の御威光の衰へたるをなげくもの相いでであらはるゝに至れり。寛政(くわんせい)の頃の高山彦九郎(たかやまひこくらう)・蒲生君平(がまふくんぺい)の如きは、其の最も名高きものなり。

彦九郎の生ひたち

高山彦九郎(たかやまひこくらう)は、上野(かうづけ)の人にして、はやく父母に死別(しにわか)れ、祖母(そぼ)に養はる。生れつき豪氣にして且孝心深し。少年の頃は、晝間(ひるま)は農業に勵み、暮方(くれがた)より遠き道を歩みて師のもとに通(かよ)ひ、夜ふけまで學問を習ひて毎日怠ることなかりきといふ。後祖母の死するや悲しみにたへず、其の墓の側(そば)に小屋を建て、藁(わら)をしきて坐し、ねんごろに之をまつりて、三年の喪(も)に服(ふく)したり。

彦九郎の忠志

彦九郎(ひこくらう)十三歳の頃太平記(たいへいき)を讀み、楠木(くすのき)・新田(につた)などの忠臣の行に感じて、忠義の志深くなれり。かつて皇居の火災(くわさい)にかゝりし時、彦九郎(ひこくらう)は遙(はるか)に之を聞き、心配(しんぱい)のあまり、夜を日につぎて京都(きやうと)に馳せのぼりたり。其の朝廷を思ひたてまつる志の厚きこと、之にても知らる。

高山彦九郎御所を拜す

諸國をめぐりて尊王の大義を説く

彦九郎(ひこくらう)は武者(むしや)修行(しゆぎやう)にならひて學問・德行ある人人を尋ねあるかんと思ひたち、廣く全國をめぐり、至るところ名ある人々と交を結びて、常に尊王の大義を説けり。其の京都(きやうと)を過ぐるや、必ず御所(ごしよ)の門前に至り、地上に跪(ひざまづ)きて之を拜し、謹みて皇室の尊きをあふぎたりき。後九州に遊び、筑後(ちくご)の久留米(くるめ)にて、世をなげきて自殺したりしが、まさに息絶えんとするに當りても、座を正して遙に京都(きやうと)を拜したりといふ。

君平の生ひたち

蒲生君平(がまふくんぺい)は下野(しもつけ)の人なり。幼より學問を好みしが、ある時祖母より其の家柄(いへがら)を聞きて、大いに志を起し、それより日夜讀書にふけり、外出する時も、歩みながら書物を讀めるほどなりき。

蒲生君平順德上皇の御陵に詣づ

御陵を取調べて山陵志を著す

君平(くんぺい)廣く和漢の書を讀むにしたがひて、朝廷の久しく衰へたることをなげきしが、殊に御歷代の御陵(ごりよう)のすたれたるを悲しみ、自ら畿內(きない)をめぐりて、神武(じんむ)天皇の御陵をはじめ數多の御陵を取調べ、遠くは讃岐(さぬき)の崇德(すとく)上皇、佐渡(さど)の順德(じゆんとく)上皇の御陵(ごりよう)にも參拜(さんぱい)し、山陵志(さんりようし)を著して、之を朝廷及び幕府にたてまつれり。君平(くんぺい)の家もとより貧しく、日々の生計にも困りたれば、夜は按摩(あんま)を業として僅かの金を得つつ、遂に其の書物を作りあげたりといふ。此の書出でて今まで世に知られざりし御陵(ごりよう)は明かになり、多くのすたれたるものも後に修めらるゝに至れり。明治に及び、朝廷彦九郎(ひこくらう)・君平(くんぺい)の忠節を賞して、之を表彰(へうしやう)したまへり。

第四十七　攘夷(じやうい)と開港(かいかう)

子平の生ひ
たち

高山彦九郎(たかやまひこくらう)・蒲生君平(がまふくんぺい)と共に、寛政(くわんせい)の三奇人(さんきじん)とよばれたる人に林子平(はやししへい)あり。仙臺(せんだい)の人にて、若き時より學問・武藝に勵み、殊に地圖を見ることを好みて、終日食事をさへ忘るゝほどなりき。

海國兵談を
著す

子平(しへい)は、足のたつしやなるにまかせて、北は北海道(ほつかいだう)のはてより西は長崎(ながさき)に至るまで、全國を經めぐりて、實地を取調べたり。長崎(ながさき)にてオランダ人より外國の形勢を聞くに及びて、海防のゆるかせにすべからざるを悟(さと)り、海國兵談(かいこくへいだん)を著(あらは)して、「我が國は四面みな海にして、江戸(えど)日本橋よりヨーロッパ(歐羅巴)洲に至る間、一つの水路(すゐろ)なり。かれ攻來らんとならば、何れへなりと來ることを得べし。何とて備(そなへ)を怠るべきぞ。」と述べたり。實に此の頃西洋諸國は、しきりに勢力を東洋にひろげて、次第に我が國に近づかんとする有樣なりしなり。

子平罪せら
る

されど、外國との交通禁ぜらるゝこと久しく、國民は外國の事情にうとくして、多くは世界の形勢を知らず。幕府もまた、子平(しへい)の論を以ていたづらに人心を惑(まど)はすものとなし、其の書物及び版木(はんぎ)を取上げて子平を罪したり。をりから子平(しへい)病にかゝりしかば、

親もなく妻なく子なく版木(はんぎ)なし、

金もなけれど死にたくもなし。

との歌をよみて六無齋(ろくむさい)と號せり。後その罪をゆるされ、明治に至りて更に追賞(つゐしやう)せられたり。

| 攘夷論起る | 寛政(くわんせい)四年、子平罪せられて間もなく、ロシヤの使我が國に來りしかば、世人は子平(しへい)の先見(せんけん)に感じたり。然るにロシヤ人は、通商の請の許されざるを以て、樺太(からふと)・千島(ちしま)に寇(あだ)し、ついでイギリス船も來りて長崎(ながさき)を騷がし、之が爲に、長崎(ながさき)奉行(ぶぎやう)は責(せめ)をおうて自殺せり。こゝに於て國民の之を憤るもの多く、攘夷の論しきりに起り、幕府は令を下して海防を嚴にせしめ、遂に第百十九代仁孝(にんかう)天皇の御代に、外國船のうちはらひをさへ命ずるに至れり。 |

此の頃諸大名(しよだいみやう)はたいてい攘夷論(じやういろん)をとなへしが、中にも最も強く此の論を主張(しゆちやう)せしは、水戸(みと)の藩主(はんしゆ)德川齋昭(とくがはなりあき)なり。齋昭(なりあき)は四五歳の時既に漢書(かんしよ)を讀み和歌を作り、九歳より鐵砲を習ひはじめて種々の武術に及び、やゝ長じては近臣と競走(きやうそう)を試(こゝろ)みなどして身體をきたひ、一日に二十餘里を走りても、さらに疲(つか)れたる樣子(やうす)も見えざりしといふ。家をつぎて藩主(はんしゆ)となるに及び、弘道館(こうだうくわん)といふ學校を建てて大

(左欄：齋昭の生ひたちと其の政治)

徳川齋昭さかんに大砲を鑄る

いに文武の業を勵まし、又さかんに大砲を鑄(い)て海防に備へたりしが、後大砲七十四門を幕府に獻じて世人の耳目(じもく)を驚かせり。

尊王攘夷論

齋昭(なりあき)は光圀(みつくに)の志をつぎて、皇室を尊び、毎年正月元旦(ぐわんたん)はもとより、先帝の御忌日(おんきにち)には、必ず身を淸めて京都(きやうと)を遙拜(えうはい)し、常に家臣を戒めて朝廷を敬ひたてまつらしめたり。今や攘夷(じやうい)の論起るに及びて、齋昭(なりあき)は進んで之をとなへ、此の際天下の人心をひきたてて、國威を損ぜざらんことにつとめたれば、これより尊王攘夷(じやうい)の論は大いに天下を動かせり。

第四十八　攘夷と開港(つゞき)

開港論者出づ

世は一般に攘夷論(じやういろん)盛なるも、洋學を修めたるものの中には、やゝ外國の事情に通じて、開港(かいかう)の意見を有するものあり。三河(みかは)の人渡邊華山(わたなべくわざん)は、家貧しく、少年の頃より畫をかき、之を賣りて生計を立て、父母に孝養を盡せしが、後洋學に志し、世界の大勢を知るに及びて、外國船うちはらひの非なるを論じ、又陸中の人高野長英(たかのちやうえい)も、はやくより洋學及び醫術を學び、夢物語(ゆめものがたり)といふ書物を著して、同じく攘夷(じやうい)の不可なることを述べたり。こゝに於て、二人とも世を惑(まど)はすものなりとて、幕府より罪せられたり。

孝明天皇勅を幕府に下したまふ

此の頃第百二十代孝明(かうめい)天皇御位に卽きたまひしが、たゞちに幕府に勅して、海防を嚴にし國威を損ぜざるやう戒めたまひ、なほ外國船渡來(とらい)の樣を申し上げしめたまへり。

米國の使節ペリー來る

たまたま紀元二千五百十三年(嘉永:かえい、六年)、アメリカ(亞米利加)合衆國(がつしゆうこく)の使節(しせつ)ペリー軍艦四隻(せき)を率ゐて、相模(さがみ)の浦賀(うらが)に來り、好(よしみ)を修め通商(つうしやう)を開かんことを請ふ。されど幕府は事の重大なるを見て、容易に之を決する能はざりしかば、ペリーは再び來りて返答(へんたふ)を受くべきことを約して去れり。こゝに於て幕府は、たゞちに其の由を朝廷に申し上げ、又諸大名にも意

見を述べしめたりしが、意見まちまちにして、攘夷(じやうい)・開港(かいかう)の論いよいよ騒がしくなれり。時の人たはむれに此の有様を歌によみて、

アメリカ合衆國の使節ペリー來る

太平(たいへい)の眠(ねむり)をさます上喜撰(じやうきせん)蒸氣船(じようきせん)

たつた四杯(しはい)(四隻)で夜もねられず。

といへり。

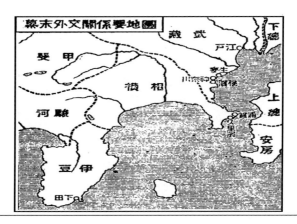

幕府和親條約を結ぶ	かくて幕府の方針(はうしん)未だ定まらざる中に、早くも翌安政(あんせい)元年となり、ペリーは軍艦を率ゐ再び來りて、さきの返答を求めたり。よりて幕府はやむことを得ず、ひとまづ和親條約(わしんでうやく)を結びて、伊豆(いづ)の下田(しもた)・北(ほつ)海道の函館の二港を開き、薪水(しんすゐ)・食料などの必要品を給することを約せり。されど通商(つうしやう)はなほ許さざりしかば、其の後間もなく、ハリス合衆國の總領事(そうりやうじ)として、下田(しもだ)に來るに及び將軍家定(いへさだ)にまみえ、世界の大勢を說きて、しきりに通商(つうしやう)を開かんことをすゝめたり。こゝに於て幕府遂に通商條約(つうしやうでうやく)を定めて、之が勅許(ちよくきよ)を請ひたてまつれり。
通商條約を結ぶ	然るに開港(かいかう)につきて國論未だ定まらざるを以て、天皇は深く憂へたまひ、容易に幕府の請を許したまはず、更に諸大名(しよだいみやう)の意見をまとめたる上にて申し上ぐべしと諭したまへり。されどハリスの幕府にせまることいよいよはげしかりしかば、幕府は、事情切迫(せつぱく)して猶豫(いうよ)すべき場合(ばあひ)にあらずとし、遂に勅許をまたずして合衆國と通商條約を結び、下田(しもだ)・函館(はこだて)の外に、神奈川(かながは/武藏)・長崎(肥前)・新潟(にひがた/越後)・兵庫(攝津)の四港をも開きて貿易場となすことを約せり。時に紀元二千五百十八年(安政:あんせい、五年)にして、之を安政(あんせい)の假條約(かりでうやく)といふ。ついでオランダ・ロシヤ・イギリス・フランス(佛蘭西)の四國とも同じく

直弼家茂を迎ふ	條約を結べり。こゝに於て天皇は、大いに幕府の專斷(せんだん)を御憤(おんいきどほり)あり、又德川齋昭(とくがはなりあき)等及び多くの志士は、時の大老(たいらう)井伊直弼(ゐいなほすけ)の罪を責むるに至れり。 時に將軍家定(いへさだ)子なきを以て、其の世嗣を定めんとするに當り、內外多事のをりからなれば、諸大名(しよだいみやう)の多くは、齋昭(なりあき)の子慶喜(よしのぶ)の頗る賢明なるを見て、之を迎へんことを望めり。然るに直弼(なほすけ)は將軍の旨をうけ、衆議(しゆうぎ)をしりぞけて紀伊家(きいけ)より家茂(いへもち)を迎へたり。間もなく家定(いへさだ)薨じて、家茂(いへもち)將軍となれり。これより直弼(なほすけ)を非難する聲ますます高し。
安政の大獄	よりて直弼(なほすけ)は、幕府に反對せる人々をおさへんとし、齋昭(なりあき)・慶喜(よしのぶ)等をおしこめ、志士數十人を捕へて或は流し或は斬れり。世に之を安政(あんせい)の大獄(たいごく)といふ。齋昭(なりあき)は國家の爲に盡すこと殆ど三十年、今や幕府の罪をうけ、いくばくもなく病みて薨ぜり。藩にておくり名して烈公(れつこく)といふ。志士の一人に吉田松陰(よしだしよういん)あり。松陰(しよういん)は長戸(ながと)藩士にて、松下村塾(しようかそんじゆく)を開きて人才を養成し、又常に國事を憂へ、かつて外國の事情をさぐらん爲、ひそかにアメリカに渡らんとして罰せられしが、今また捕はれて、江戸にて死刑に處せられたり。此の他壯烈(さうれつ)なる志士多くむざんの最期(さいご)をとげたりき。

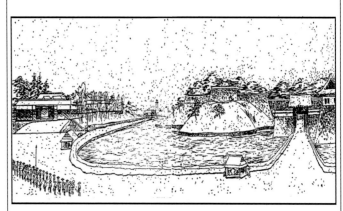

井伊直弼の登城

櫻田門外の變

こゝに於て、直弼(なほすけ)のきびしき處分(しよぶん)を憤(いきどほ)るものいよいよ多く、遂に水戸(みと)の浪士(らうし)等相謀りて、萬延(まんえん)元年三月三日、をりから降りしきる雪を幸に、直弼(なほすけ)の登城(とじやう)を櫻田門外(さくらだもんぐわい)に待ちぶせし、不意に其の乘物(のりもの)を襲ひて、直弼(なほすけ)をさし殺せり。世に之を櫻田門外(さくらだもんぐわい)の變といふ。

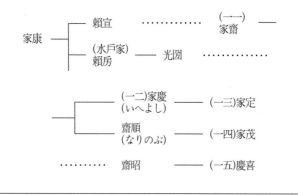

第四十九　孝明(かうめい)天皇

井伊直弼(ゐいなほすけ)殺されしより、幕府の威勢くじけて、長門(ながと)藩をはじめ尊王攘夷(じやうい)を論ずるもの多く、其の勢ますます盛になれり。

孝明(かうめい)天皇は、御生れつき剛毅(がうき)にましまし、常に朝廷の御威光の振はざるをなげきたまひ、又外交の問題につきても、深く大御心(おほみごゝろ)をなやましたまへり。たまたま長門(ながと)藩は、幕府をして速(すみやか)に攘夷(じやうい)の議を決せしめんことを朝廷に請ひたてまつりしかば、天皇は之をいれたまひ、三條實美(さんでうさねとみ)等を勅使として江戸(えど)に下し、攘夷(じやうい)をうながさしめたまふ。將軍家茂(いへもち)は勅使を手あつくもてなし、謹みて其の命を奉ぜり。

三條實美勅命を將軍家茂に傳ふ

將軍勅命を奉じて攘夷の期を定む	これより朝廷の御威光は高まりて、政治の中心は次第に京都(きやうと)の方にうつり行けり。 やがて文久(ぶんきう)三年家茂(いへもち)勅命によりて京都(きやうと)に上りしが、天皇は將軍及び諸大名(しよだいみやう)を從へ、賀茂神社(かもじんじや)に行幸(みゆき)して、攘夷(じやうい)を祈(いの)らせたまふ。御行列いかめしく、士民四方より集り來りて之を拜觀し、皆天皇の尊きをあふぎたてまつれり。かくて攘夷(じやうい)論の氣勢(きせい)ますますあがりたれば、家茂(いへもち)もやむを得ず、遂に五月十日を以て攘夷(じやうい)を實行することと定めて、之を朝廷に申し上げ、又諸大名(しよだいみやう)にも通知したり。
攘夷親征の詔を下さんとす	されば五月十日に至り、長門(ながと)藩は下關海峽(しものせきかいけふ)に外國船を砲擊して、攘夷(じやうい)のさきがけをなし、ついて攘夷(じやうい)の親征(しんせい)を朝廷に請ひたてまつれり。朝廷これを許したまひ、大和(やまと)に行幸(みゆき)して神武(じんむ)天皇の御陵(ごりよう)を拜し、以て親征の詔(みことのり)を下さんとの令を發したまへり。
朝議一變す	然るに一方には、また薩摩(さつま)・會津(あいづ)など諸藩の溫和論(をんわろん)をとなふるものありて、親征の不可なることを朝廷に申し上げたり。よりて朝議は俄にかはり、ひとまづ大和(やまと)の行幸(みゆき)をとゞめ、長門(ながと)藩主等の入京を禁じ、又攘夷(じやうい)を主張せる三條實美(さんでうさねとみ)等七人の公卿(くぎやう)をしりぞけたり。

蛤御門の變	こゝに於て長門(ながと)藩士等、其のむじつの罪を訴へんとて、多人数相率ゐて入京せり。薩摩(さつま)・會津(あいづ)等の藩兵これを防ぎて、戰は所々に起りしが、中にも蛤御門(はまぐりごもん)の戰は最もはげしく、彈丸(だんぐわん)しばしば宮中に飛來れり。人々恐れ騒ぎけれど、天皇は獨りおちつきたまひて、少しも平日と御かはりなかりきといふ。
長州征伐	既にして長州(ちやうしう)の兵は敗れて退きしが、其のみだりに宮門にせまりて兵火を開きし罪を責めて、朝廷、長州(ちやうしう)追討(つゐたう)の命を幕府に下したまふ。よりて幕府は、諸藩に令して海陸より進み伐たしめしが、未だ戰はざるうちに、長門(ながと)藩主ひたすら其の罪を謝(しや)せしかば、追討の軍はたゞちに弓上げたり。然るに幕府にては、なほきびしき處分を長門(ながと)藩に加へんとし、再び之を伐た

光明天皇

	しむ。されど此の頃幕府の威信全く失せて、薩摩(さつま)藩などは出兵の命を聽かず、幕府の軍氣少しも振はずして、至るところに利を失へり。たまたま家茂(いへもち)病(や)みて薨(こう)ぜしかば、朝廷勅して戰をとゞめしめ、後さらに征伐の軍を解(と)かしめたまへり。
孝明天皇崩じたまふ 天皇の御德	家茂(いへもち)薨じて、慶喜(よしのぶ)入りて十五代の將軍職をつぎしが、後いくばくもなく、孝明(かうめい)天皇もまた崩じたまふ、御年三十六歳にましませり。天皇は御年若くして御位に卽きたまひしより、內外多事の時に當りて、一日一夜も御心を安めたまふひまなかりき。かつて外交の騒がしき時、勅使を伊勢(いせ)に遣はし、宸筆(しんぴつ)の願文を神宮(じんぐう)にたてまつりて、國難を救はんことを祈りたまひ、勅使の京に歸るまで、每夜御庭に出でまして、神宮(じんぐう)を遙拜したまへり。當時皇室の御費用乏しく、天皇は御不自由を忍ばせたまひながら、常に萬民をあはれみたまへり。かくて上も下も悉く、天皇の御德をあふぎたてまつりて、朝廷の御威光は年ごとに加り、政權の朝廷にかへる氣運(きうん)をひらけり。

第五十　武家(ぶけ)政治の終

孝明(かうめい)天皇崩じて第百二十一代明治(めいぢ)天皇御位に卽きたまふ。時に幕府は、長州(ちやうしう)征伐に敗れて威權全くすだれたるを以て、岩倉具視(いはくらともみ)等の公卿(くぎやう)は、ひそかに薩摩(さつま)藩士大久保利通(おほくぼとしみち)・西郷隆盛(さいがうたかもり)、長門(ながと)藩士木戸孝允(きどたかよし)等と結びて、幕府を倒さんことを謀れり。土佐(とさ)の前藩主山内豐信(やまうちとよしげ)は大いに之を憂へ、家臣後藤象二郎(ごとうしやうじらう)を遣はして、大政を朝廷に還し奉らんことを慶喜(よしのぶ)に說かしめしかば、慶喜(よしのぶ)は時勢を見て其のすゝめに從ひ、之を奏せしに、天皇たゞちに許したまへり。

征討大將軍彰仁親王軍を進めたまふ

時に紀元二千五百二十七年(慶応:けいおう、三年)にして、家康(いへやす)征夷大將軍となりしより十五代二百六十五年。政權武家(ぶけ)にうつりてより、凡そ七百年を經て、王政古に復(かへ)れり。翌年年號を改めて明治といふ。

| 鳥羽伏見の戦 | 時に慶喜(よしのぶ)は、なほ內大臣(ないだいじん)の官を帶(お)びて京都(きやうと)にありしが、朝廷より其の官を辭(じ)しもとの幕府の領地を返上すべきことを命ぜらる。幕府の舊臣及び會津(あひづ)・桑名(くはな/伊勢)等の藩士は、之を聞きて不平をいだき、形勢頗るおだやかならず。慶喜(よしのぶ)事變(じへん)の起らんことを恐れて、大阪(おほさか)に退きしに、明治元年正月、これ等の人々におし立てられて、再び京都(きやうと)に入らんとす。薩長(さつちやう)の兵これを鳥羽(とば)・伏見(ふしみ)にむかへ撃ちしが、小松宮彰仁(こまつのみやあきひと)親王征討大將軍(せいたうたいしやうぐん)として、錦の御旗(みはた)をひるがへして進みたまひしかば、官軍の士氣大いに振ひ、遂に慶喜(よしのぶ)の軍を破る。慶喜(よしのぶ)すなはち大阪(おほさか)より海路江戸(えど)に逃げかへれり。 |

| 慶喜を追討す | こゝに於て朝廷、慶喜(よしのぶ)等の官位をはぎ、もとの幕府の領地を悉く取上げ、更に有栖川宮熾仁(ありすがはのみやたるひと)親王を東征大總督(とうせいだいそうとく)とし、西郷隆盛(さいがうたかもり)等を參謀(さんばう)として、大軍を率ゐて江戸に向はしめたまふ。然るに慶喜(よしのぶ)は、深く前非(ぜんび)を悔(く)い、上野(う |

	への)にひきこもりて、ひたすら恭順(きようじゆん)の意をあらはせり。家臣山岡鐵太郎(やまをかてつたらう)は死を決し、單身(たんしん)官軍の陣所を通りぬけて、駿府(するが)に至り、西郷隆盛(さいがうたかもり)にあひて慶喜(よしのぶ)の意をつたへ、官軍江戸(えど)に入らんとするに當り、勝安芳(かつやすよし)さらに隆盛(たかもり)と會見して、慶喜(よしのぶ)の罪を謝し、おだやかなる處分(しよぶん)を請へり。よりて隆盛(たかもり)も大いに周旋(しうせん)し、總督の宮(みや)の命を奉じて進撃(しんげき)をとゞめ、ついで朝廷、江戸城(えどじやう)及び兵器ををさめ、慶喜(よしのぶ)の死をゆるしたまへり。かくて德川家(とくがはけ)も絶えず、江戸(えど)の市民も兵火の難をまぬかるゝことを得たり。
彰義隊をうち破る	されどなほ、德川(とくがは)氏の舊恩を思ひて順逆(じゆんぎやく)をあやまるものあり。慶喜(よしのぶ)の恭順を喜ばざる幕府の舊臣等は、彰義隊(しやうぎたい)を組みて上野(うへの)にたてこもりしが、總督の宮(みや)は其の解散(かいさん)を命ぜしに從はざりしかば、やむなく之をうち破らしめたり。
若松城を陷る	時に會津(あいづ)藩主松平容保(まつだひらかたもり)は奥羽(あうう)の諸藩と申し合はせ、若松(わかまつ)城に據りて官軍に手むかひせしかば、官軍諸道より進みて、之を圍(かこ)むこと殆ど一箇月に及び、城中力つきて遂に出降(いでくだ)れり。此の間に藩中の少年團白虎(びやくこ)の一隊は、花花しく戰ひて多く討死せしが、生殘りたる十六人飯盛山(いひもりやま)にのぼり、跪(ひざまづ)きて城

全國悉く定まる	を拜し、互に刺(さ)しちがへて死せり。かくて諸藩も相ついで降り、奥羽(あうう)地方全く平げり。 此の頃また、もとの幕府の海軍をあづかりし榎本武揚(えのもとたけあき)は、數隻の軍艦を率ゐて北海道(ほつかいだう)に走り、函館(はこだて)を取りて五稜廓(ごりようかく)に據りしが、官軍海陸より攻めて之を降せり。時に明治二年五月なり。こゝに於て全國悉く定まれり。

第五十一　明治天皇

一　明治維新(めいぢゐしん)

明治天皇の御幼時

明治天皇は孝明(かうめい)天皇の第二の皇子におはしまし、嘉永(かえい)五年の御生れにて、英明剛毅(がうき)にわたらせらる。御幼き時、父の天皇にしたがひて、京都(きやうと)御所(ごしよ)の日(ひ)の御門(ごもん)にて、藩兵の演習(えんしふ)を御覽ぜしに、大砲・小銃(せうじゆう)の音はげしくして、百雷の一時に落つるが如く、人々身をふるはせて恐れしに、天皇は常の如く御顔色もかへたまはず、しじゆう御熱心(ごねつしん)に諸兵の運動を見たまひしといふ。

天皇御年十六にて御位に卽きたまふや、間もなく德川慶喜(とくがはよしのぶ)大政を還し奉りたれば、今より後大小の政すべて朝廷より出づべきことを天下に令したまひ、三條實美(さんでうさねとみ)・岩倉具視(いはくらともみ)・西鄉隆盛(さいがうたかもり)・大久保利通(おほくぼとしみち)・木戸孝允(きどたかよし)等の勤王の人人をあげ用ひて、もろもろの政をつかさどらしめたまへり。こゝに於て久しき間の武家政治(ぶけせいぢ)はやみて、天皇御みづから天下の大政を統べたまふ國體の本(もと)に立ちかへりたり。世に之を明治維新(めいぢゐしん)といふ。

五箇條の御誓文を示したまふ

天皇すなはち、維新(ゐしん)の政を盛にし萬民を安んぜんが爲に、明治元年三月紫宸殿(ししんでん)に出でまし、文

武の諸臣を率ゐて、御みづから新政の方針(はうしん)を天地の神々に誓(ちか)ひ、之を國民に示したまへり。其の文にいはく、

一、廣く會議(くわいぎ)を興(おこ)し萬機(ばんき)公論(こうろん)に決すべし。

一、上下心を一にして盛に經綸(けいりん)を行ふべし。

一、官武(くわんぶ)一途(いつと)庶民(しよみん)に至るまで各各其の志を遂(と)げ人心(じんしん)をして倦(う)まざらしめんことを要(えう)す。

一、舊來(きうらい)の陋習(ろうじふ)を破り天地の公道(こうだう)に基(もと)づくべし。

一、智識(ちしき)を世界に求め大いに皇基(くわうき)を振起(しんき)すべし。

と。之を五箇條の御誓文(ごせいもん)といふ。大政の基こゝに於ていよいよ定まれり。

都を東京に
さだめたま
ふ

これより先大久保利通(おほくぼとしみち)は、人心を新にせん爲、都を遷(うつ)すべしとの議をたてまつりしが、遂に江戸(えど)を東京(とうきやう)と改め、こゝに行幸(みゆき)したまふ。鳳輦(ほうれん)ゆるやかに御所(ごしよ)を出でまし、途中遙に伊勢(いせ)の神宮(じんぐう)を拜して東海道(とうかいだう)を下りたまひ、日を經て東京宮城(とうきやうきゆうじやう)に入りたまへり。沿道

（えんだう）の民これを拜（をが）みたてまつりて、皆感涙（かんるゐ）を流して喜び合へり。ついで天皇京都（きやうと）に還幸（くわんかう）して皇后を立てたまひ、翌二年再び東京（とうきやう）に行幸（みゆき）したまひしより、永くとゞまりて大政を統（す）べたまふこととなれり。

明治天皇東京行幸の折農事を見たまふ

藩を廢して縣を置きたまふ

されど此の頃、大名（だいみやう）の領地はなほもとのまゝにて、朝廷の命令こゝに及ばざれば、木戸孝允（きどたかよし）は大名（だいみやう）の支配（しはい）する土地・人民を朝廷に還し奉らしめんことをとなへ、遂に其のすゝめにより、長門（ながと）・薩摩（さつま）・肥前（ひぜん）・土佐（とさ）の四藩主まづ連合（れんがふ）して奉還（ほうくわん）を請ふに及び、他の諸藩主もまた多く之にならへり。朝廷すなはち其の請を許したまひ、しばらく舊藩主をして、それぞれ其の地を治めしめられしが、四年に至り全く

内外の政を整へたまふ	藩を廢して縣を置き、新に知事（ちじ）を任命（にんめい）したまへり。此の時にも、家柄（いへがら）のみを重んぜし習はしをやめて、廣く人才をえらびたり。こゝに於て天下の政治悉く一途に出でて、明治維新（めいぢゐしん）の大業始めて成れり。
	朝廷新に學制（がくせい）を定め、國民をしてひとしく教育を受けしめ、又徵兵令（ちようへいれい）をしきて、國民すべて兵役に就かしむることとしたまひたれば、世の中の面目次第に一變せり。かくて國内の政治おひおひに整ふと共に、外國との關係もまた大いに改れり。はじめ朝廷は世界の大勢を見て、諸外國と和親する方針を定めたまひしが、ついで重なる條約國に公使（こうし）を置き、岩倉具視（いはくらともみ）等を歐米諸國に遣はして、ますます親しみをかさね、かねて其の文明を視察（しさつ）せしめたまへり。

二　西南（せいなん）の役（えき）

征韓論	我が國外國と和親する方針を定むるや、先づ使を朝鮮に遣はして、好（よしみ）を修めんことをすゝめたり。然るに朝鮮は我が好意（かうい）をしりぞけ、かへつて、しばしば禮を失ひたれば、西鄉隆盛（さいがうたかもり）は、自ら朝鮮に赴（おもむ）きて談判（だんぱん）を試み、彼なほ聽かずば、兵を發して之を伐たんと主張し、朝議殆ど之に決せり。たまたま明治六年、岩倉具視（いはくらともみ）等歐米諸國をめぐりて歸り來り、内治を整ふるの急なるを

隆盛兵を擧ぐ	說きて、外征に反對せしかば、其の事遂にやみ、隆盛(たかもり)等はたゞちに官を辭(じ)して鄕里に歸れり。 隆盛(たかもり)は鹿兒島(かごしま)に歸り、私學校(しがくかう)をおこして、文武の業を子弟(してい)に授けしが、其の名望(めいばう)をしたひて、來り學ぶもの頗る多し。それ等少壯の徒は、政府のなすところに不平をいだき、明治十年隆盛(たかもり)をおし立てて、兵を擧げたり。隆盛(たかもり)すなはち其の徒を率ゐて、肥後(ひご)の熊本(くまもと)城を圍みしが、陸軍少將谷干城(たにたてき)僅かの兵を以て固く城を守れり。
朝廷隆盛を討たしめたまふ	朝廷有栖川宮熾仁(ありすがはのみやたるひと)親王を征討總督として、隆盛(たかもり)を討たしめたまふ。官軍は一日も早く城を救はんとせしに、賊軍は田原坂(たばるざか)の要害に據り、死力をつくして遮(さへぎ)りたれば、官軍容易に進むこと能はず。よりて拔刀隊(ばつたうたい)を組みて賊の壘に突貫(とつくわん)し、全軍これについで奮進(ふんしん)し、十數日の激戰(げきせん)を經て、やうやく之をうち破れり。されど城中との連絡(れんらく)未だ通ぜず、城中にては兵糧・彈藥(だんやく)殆ど盡きて、危險(きけん)次第に加りたりしが、たまたま官軍の一隊海路より八代(やつしろ)に上陸し、進んで賊の後(うしろ)を突きしかば、城の圍(かこみ)始めて解(と)けたり。實に熊本(くまもと)城の陷(おちい)ると否(いな)とは、國內の大勢にかゝはるところなるに、谷(たに)少將以下萬苦をしのぎて、五十餘日の間よく之をさゝへたるは、其の功大なりといふべし。

西南の役平ぐ	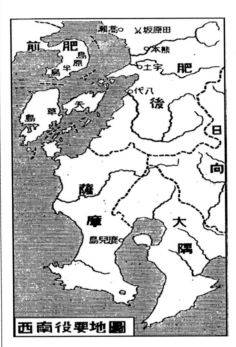

西南役要地圖

これより官軍、賊兵を追撃(つゐげき)して、しきりに之を破りしかば、隆盛(たかもり)等鹿兒島(かごしま)に退きて、城山(しろやま)に據る。官軍四方より之を圍み、隆盛(たかもり)以下力つきて悉く戰死し、亂始めて平げり。之を西南(せいなん)の役(えき)といふ。後憲法(けんぱふ)發布(はつぷ)の日、天皇に隆盛(たかもり)の維新(ゐしん)の折に於ける勳功(くんこう)を思召し、賊名を除きて正三位を贈りたまへり。

| 皇室の御めぐみ | 此の役(えき)に當り、天皇は大阪(おほさか)陸軍病院に行幸(みゆき)して、かたじけなくも傷病兵(しやうびやうへい)をいたはりたまひ、皇太后・皇后は御みづから繃帶(ほうたい)を作りたまひて、負傷兵に賜はりしかば、皇室の深き御めぐみに感泣せざるものなし。又佐野常民(さのつねたみ)等か博愛社(はくはいしや)をたてて、官軍・賊軍の別 |

なく傷病者を治療(ちれう)せしは、實にわが國赤十字社(せきじふじしや)の起なり。

三　憲法(けんぱふ)發布(はつぷ)

西南(せいなん)の役(えき)をさまりて後は、また内亂なく、政治はますます平和のうちに發達せり。

衆議によりて政治をなしたまふはじめ天皇、五箇條の御誓文(ごせいもん)を下して大政の基を定めたまひたる時、「廣く會議を興し萬機公論に決すべし。」と仰せたまひ、衆議によりて政をなすの方針を示したまへり。よりて政府は、地方官會議を東京に開きて、地方の政治を議せしめ、又府縣會を設け、始めて民間より議員を選出(せんしゆつ)せしめなどして、次第に輿論(よろん)を採用(さいよう)する道を進めたり。

國會開設の勅を下したまふ又民間にても、政治を論ずるもの多く出でて、國民の政治思想(しさう)おひおひに發達し、速に國會を開かんことを願ふもの相ついであらはれたり。こゝに於て明治十四年に至り、天皇勅を下して、來る二十三年を以て國會を開かんことを告げたまふ。よりて板垣退助(いたがきたいすけ)・大隈重信(おほくましげのぶ)等は、おのおの政黨(せいたう)を組織(そしき)して、國會の開設(かいせつ)に對する用意をなせり。

皇室典範及び大日本帝國憲法を發布したまふ伊藤博文(いとうひろぶみ)は天皇の仰を受け、歐洲に赴きて各國の制度(せいど)を視察し、程なく歸朝(きてう)して熱心に取調に從へり。かくて新に内閣(ないかく)の制度定められ、ついで地方の自治制(じちせい)しかれたる後、

二十二年には、わが國體に基づきて、皇室典範(くわうしつてんぱん)及び大日本帝國憲法(ていこくけんぱふ)制定(せいてい)せられ、紀元節の日を以て、天皇正殿(せいでん)に出でまし、內外の官民を召して之を發布したまへり。皇室典範(くわうしつてんぱん)は皇室に關する根本(こんぽん)の法則にして、憲法(けんぱふ)は天皇がわが國家を統べたまふ大法を定めたるものなり。

わが帝國憲法(ていこくけんぱふ)は、天皇が專ら國民の幸福(かうふく)をはかり、相共に國運(こくうん)を進めたまはんとの大御心(おほみごころ)より制定せられたるものにして、國民こぞつて其の御仁德をあふぎ、和氣(わき)上下にみちみちたるうちに之が發布を見たり。これ外國に多く例なきことにて、我が國體の萬國にすぐれたるところ之によりても明かなり。

天皇第一回帝國議會を開きたまふ

帝國議會を開きたまふ

翌二十三年、憲法(けんぱふ)の定むるところにより、貴族院(きぞくゐん)・衆議院(しゆうぎゐん)の兩院議員を東京

に召集(せうしふ)し、天皇行幸(みゆき)して第一回の帝國議會を開きたまふ。これより毎年議會は召集せられ、萬機公論に決するの御趣意(ごしゆい)は、いよいよ實地に行はれて、國運は年と共に開けゆけり。

朝鮮の國情

李太王と大院君

明治天皇卽位の四年前、李熈(りけい)、朝鮮の王位に上る。これすなはち後の李太(りたい)王なり。時に王歳僅かに十二歳(さい)なりしかば、其の父昰應(かおう)政をたすけたり。王は昰應(かおう)を尊びて大院君(たいゐんくん)といふ。

鎖國主義

大院君(たいゐんくん)は外交上固(かた)く鎖國攘夷(さこくじやうい)の主義を取り、慶應(けいおう)二年多くのキリスト教徒を罪し、佛國宣教師もまた殺されたり。されば同年秋フランスの軍艦江華島(こうくわたう)に迫(せま)り、朝鮮兵と戰ひて利あらず、ついで明治四年アメリカ合衆國の軍艦來りて通商を求めしも、これまた志を得ずして去れり。朝廷より朝鮮に好(よしみ)を修めんとすゝめられたるはあたかも此の頃なれば、朝鮮は頑(ぐわん)として之に應ぜざりしなり。大院君(たいゐんくん)政を執(と)ること十年にして退隱(たいいん)したりしが、それとともに外交上の方針もまた一變せり。

江華條約

明治八年我が軍艦、飲料水を得んがため江華島(こうくわたう)の前に來りしに、不意に砲臺より砲擊せられしかば、之に應戰して砲臺を陷れたり。翌年朝廷は使を遣は

	し、朝鮮の委員と江華島(こうくわたう)に會合せしめ、修好條約(しうかうでうやく)を結ばしむ。世に之を江華條約(こうくわでうやく)と稱(しよう)す。やがて日本公使館を京城に置き、花房義質(はなぶさよしもと)を公使とせり。江華條約(こうくわでうやく)は朝鮮が近世、外國と結びたる最初の條約(でうやく)にして、之によりて朝鮮は始めて釜山(ふさん)の外二巷を開くこととなれり。其の後歐米諸國もまた朝鮮と條約(でうやく)を結びて通商をなすに至れり。
明治十五年の暴動	當時朝鮮は民力大いに疲弊(ひへい)し、國庫(こくこ)窮乏(きゆうぱふ)せり。されば兵士等久しく給米(きふまい)を受くることを得ず、明治十五年遂に暴動を起して王宮に亂入せり。此の亂に日本公使館(こうしくわん)もまたやかれ、內地人も多く殺されたり。公使花房義質(はなぶさよしもと)は朝鮮政府と談判したりしが、朝鮮は罪を謝し、且兇徒を罰し、償金(しやうきん)を出し、公使館護衛(ごゑい)のため軍隊を置くこと等を約せり。時に淸國(しんこく)は軍隊を京城に送りて暴動を鎭(しづ)めしかば、これより大いに朝鮮の國政に干渉(かんせふ)せり。

朝鮮王系圖(三)

四　明治二十七八年戰役

朝鮮事變

さきに征韓の論やみてより、我が國はつとめて朝鮮と交を修め、公使館(こうしくわん)を京城に設け、後護衛(ごゑい)の兵を置けり。然るに朝鮮には黨派(たうは)の爭ありて、明治十七年、淸國(しんこく)にたよらんとするものは、京城にとゞまれる淸國兵の力をかりて、我が國にたよらんとするものを破り、遂に我が公使館を燒き、多くの官民を殺傷(さつしやう)せり。されば我が政府は、朝鮮をして償金(しやうきん)を出して其の罪を謝せしめ、更に伊藤博文(いとうひろぶみ)を淸國(しんこく)に遣はし、其の使臣李鴻章(りこうしやう)と天津(てんしん)に會して、兩國とも朝鮮に兵をとゞむることをやめ、若し必要あらば、互に通知したる後に出兵すべしと約せしめたり。之を天津(てんしん)條約(でうやく)といふ。

天津條約

日淸の開戰

其の後も淸國(しんこく)は、なほ朝鮮を屬國の如く見なし、ひそかに己にたよらんとするものを助け、其の黨獨り勢を得て、政治大いに亂れしかば、人民は之に苦しみて、遂に二十七年に至り亂を起せり。其の勢頗るさかんなるにより、淸國(しんこく)は屬國の難を救ふと稱して兵を送り、之を我に通知し來れり。よりて我が國もまた、公使館と居留民(きよりうみん)とを保護する爲に兵を出し、且淸國にすゝめて、相共に力を合はせて朝鮮の弊政(へいせい)を改めんとせり。然るに淸國(しんこく)は之を聽かず、かへつて海陸の大兵に朝鮮に送り、此の年七

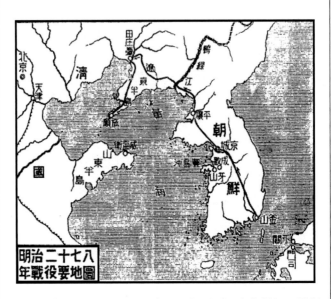

月、豐島沖(ほうたうおき)にて我が軍艦を砲撃し、戰端(せんたん)を開きしかば、我が軍艦應戰して之を破り、ついで我が陸軍もまた淸兵(しんぺい)と成歡(せいくわん)に戰ひて之に勝てり。こゝに於て翌月、天皇宣戰(せんせん)の詔(みことのり)を下したまひ、間もなく大本營(だいほんえい)を廣島(ひろしま)に進めたまひたれば、我が軍氣いよいよ振へり。

平壤黃海の大勝

此の時あたかも我が陸軍は平壤に集れる淸兵(しんぺい)を四方より攻圍みて之を陷れ、又我が海軍は、黃海(くわうかい)に於て大いに敵の艦隊を破り、我は一艦をも失はずして、敵艦の全部に大損害を與へたり。

威海衞の占領

其の後我が軍は、陸に海に至るところ勝を得、二十八年に入りて、陸軍大將大山巖(おほやまいはほ)は海軍中將伊

天皇宮城を發して大本營を廣島に進めたまふ

東祐亨(いとういうかう)と力を合はせて、敵の海軍の根據地(こんきよち)たる威海衛(ゐかいゑい)にせまれり。敵將丁汝昌(ていじよしやう)は死力をつくして之を守りしが、我が軍しきりに砲臺(はうだい)を陷れ軍艦をうち沈むるに及びて、力つきて降(かう)を請ひ、部下(ぶか)の將士を助けんことを求めて、自らは毒をのみて死せり。祐亨(いうかう)深く其の志をあはれみ、特に汽船を與へて汝昌(じよしやう)の柩(ひつぎ)を送らしめたり。

下關條約

我が軍は、連戰連勝(れんせんれんしよう)の勢を以て、程なく遼東(れうとう)半島を占領し、まさに北京(ぺきん)にせまらんとせり。こゝに於て清國(しんこく)は大いに恐れ、李鴻章(りこうしやう)を我が國に遣はして和を請はしむ。我が政府すなはち內閣總理大臣(ないかくそうりだいじ

ん)伊藤博文(いとうひろぶみ)・外務大臣(ぐわいむだいじ
ん)陸奥宗光(むつむねみつ)をして、之と下關(しものせ
き)にて談判せしめ、遂に淸國(しんこく)をして朝鮮の獨
立をみとめしめ、又遼東(れうとう)半島と臺灣(たいわ
ん)・澎湖島(はうこたう)とを我が國に讓り、償金二億兩
(てーる/三億圓ばかり)を出すこと等を約せしめて和を結
べり。之を下關條約(しものせきでうやく)といふ。時に
二十八年四月なり。然るにロシヤ・ドイツ(獨逸)・フラン
スの三國は、我が國の遼東(れうとう)半島を領するは、
東洋の平和に害ありとし、之を淸國(しんこく)にかへさ
んことをすゝめ來れり。よりて我が政府は、內外の形勢
を見、其のすゝめをいれて、半島を淸國(しんこく)にか
へせり。かくて朝鮮は、此の條約(でうやく)によりて、
確(たしか)に獨立國たることをみとめられ、ついで國號
を韓(かん)と改めたり。

能久親王臺灣にて辛苦をしのぎたまふ

臺灣の平定	臺灣(たいわん)は既に我が領地となりしも、島内にはなほ我に従はざるものありしかば、北白川宮能久(きたしらかはのみやよしひさ)親王は、近衛師團(このゑしだん)の兵を率ゐて之を討ちたまふ。親王は所々に轉戰(てんせん)したまふうちに、風土(ふうど)の病にかゝりたまひしも、なほ輿(かご)に乘りて指圖(さしづ)したまひしかば、御病日々に重(おも)りて、遂に薨(こう)じたまひき。全島やがて平ぎ、後親王を臺灣神社(たいわんじんじや)にまつれり。
大勝を得たる理由	此の戰役は、東洋に於ける近世の大戰爭なりしが、平和の成れるまで、天皇は久しく廣島(ひろしま)の大本營にましまし狹(せま)き御室にて日夜萬機を聞召(きこしめ)され、かたじけなくも出征軍人と辛苦(しんく)を共にしたまひ、をりからの嚴寒にもストーブをさへしりぞけたまへり。されば出征の將卒は、家を忘れ身をすてて、いよいよ忠勇をあらはし、内には國民こぞつて之が後援(こうゑん)につとめ、上下心を一にして、遂に此の大勝を得たりしなり。

五　條約改正(でうやくかいせい)

	二十七八年戰役によりて國威をあげたる我が國は、之と前後して、諸外國との條約(でうやく)を改正し、歐米諸國とひとしき地位に立つことを得たり。
條約の改正をはかる	其の頃までの條約(でうやく)は、多くは德川(とくがは)幕府が外國にすゝめられて結びたるものにして、我が國の面

改正條約相 ついて成る	目を損じ、利益を害する箇條少からず。中にも、我が國內に居留する外國人の裁判(さいばん)は、我が裁判官によらずして、其の國の領事これを行ひ、又外國より輸入する品物に對しても、自由に稅(ぜい)を課(くわ)すること能はざるが如き定ありき。されば國民深く之を遺憾(ゐかん)として、速(すみやか)にかゝる不利・不面目なる箇條を除かんことを望み、維新(ゐしん)以來政府はしばしば諸外國に談判して、熱心に之が改正をはかりたり。されど其の同意を得ること容易ならざりき。 然るに其の後、憲法(けんぱふ)を布き議會を開き、法律(はふりつ)・制度(せいど)おひおひに整ひしかば、外務大臣陸奧宗光(むつむねみつ)まづ英國に談判して、改正條約(かいせいでうやく)の同意を得たり。これ實に二十七八年戰役のまさに始まらんとする時なりき。ついで此の戰勝にて我が國の實力大いにあらはれたれば、他の諸外國も皆つゞいて改正に同意したり。
改正條約行 はる	此の改正條約(かいせいでうやく)は、三十二年に至りて始めて行はれ、外國人もすべて、我が裁判に服することとなり、又其の後の改正によりて、輸入品に對する稅も、我が國にて自由に定め得ることとなれり。かくて國民多年の望はじめて達せられたり。
	## 六　明治三十七八年戰役
北淸事變	ロシヤ・ドイツ・フランスの三國は、さきに我が國にすゝめて遼東半島をかへさしめたりしが、其の後おのおの淸國

（しんこく）に求むるところあり。中にもドイツは膠州灣（かうしうわん）を借受け、露國（ろこく）は旅順（りよじゆん）・大連（たいれん）等の地を借受けたり。されば清國（しんこく）人の中には、外人をいみ嫌（きら）ふもの多く、遂に義和團（ぎわだん）と稱する暴徒（ばうと）起りて、キリスト教の會堂を燒き、宣教師等を殺せしが、明治三十三年には官兵もまた之に加りて、北京（ぺきん）の各國公使館を圍むに至れり。よりて我が國をはじめ各國の軍相聯合（れんがふ）し、北京（ぺきん）に攻入りて之を救へり。こゝに於て清國（しんこく）は暴徒（ばうと）を罪し償金（しやうきん）を列國（れつこく）に出して和を結びたり。世に之を北清事變（ほくしんじへん）といふ。此の役、我が軍の功績（こうせき）殊に多く、將卒の勇武にして規律（きりつ）正しきことも、列國の軍にぬきんでたりき。

露國と國交を絕つ

此の事變に當り、露國（ろこく）はしきりに兵を滿洲（まんしう）に送りて之を占領し、更に進みて韓國をも威壓（ゐあつ）せんとする勢を示せり。よりて我が國は、清（しん）・韓兩國の領土を全くし、東洋の平和を保たんが爲に、英國（えいこく）と同盟（どうめい）を結べり。

日英同盟

其の後我が政府は、また東洋の平和につきて、しばしば露國（ろこく）と談判を試みたるに、露國（ろこく）は之に應ぜざるのみならず、かへつて旅順（りよじゆん）の備を堅くし、ますます海陸の兵を增して、少しも誠意（せいい）を示さざりしかば、三十七年二月、我が國はやむを得ず國交を絕（た）ち、天皇やがて宣戰（せんせん）の詔（みことのり）を下したまへり。

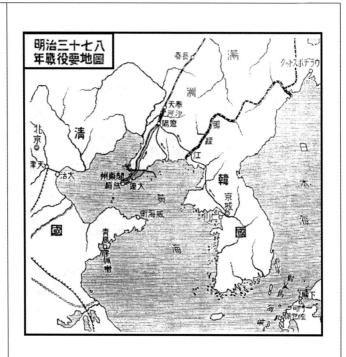

陸軍の進擊

我が陸軍は、ロシヤ兵を韓國より追ひ、進みて滿洲(まんしう)の野に轉戰したりしが、諸軍相ついで北進し、戰線ますますひろがるに及びて、天皇は陸軍大將大山巖(おほやまいはほ)を總司令官(そうしれいくわん)として滿洲(まんしう)の諸軍を統(す)べしめたまふ。時に敵の總司令官クロパトキンは、全力をつくして遼陽(れうやう)を守りしが、我が軍急に攻破りて、之を占領せり。敵は奉天(ほうてん)に走り、本國よりの援兵(ゑんぺい)を合はせて再び南下せしを、我が軍また沙河(さか)にむかへ擊ち、激戰の後大いに之を破れり。

海軍の活動	我が海軍は、しばしば旅順(りよじゆん)を攻撃して敵艦に損害を與へ、又其の出動(しゆつどう)を遮(さへぎ)らんが爲に、決死隊を募(つの)りて、三度港口(かうこう)の閉塞(へいそく)を試み、海軍少佐廣瀬武夫(ひろせたけを)等諸勇士の働によりて、ほゞ目的を達したり。然るに敵艦は、大擧(たいきよ)して港外に逃れ出で、ウラヂボストック(浦潮斯德)に走らんとせしを、我が艦隊黃海に追ひうちて大いに之を破り、ついで我が別艦隊も、ウラヂボストック艦隊を蔚山沖(うるさんおき)にうち破りしかば、海上また敵艦の影(かげ)を見ざるに至れり。
旅順の開城	又陸軍大將乃木希典(のぎまれすけ)は、陸軍を率ゐて旅順(りよじゆん)にせまり、海軍と力を合はせて、其の要塞(えうさい)を攻撃せり。旅順(りよじゆん)の要塞(えうさい)は、敵が難攻不落(なんこうふらく)を以て世界にほこりし堅城なる上、敵將ステッセル固く守りしかば、容易に陷るゝこと能はず。されど我が忠勇なる將卒は、一死以て君恩にむくいんとし、幾度となく突撃を行ひて、やうやく二百三高地を占領し、港內にかくれゐたる軍艦を悉くうち沈め、他の砲臺をもつゞいて占領せしかば、ステッセル力つきて、翌三十八年一月、城を開きて降(かう)を請ふ。天皇は、ステッセルが其の國の爲に盡せし忠節を嘉(よみ)して、武士の面目を保たしむべき御旨を傳へたまひ、城中の將校には、特に帶劍(たいけん)を許して、本國に歸ることを得せしめたり。

大山大將以下奉天城に入る

奉天の大戰

こゝに於て旅順（りよじゆん）の攻擊軍は、更に北上して滿洲軍（まんしうぐん）に加り、總軍凡そ四十萬、進んで奉天（ほうてん）の敵にせまる。敵將クロパトキンは、連敗（れんぱい）の恥を此の一戰にてすゝがんとし、六十餘萬の大軍を率ゐて之にあたりしが、我が軍三面よりはさみ擊ちて大いに之を破り、三月十日遂に奉天（ほうてん）を占領し、敵兵四萬餘を捕虜（ほりよ）とするに至れり。

日本海の決戰

かゝる間に、露國（ろこく）は其の海軍の全力を擧げて、遙に東洋に廻航（くわいかう）せしめ、五月二十七日、三十八隻より成れる大艦隊いよいよ對馬海峽（つしまかいけふ）にあらはれたり。海軍大將東鄕平八郎（とうがうへいはちらう）は聯合艦隊四十餘隻を率ゐて之をむかへ擊ち、旗艦三笠（きかんみかさ）に高く信號（しんがう）をかゝげ

ていはく、「皇國(くわうこく)の興廢(こうはい)此の一戰にあり、各員一層奮勵努力(いつそうふんれいどりよく)せよ。」と。將士相見て勇み立ち、必ず敵を全滅(ぜんめつ)せんことを期せり。をりから風强く波高かりしが、我が軍奮戰して、遂に敵艦十九隻をうち沈め、五隻を捕へ、其の司令長官を虜(とりこ)にし、世界の海戰にかつて例なき大勝を得たり。ついで我が別軍は、更に樺太(からふと)に向ひ、たゞちに之をも占領せり。

東郷大將旗艦三笠にありて指圖す

ポーツマス
條約

戰役の大勢既に定まりたれば、アメリカ合衆國大統領ルーズベルトは、我が國と露國の間に入りて、講和(かうわ)をすゝめ來れり。我が政府は之に應じて、外務大臣小村壽太郎(こむらじゆたらう)等を全權委員(ぜんけんゐゐん)

大勝を得たる理由	とし、露國の全權委員ウヰッテ等と合衆國のポーツマスに會して談判せしめ、三十八年九月、遂に講和條約(かうわでうやく)を結べり。これによりて、露國(ろこく)は樺太(からふと)の南半部を我にさき、又長春(ちやうしゆん)・旅順(りよじゆん)間の鐵道及び淸國(しんこく)より借受けたる旅順(りよじゆん)・大連(たいれん)等の關東州(くわんとうしう)を我に讓れり。 これより海陸の諸軍はつゞいて凱旋(がいせん)し、天皇は伊勢(いせ)に行幸(みゆき)して、御みづから神宮(じんぐう)に平和の回復を告げたまへり。此の役我が國が世界の强國と戰ひて、連戰連勝、大いに國威を海外にかゞやかしたるは、もとより天皇の御稜威(みいづ)によれりといへども、また教育あまねく國民に行きわたりて、奉公の念ますます强く、擧國一致(きよこくいつち)して、君國に盡したるが爲なり。
韓國を保護國となす	## 七　韓國併合(かんこくへいがふ) ポーツマス條約により、露國(ろこく)は我が國の韓國に於ける特別の權利(けんり)をみとめたれば、我が政府は、韓國と協約(けふやく)を結びて、其の外交を取りあつかひ、之を我が保護國(ほごこく)となして、京城に統監府(とうかんふ)を置き、伊藤博文(いとうひろぶみ)統監に任ぜられ、次第に韓國の內政を改めたり。これ韓國が獨立の實を擧ぐること能はずして、常に他國の壓迫(あつぱく)をうけ、東洋の平和を破るおそれありしが爲なり。

韓國の併合	韓國は、我が保護(ほご)の下にあること既に數年に及び、政治おひおひに改りしが、其の國多年の弊政は全く除きがたく、民心なほ安からざるを以て、國利民福(こくりみんぷく)を進めんには、日・韓兩國を合はすの外なきこと次第に明かとなり、韓民中にも之を望むもの少からず。こゝに於て韓國皇帝は、統治(とうぢ)の權を天皇に讓り、帝國の新政によりて、ますます國民の幸福を增さんことを望まれ、天皇また其の必要をみとめたまひしかば、四十三年八月遂に韓國の併合を見るに至れり。天皇すなはち前の韓國皇帝を王となし、皇族の禮を以て王家を待遇(たいぐう)したまひ、韓國を改めて朝鮮と稱し、新に總督を置きて、もろもろの政務を統(す)べしめたまへり。かくて半島の民は悉く帝國の臣民となり、東洋平和の基はいよいよ固くなれり。 これに先だち伊藤博文(いとうひろぶみ)統監(とうかん)をやめて滿洲(まんしう)に旅行せし折、ハルビンに於て兇徒(きようと)に暗殺(あんさつ)せられたり。博文(ひろぶみ)は明治維新(めいぢゐしん)の前後より、專ら國家の爲に盡し、憲法(けんぱふ)の制定はもとより、韓國の統治(とうぢ)にも大功を立てたりしに、俄に薨(こう)じたるは、實に惜しむべきなり。
	## 八　天皇の崩御(ほうぎよ)
天皇御病にかゝらせたまふ	維新(ゐしん)以來、わが國の文明は年々に開けて、國運いよいよ盛なる時に當り、はからずも明治四十五年七月、

天皇崩じたまふ	天皇御病にかゝりたまふ。其の御病狀の發表(はつぺう)せらるゝや、國民の驚ひとかたならず、上下こぞつて眞心をこめて、ひたすら御平癒(ごへいゆ)を祈(いの)りたてまつれり。殊に宮城の正門外には、いくばくとも知れぬ人々集り來り、地上に跪(ひざまづ)きて皇居を拜し、夜を通して祈(いのり)をこらすもの、日を追うて增すに至れり。然るに天皇御病ますます重らせられ、三十日遂に崩じたまふ。御年六十一。國民の悲しみたとへんにものなく、世界列國また之を惜しみたてまつらざるはなし。

明治天皇

天皇の御盛德	天皇は御年少の御身を以て、國家多難の折に御位に卽きたまひ、萬機を統べたまふこと、こゝに四十六年。はやく

維新(ゐしん)の大業を開きたまひしより、內には、憲法(けんぱふ)を布き法制を整へ、交通・産業をはじめもろもろの事業をすゝめ、又教育に關する勅語を下して國民をみちびきたまひ、外には、國威を張り、諸外國とますます交を厚くしたまひ、遂に我が國をして世界に於ける一大帝國たらしめたまひき。

天皇は常に御みづから節約(せつやく)を守りたまひ、常の御座所(ござしよ)の如きは、極めて質素なる御つくりにて、御敷皮(おんしきかは)も破れたるをつくろはせて用ひたまへるほどなりといふ。かくて朝夕たゞ萬民の上に大御心をかけさせられて、

　　照るにつけ曇(くも)るにつけて思ふかな、
　　　わが民草(たみくさ)の上はいかにと。

とよみたまへり。下民を思ひやりたまへる思召(おぼしめし)のほど、まことにかたじけなき次第なり。

御大葬
大正元年

天皇崩御(ほうぎよ)の日、皇太子嘉仁(よしひと)親王たゞちに御位をつぎたまひ、年號を大正(たいしやう)と改めて、此の日以後を大正元年と定めたまふ。其の九月、先帝の御大葬(ごたいさう)の儀を舉げたまひ、伏見桃山(ふしみもゝやま)の御陵(ごりよう)に葬(はうむ)りたまへり。又東京代々木(よゝぎ)に明治神宮(めいぢじんぐう)を建てて、まつりたてまつる。こゝに於て國民の先帝を慕ひたてまつりて、御陵(ごりよう)に神宮(じんぐう)に參拜するもの日々相つげり。

明治神宮

昭憲皇太后
崩じたまふ

國民みな先帝の大喪(たいも)に服し、悲しみの涙未だか
わかざるに、昭憲皇太后(せうけんくわうたいこう)また
御病にかゝらせられ、大正三年四月遂に崩(ほう)じたま
ふ。すなはち先帝御陵(ごりよう)の東に葬(はうむ)りたて
まつり、又明治神宮(めいぢじんぐう)に合はせまつれ
り。皇太后は明治のはじめ皇后に立ちたまひしより、常
に内に於て天皇を助けたまひて、御功績多かりし上に、
殊に仁慈の御心深くましまし、しばしば學校又は病院な
どに行啓(ぎやうけい)して、學藝をすゝめ、慈善の事業
を勵ましたまひしかば、國民みな其の御德を慕ひたてま
つれり。

第五十二　今上天皇(きんじやうてんのう)

一　天皇の卽位

第百二十二代今上(きんじやう)天皇は、明治天皇の第三の皇子にましまし、明治十二年八月三十一日に生れさせたまふ。御年十一にて皇太子に立ちたまひしが、先帝崩御(ほうぎよ)せらるゝに及び、たゞちに踐祚(せんそ)したまへり。

其の後先帝及び皇太后の諒闇(りやうあん)終りて、大正四年十一月十日卽位の禮を京都(きやうと)の皇宮にて擧げたまへり。此の日天皇御みづから賢所(かしこどころ)を拜して、皇祖天照大神(あまてらすおほみかみ)に御卽位の由を告げたまひ、ついで紫宸殿(ししんでん)に出でまし、高御座(たかみくら)にのぼりて、あまねく之を臣民に宣(せん)したまふ。實に古來ならびなき盛儀(せいぎ)にして、國民ひとしく萬歳をとなへて賀したてまつれり。ついで大嘗祭(だいじやうさい)を行ひたまひ、天皇親しく天地の神々をまつりたまへり。

紫宸殿(ししんでん)の儀に於て、天皇の賜ひし勅語の中に、萬世一系の天皇は御代々三種の神器(じんぎ)を奉じて萬民を撫育したまひ、臣民も世々忠實に朝廷につかへたてまつり、義はすなはち君臣にして、情はなほ父子の如く、以て世界にたぐひなき我が國體を成せりと仰せたまへりまことにかしこき極(きはみ)ならずや。

今上天皇卽位の禮を舉げたまふ

二　歐洲の大戰と我が國

歐洲の大戰

大正三年七月歐洲に戰亂起り、ドイツ・オーストリヤ、ハンガリー(墺地利、洪牙利)はロシヤ・フランス・イギリスの諸國と戰を開きしが、後にはイタリヤ(伊太利)・アメリカ合衆國なども之に加り、遂に世界にかつてなき大戰となれり。

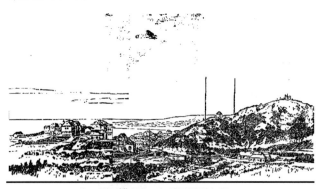

我が飛行機靑島の無線電信所を襲ふ

獨逸と國交を絶つ	此の戰亂の起るや、ドイツは膠州灣(かうしうわん)にても日夜戰備(せんび)を修め、其の艦艇(かんてい)しきりに出沒して東洋の平和を危くせり。よりて我が國は英國(えいこく)との同盟の好を重んじ、且東洋の平和を保たんが爲に、やむなく大正三年八月ドイツと國交を絶(た)ち天皇宣戰の詔(みことのり)を發したまへり。
靑島陷る	こゝに於て我が海軍は、たゞちに膠州灣(かうしうわん)を封鎖(ふうさ)し、陸軍は背面(はいめん)より靑島(ちんたを)を攻擊せり既にして我が軍、靑島(ちんたを)の要塞(えうさい)にせまるに及び、天皇の御旨を敵に傳へて、非戰鬪員(ひせんとうゐん)を救ひ出したる後、海陸力を合はせて總攻擊を行ひしに、さしも堅固を以てほこりし要塞(えうさい)も、十一月遂に陷(おちい)り、敵軍悉く降れり。

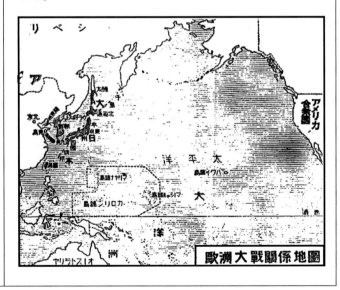

歐洲大戰關係地圖

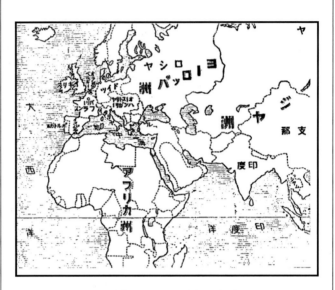

南洋諸島を占領す	此の間に、我が艦隊の一部は、遠く南洋に至り、ドイツ領なるマーシャル・マリヤナ・カロリン諸島を占領して、敵艦の根據地(こんきよち)をくつがへし、日の丸の國旗は南洋の島々にまでひろがへれり。
印度洋地中海に出動す	然るにドイツの艦艇は、また印度洋(いんどやう)・地中海(ちちゆうかい)等に於て、みだりに各國の商船をうち沈め、數多の良民をそこなひて、非道の振舞(ふるまひ)少からず。よりて我が艦隊は、遙に此の方面にも派遣(はけん)せられて、警戒(けいかい)・護衛(ごゑい)の事に當り、種々の困難をしのぎて勇敢(ゆうかん)に働き、よく敵の暴行をおさへたり。
平和條約を結ぶ	かくて大戰は五年の久しきにわたりしが、大正七年ドイツは遂に力つきて和を請へり。こゝに於て各國の全權委員

は、佛國パリーに會して平和條件(へいわでうけん)を議し、西園寺公望(さいをんじきんもち)等の我が委員これに参列し、英・米・佛・伊の諸國と共に、五大國の一として重なる會議にあづかりしが、翌年六月遂に平和條約(へいわでうやく)成り、各國は國際聯盟(こくさいれんめい)の規約を結び、協力して世界の平和を完うせんことをはかれり。又我が國は、ドイツがかつて支那より得たりし膠州灣(かうしうわん)及び其の他山東省に於ける一切(いつさい)の權利を得、我が占領せるもとのドイツ領南洋諸島を統治(とうぢ)する委任(ゐにん)を受くるに至れり。

今や、我が國は五大國の一として、世界に於ける重要なる地位を占(し)むるに至れり。これ實に御歴代天皇の御盛德と、國民世々の忠誠とによれり。さればわれ等國民は、よく國運發展(はつてん)の由來(ゆらい)をつまびらかにし、おのおの其の業に勵み、一致共同してますます國家の富強をはかり、進んで世界平和の爲に力を盡し、以てわが國史に一層の光輝(くわうき)を加へざるべからず。

國民の覺悟

普通學校國史　下卷　終

年　表

御代數	天　皇	紀　元	年　號	摘　要
一〇四	後奈良天皇	二二〇三	天文十二年	ポルトガル人始めて來る
同		二二〇九	同十八年	キリスト教始めて傳はる
一〇五	正親町天皇	二二二〇	永祿三年	織田信長今川義元を斬る(桶狹間の戰)
同		二二二七	同十年	信長勅を拜す
同		二二二八	同十一年	信長足利義昭を奉じて京都に入る
同		二二三三	天正元年	信長將軍義昭を追出す(足利將軍亡ぶ)
同		二二三六	同四年	信長安土城を築く
同		二二四二	同十年	信長明智光秀に害せらる(本能寺の變)
同		同	同年	豐臣秀吉光秀を滅す(山崎の戰)
同		二二四三	同十一年	秀吉柴田勝家を破る(賤嶽の戰)
同		同	同年	秀吉大阪城を築く
同		二二四四	同十二年	秀吉德川家康と爭ふ(小牧・長久手の戰)
同		二二四五	同十三年	秀吉關白に任ぜらる
一〇六	後陽成天皇	二二四八	天正十六年	秀吉天皇を聚樂第に迎へたてまつる
同		二二五〇	同十八年	秀吉北條氏を滅して全國を定む
同		二二五二	文祿元年	秀吉兵を朝鮮に出す
同		二二五六	慶長元年	秀吉明の使を大阪城に召す
同		二二五七	同二年	秀吉再び兵を朝鮮に出す
同		二二五八	同三年	秀吉薨ず
同		二二六〇	同五年	德川家康石田三成を破る(關原の戰)
同		二二六三	同八年	家康征夷大將軍に任ぜらる
同		二二六九	同十四年	家康オランダ人に通商を許す
一〇七	後水尾天皇	二二七三	同十八年	家康イギリス人に通商を許す
同		二二七四	同十九年	家康秀忠と大阪城を圍む(大阪冬の陣)
同		二二七五	元和元年	家康秀忠と再び大阪城を攻む(大阪夏の陣)
同		二二七六	同二年	家康薨ず
一〇八	明正天皇	二二九〇	寬永七年	德川家光洋書を輸入することを禁ず
同		二二九六	同十三年	家光國民の外國に赴くことを禁ず
同		二二九七	同十四年	九州のキリスト教徒等亂を起す(島原の亂)
同		同	同年	朝鮮淸國に服屬す(朝鮮仁祖十四年)
同		二二九九	同十六年	家光オランダ人の外、西洋人の渡來を禁ず
一〇九	後光明天皇	二三一四	承應三年	天皇崩じたまふ
一一〇	後西院天皇	二三一七	明曆三年	德川光圀大日本史の編纂をはじむ

一一二	東山天皇	二三五〇	元祿三年	德川網吉孔子の廟を江戸の湯島に建つ
	同	二三六一	同十四年	淺野長矩吉良義央を傷つく
	同	二三六二	同十五年	大石良雄等その主の讐を復す
	同	二三六九	寶永六年	新井白石皇族出家の習はしをやめんことを幕府に申す
一一三	中御門天皇	二三七一	正德元年	幕府白石の議をいれて朝鮮の使のもてなし方を改む
	同	二三七五	同五年	幕府白石の議をいれて外國貿易を制限す
	同	二三七七	享保二年	德川吉宗大岡忠相を江戸町奉行とす
	同	二三八〇	同五年	吉宗洋書輸入の禁をゆるむ
	同	二三八二	同七年	吉宗儉約を令す
一一五	桃園天皇	二四一九	寶曆九年	竹内式部罪せらる
一一六	後櫻町天皇	二四二七	明和四年	山縣大貳罪せらる
一一八	光格天皇	二四四七	天明七年	松平定信幕府に用ひらる
	同	二四四八	同八年	定信皇居御造營の命をうく
	同	二四五二	寬政四年	林子平罪せらる
	同	同	同年	ロシヤの使始めて來る
	同	二四五三	同五年	定信伊豆・相模の海岸を巡視す
	同	同	同年	高山彦九郎自殺す
	同	二四五八	寬政十年	本居宣長古事記傳を著す
	同	二四六六	文化三年	ロシヤ人樺太に寇す
	同	二四六八	同五年	イギリス船長崎を騒がす
一一九	仁孝天皇	二四八五	文政八年	幕府外國船うちはらひの令を下す
	同	二四九九	天保十年	渡邊華山高野長英罪せらる
一二〇	孝明天皇	二五〇六	弘化三年	天皇卽位に卽きたまふ
	同	二五一三	嘉永六年	アメリカ合衆國の使節ペリー來る
	同	二五一四	安政元年	幕府合衆國と和親條約を結ぶ
	同	二五一八	同五年	幕府合衆國と通商條約を結ぶ
	同	二五一九	同六年	德川齊昭等おしこめられ吉田松陰殺さる(安政の大獄)
	同	二五二〇	萬延元年	井伊直弼殺さる(櫻田門外の變)
	同	二五二二	文久二年	天皇三條實美等をして攘夷を幕府にうながさしめたまふ
	同	二五二三	同三年	天皇賀茂神社に行幸したまふ

一二〇	孝明天皇	二五二三	同年	長門藩下關に外國船を砲撃す
	同	同	同年	李太王位に卽く
	同	二五二四	元治元年	蛤御門の變
	同	同	同年	幕府長州を伐つ
	同	二五二六	慶應二年	幕府再び長州を伐つ
	同	同	同年	天皇崩じたまふ
一二一	明治天皇	二五二七	慶應三年正月	天皇皇位に卽きたまふ
	同	二五二七	同 年十月	德川慶喜大政を奉還す
	同	同	同 年十二月	天皇王政復古の令を發したまふ
	同	二五二八	明治元年正月	慶喜の軍を討しめたまふ (鳥羽・伏見の戰)
	同	同	同 年同月	外國と和親するの旨を令したまふ
	同	同	同 年三月	五箇條の御誓文を下したまふ
	同	同	同 年四月	江戸城ををさめたまふ
	同	同	同 年七月	江戸を東京と改めたまふ
	同	同	同 年十月	東京に行幸したまふ
	同	同	同 年十二月	京都に還幸して皇居を立てたまふ
	同	二五二九	同 二年正月	長・薩・肥・土四藩土地・人民を奉還せんことを奏す
	同	同	同 年三月	再び東京に行幸したまふ
	同	同	同 年五月	國内全く平ぐ
	同	同	同 年六月	四藩の請を許したまふ
	同	二五三〇	同 三年閏十月	始めて公使を條約國に置きたまふ
	同	二五三一	同 四年七月	藩を廢して縣を置きたまふ
	同	同	同年十月	岩倉具視等を歐米諸國に遣はしたまふ
	同	二五三二	同 五年八月	學制を定めたまふ
	同	二五三三	明治六年一月	徵兵令をしきたまふ
	同	同	同 年十月	征韓の論破れて西鄕隆盛等官を辭す
	同	二五三五	同 八年六月	始めて地方官會議を開きたまふ
	同	二五三六	同 九年二月	江華條約成る(李太王十三年)
	同	二五三七	同 十年二月	隆盛等を討しめたまふ
	同	二五三九	同十二年三月	府縣會始めて開かる
	同	同	同年八月三十一日	今上天皇生れさせたまふ
	同	二五四一	同十四年十月	國會を開かんことを勅したまふ
	同	二五四四	同十七年十二月	朝鮮に於ける我が公使館燒かる

一二一	明治天皇	二五四五	同十八年四月	天津條約成る
	同	同	同 年十二月	内閣の制を定む
	同	二五四八	同二十一年四月	地方自治制(市制·町村制)をしく
	同	二五四九	同二十二年二月十一日	皇室典範·帝國憲法を發布したまふ
	同	二五五〇	同二十三年十月三十日	教育に關する勅語を下したまふ
	同	同	同 年十一月	第一囘帝國議會を開きたまふ
	同	二五五四	同二十七年七月	英國との改正條約成る(他の諸外國との改正條約相ついで成る)
一二一	同	同	同 年同月	我が軍艦淸國の軍艦と豐島沖に戰ふ
	同	同	同 年八月	淸國との戰を宣したまふ
	同	同	同二十八年二月	敵將丁汝昌を降す
	同	二五五五	明治二十八年四月	下關條約成る
	同	同	同 年十月	臺灣ほゞ平定す
	同	同	同 年十一月	遼東半島をかへす
	同	二五五九	同三十二年七月	改正條約始めて行はる
	同	二五六〇	同三十三年八月	列國聯合軍北京に攻入る
	同	二五六二	同三十五年一月	英國と同盟を結ぶ
	同	二五六四	同三十七年二月	露國との戰を宣したまふ
	同	二五六五	同三十八年一月	旅順の要塞を陷る
	同	同	同年三月十日	奉天を占領す
	同	同	同年五月二十七·八日	日本海に決戰す
	同	同	同 年九月	ポーツマス條約成る
	同	同	同 年十一月	韓國と協約を結ぶ
	同	二五七〇	同四十三年八月	韓國の併合
	同	二五七一	同四十四年四月	英國との第二囘改正條約成る(他の諸外國との改正條約相ついで成る)
	同	二五七二	同四十五年七月三十日	天皇崩じたまふ

一二二	今上天皇	同	大正(たいしやう)元年七月三十日	天皇踐祚したまふ
	同	同	同年九月	先帝の御大葬の儀を擧げたまふ
	同	二五七四	同三年四月	昭憲皇太后崩じたまふ
	同	同	同年七月	歐洲の大戰起る
	同	同	同年八月	ドイツとの戰を宣したまふ
	同	同	同年十一月	靑島の要塞を陷る
	同	二五七五	同四年十一月十日	卽位の禮を擧げたまふ
	同	同	同年同月十四日	大嘗祭を行ひたまふ
	同	二五七九	同八年六月	平和條約成る

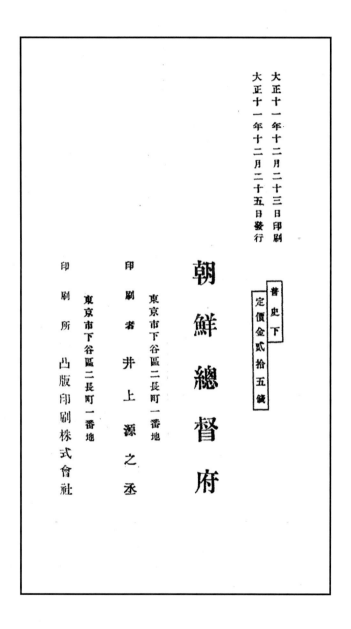

大正十一年十二月二十三日印刷
大正十一年十二月二十五日發行

普史下
定價金貳拾五錢

朝鮮總督府

東京市下谷區二長町一番地
印刷者　井上源之丞

東京市下谷區二長町一番地
印刷所　凸版印刷株式會社

朝鮮總督府 編纂 (1932)

『普通學校國史』

(卷一)

普通學校國史 卷一

朝鮮總督府

目次

御歷代表(一)

御代數	天皇	御在位年間	御代數	天皇	御在位年間
一	神武天皇	元～七六	二一	雄略天皇	一一六～一一三九
二	綏靖天皇	八〇～一一二	二二	清寧天皇	一三九～一一四四
三	安寧天皇	一一二～一五〇	二三	顯宗天皇	一四五～一一四七
四	懿德天皇	一五一～一八四	二四	仁賢天皇	一四八～一一五八
五	孝昭天皇	一八六～二六八	二五	武烈天皇	一五八～一一六六
六	孝安天皇	二六九～三七〇	二六	繼體天皇	一六七～一一九一
七	孝靈天皇	三七一～四四六	二七	安閑天皇	一九一～一一九五
八	孝元天皇	四四七～五〇三	二八	宣化天皇	一九五～一一九九
九	開化天皇	五〇三～五六三	二九	欽明天皇	一九九～一二三一
一〇	崇神天皇	五六四～六三一	三〇	敏達天皇	一二三一～一二四五
一一	垂仁天皇	六三二～七三〇	三一	用明天皇	一二四五～一二四七
一二	景行天皇	七三一～七九〇	三二	崇峻天皇	一二四七～一二五二
一三	成務天皇	七九一～八五〇	三三	推古天皇	一二五二～一二八八
一四	仲哀天皇	八五二～八六〇	三四	舒明天皇	一二八九～一三〇一
一五	應神天皇	八六〇～九七〇	三五	皇極天皇	一三〇二～一三〇五
一六	仁德天皇	九七三～一〇五九	三六	孝德天皇	一三〇五～一三一四
一七	履中天皇	一〇六〇～一〇六五	三七	齊明天皇	一三一五～一三二一
一八	反正天皇	一〇六六～一〇七〇	三八	天智天皇	一三二一～一三三一
一九	允恭天皇	一〇七二～一一三	三九	弘文天皇	一三三一～一三三二
二〇	安康天皇	一一三～一一六	四〇	天武天皇	一三三二～一三四六

御代數	天皇	御在位年間	御代數	天皇	御在位年間
四一	持統天皇	一三四六〜一三五七	六一	朱雀天皇	一五九〇〜一六〇六
四二	文武天皇	一三五七〜一三六七	六二	村上天皇	一六〇六〜一六二七
四三	元明天皇	一三六七〜一三七五	六三	冷泉天皇	一六二七〜一六二九
四四	元正天皇	一三七五〜一三八四	六四	圓融天皇	一六二九〜一六四四
四五	聖武天皇	一三八四〜一四〇九	六五	花山天皇	一六四四〜一六四六
四六	孝謙天皇	一四〇九〜一四一八	六六	一條天皇	一六四六〜一六七一
四七	淳仁天皇	一四一八〜一四二四	六七	三條天皇	一六七一〜一六七六
四八	稱德天皇	一四二四〜一四三〇	六八	後一條天皇	一六七六〜一六九六
四九	光仁天皇	一四三〇〜一四四一	六九	後朱雀天皇	一六九六〜一七〇五
五〇	桓武天皇	一四四一〜一四六六	七〇	後冷泉天皇	一七〇五〜一七二八
五一	平城天皇	一四六六〜一四六九	七一	後三條天皇	一七二八〜一七三二
五二	嵯峨天皇	一四六九〜一四八三	七二	白河天皇	一七三二〜一七四六
五三	淳和天皇	一四八三〜一四九三	七三	堀河天皇	一七四六〜一七六七
五四	仁明天皇	一四九三〜一五一〇	七四	鳥羽天皇	一七六七〜一七八三
五五	文德天皇	一五一〇〜一五一八	七五	崇德天皇	一七八三〜一八〇一
五六	清和天皇	一五一八〜一五三六	七六	近衛天皇	一八〇一〜一八一五
五七	陽成天皇	一五三六〜一五四四	七七	後白河天皇	一八一五〜一八一八
五八	光孝天皇	一五四四〜一五四七	七八	二條天皇	一八一八〜一八二五
五九	宇多天皇	一五四七〜一五五七	七九	六條天皇	一八二五〜一八二八
六〇	醍醐天皇	一五五七〜一五九〇	八〇	高倉天皇	一八二八〜一八四〇

御代數	天皇	御在位年間	御代數	天皇	御在位年間
八一	安德天皇	一八四〇～一八四五	一〇一	稱光天皇	二〇七二～二〇八八
八二	後鳥羽天皇	一八四五～一八五八	一〇二	後花園天皇	二〇八八～二一二四
八三	土御門天皇	一八五八～一八七〇	一〇三	後土御門天皇	二一二四～二一六〇
八四	順德天皇	一八七〇～一八八一	一〇四	後柏原天皇	二一六〇～二一八六
八五	仲恭天皇	一八八一。	一〇五	後奈良天皇	二一八六～二二一七
八六	後堀河天皇	一八八一～一八九二	一〇六	正親町天皇	二二一七～二二四六
八七	四條天皇	一八九二～一九〇二			
八八	後嵯峨天皇	一九〇二～一九〇六			
八九	後深草天皇	一九〇六～一九一九			
九〇	龜山天皇	一九一九～一九三四			
九一	後宇多天皇	一九三四～一九四七			
九二	伏見天皇	一九四七～一九五八			
九三	後伏見天皇	一九五八～一九六一			
九四	後二條天皇	一九六一～一九六八			
九五	花園天皇	一九六八～一九七八			
九六	後醍醐天皇	一九七八～一九九九			
九七	後村上天皇	一九九九～二〇二八			
九八	長慶天皇	二〇二八～二〇四三			
九九	後龜山天皇	二〇四三～二〇五二			
一〇〇	後小松天皇	二〇五二～二〇七二			

普通學校國史　卷一

第一　天照大神(あまてらすおほみかみ)

天皇陛下の御先祖

　天照大神は天皇陛下(てんのうへいか)の御先祖(ごせんぞ)でいらせられます。

天照大神の御德

　大神(おほみかみ)は御德(とく)の高いお方(かた)で、太陽(たいやう)のやうにすべてのものをおいつくしみあそばされ、稻(いね)・麥(むぎ)などを田畑(たはた)にうゑさせたり、蠶(かひこ)をかはせたりして、すべての人々(ひとびと)をおめぐみなさいました。

素戔鳴尊の御おこなひ

　大神の御弟(おとうと)に素戔鳴尊(すさのをのみこと)と申すお方がいらせられました。尊(みこと)はいさましいお生(うま)れつきで、たびたびあらあらしい御おこなひがありましたが、大神は少しもこれをおとがめなさいませんでした。

岩戸かくれ

　しかるに尊はおつゝしみもなく、大神の田をあらしたり、機屋(はたや)をけがしたりなさいましたから、大神はとうとうこらへかねて、天(あめ)の岩屋(いはや)におはいりになり、岩戸(いはと)をおたてになりました。そのために、世の中はまつくらになり、いろいろの惡いことがおこりました。多くの神々はこれを心配し、大神に出ていたゞかうと思つて岩戸の外にあつまり、八咫鏡(やたのかゞみ)や八坂瓊曲玉(やさかにのまがたま)などを榊

八咫鏡
八坂瓊曲玉

(さかき)の枝にかけ、神樂(かぐら)をはじめました。その時、天鈿女命(あめのうずめのみこと)が神神のはやしにつれておもしろくお舞ひになつたので、神々の笑ふ聲などが大さうにぎやかでした。そこで大神は何事がおこつたのであらうとふしぎにおぼしめされて、少し岩戸をお開きになりました。神々は急いで榊をさし出したところ、大神のりつぱなおすがたがその枝にかけた鏡(かゞみ)にうつりました。大神はいよいよふしぎにおぼしめされて、少し戸からお出ましになりましたので、そばにかくれてゐた手力男命(たぢからをのみこと)が御手をとつて外にお連(つ)れ申し上げましたから、世の中はまた明(あか)るくなり、神々は思はず聲をあげてよろこびあひました。

素戔鳴尊八岐の大蛇を退治せらる	素戔鳴尊は神々におはれて出雲(いづも)におくだりになり、簸川(ひのかは)の川上(かはかみ)で八岐(やまた)の大蛇(をろち)を退治(たいぢ)され、人々のなんぎをおすくひになりました。この時、大蛇の尾から一ふりの劍(つるぎ)が出ましたので、これはふしぎな劍であるとおぼしめして、大神にたてまつられました。この劍を天叢雲劍(あめのむらくものつるぎ)と申し上げます。尊はまた朝鮮(てうせん)にも來られたことがあります。
天叢雲劍	
大國主命の國讓り	素戔鳴尊の御子に大國主命(おほくにぬしのみこと)と申すお方がいらせられました。命は出雲の地方を平(たひら)げられましたが、そのほかの地方には、わるものどもがなほたくさんゐました。それゆゑ大神は御孫(まご)瓊瓊杵尊(ににぎのみこと)をおくだしになつて、この國を治

神勅をくだ したまふ	（をさ）めさせようとおぼしめされました。それでまづ使（つかひ）を大國主命のところにおつかはしになつて、出雲の地方をたてまつるように仰（おほ）せになると、命はよろこんでそれにおしたがひになりました。今の出雲大社（いづものおほやしろ）は大國主命をお祀（まつ）りしてあるお宮（みや）であります。 　そこで天照大神は瓊瓊杵尊をお召しになり、 　　この國はわが子孫（しそん）のきみたるべき地なり。 　　汝（なんぢ）皇孫（くわうそん）ゆきて治めよ。天津日 　　嗣（あまつひつぎ）の榮（さか）えまさんこと天地と共 　　にきはまりなかるべし。
わが國體 の基	といふ、たふとい御神勅（ごしんちよく）をおくだしになりました。萬世一系（ばんせいいつけい）の天皇をいたゞいて、いつの世までも動きのないわが國體（こくたい）の基（もとゐ）實にこゝに定つたのであります。
瓊瓊杵尊日 向にくだり たまふ	大神はまた八咫鏡・天叢雲劒・八坂瓊曲玉を瓊瓊杵尊にお授（さづ）けになり、ことに八咫鏡をお持ちになつて、 　　この鏡をわれと思ひて、つねにあがめたてまつれ。
三種の神器	と仰せられました。尊はつゝしんで勅（みことのり）をうけたまはり、三種（さんしゆ）の神器（じんぎ）をさゝげ持

ち、あまたの神々をしたがへて日向(ひうが)におくだり
あそばされました。

瓊瓊杵尊日向にくだりたまふ

　これより御代々(だいだい)の天皇はかならず神器をお
うけつぎになつて、天皇の御位(みくらゐ)の御しるしと
なされました。

天照大神 ── 天忍穗耳尊 ── 瓊瓊杵尊 ──
　　　　　　(あめのおしほ
　　　　　　みみのみこと)

── 彦火火出見尊 ── 鸕鷀草葺不合尊 ── 神武天皇
　　(ひこほほで　　　(うがやふきあへ　　(じんむてんのう)
　　みのみこと)　　　すのみこと)

第二　神武天皇(じんむてんのう)

日向を出で
たまふ

　瓊瓊杵尊の後御二代をへて、神武天皇の御時にいたる
までは、御代々日向にいらせられてわが國をお治めあそ
ばされましたが、東の方にはなほたくさんのわるものど
もがゐまして、大さうさわがしかつたから、天皇はこれ
を平げて人民に安心をさせようとお思ひになりました。
そこで舟(ふな)いくさをひき連れて、日向を出られて大
和(やまと)にお向ひになり、多くの年月をへて浪速(なに
は)におつきあそばされました。

神武天皇けはしい山道をわけて進みたまふ

大和に入り
たまふ

　天皇は河内(かはち)から大和におはいりなさらうとせ
られましたところ、わるものどものかしらの長髓彦(なが
すねひこ)といふものが御軍(みいくさ)をふせいでお入れ

八咫烏

申さなかつたから、天皇はお道筋をかへて南にまはられ、紀伊(きい)から大和にお進みなさいました。そのあたりは、山は高く谷は深く、道のないところも多かつたが、天皇はこれをものともしたまはず、八咫烏(やたがらす)の飛んでゆくあとについて、山をこえ谷をわたり、兵士に道をきりひらかせて、つひに大和におはいりになりました。

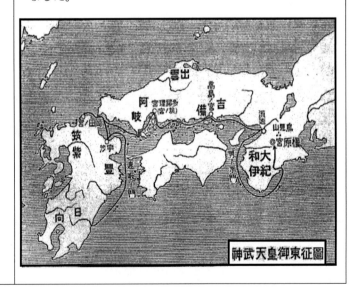

神武天皇御東征圖

大和地方を平げたまふ	天皇はそれからしだいにわるものどもを平げて、ふたゝび長髄彦をお討(う)ちになりましたが、その手下(てした)のものどもがなかなか強くお手むかひをしましたので、激(はげ)しい戰になりました。すると空がにはかにくもつて、雹(ひよう)がぱらぱらと降り出し、どこからともなく金色(きんいろ)の鵄(とび)が飛んで來て、天皇の御弓(ゆみ)のさきにとまり、その光がいなづまのやうにきらきらとかゞやきわたりました。わるものどもは眼がくらんで戰ふことができず、われがちに逃げてゆき、やがて長髄彦もころされてしまひました。
金色の鵄	

橿原神宮

御卽位の禮を擧げたまふ 橿原宮	大和の國がおだやかになりましたので、天皇は畝傍山(うねびやま)の東南の橿原(かしはら)に宮をたてて、御卽位(ごそくゐ)の禮(れい)をお擧(あ)げあそばされました。

紀元元年 紀元節	この年はすなばちわが國の紀元元年(きげんぐわんねん)であります。毎年二月十一日の紀元節(きげんせつ)はこのめでたい日にあたるから、國民はみなこれをお祝(いは)ひ申し上げるのであります。
御先祖の神 神をまつり たまふ	天皇は御孝心がふかくいらせられまして、やがて鳥見山(とみのやま)のいたゞきに祭場(さいじやう)をまうけられ、御先祖の神々をおまつりになつて、世の中のよく治つたことをおつげあそばされました。このやうにして、天皇は天照大神のお定めになつたわが帝國(ていこく)の
神武天皇祭	基をいよいよ固(かた)くなさいました。毎年四月三日の神武天皇祭は天皇のおかくれあそばされた日に行はれるお祭(まつり)であります。

第三　皇大神宮(くわうだいじんぐう)

崇神天皇神
器をうつし
たまふ

笠縫邑

　神武天皇の後御八代をへて、第十代崇神天皇(すじんて
んのう)が御位(みくらゐ)におつきになりました。天皇は
神をうやまひたまふ御心が大さう深くいらせられまし
て、今までのやうに三種の神器を天皇と同じ御殿(ごて
ん)でおまつりしてゐては、あまりにおそれ多いとおぼし
めされて、八咫鏡と天叢雲劔とを大和の笠縫邑(かさぬひ
のむら)といふところにおうつしになり、天照大神をそこ
におまつり申し上げました。そして新(あらた)に御鏡(み
かゞみ)と御劔(みつるぎ)とをおつくりになつて、八坂瓊
曲玉と一しよに御殿におとゞめになりました。

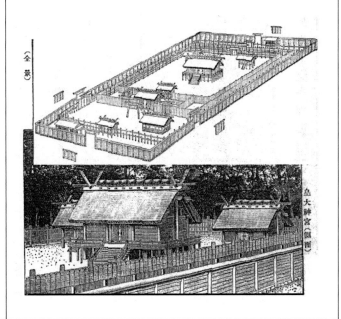

（全景）

皇大神宮（側面）

垂仁天皇また神器をうつしたまふ	次の第十一代垂仁(すゐにん)天皇もまた神をうやまひたまふ御心が大さう深くいらせられ、神のおつげによつて、御鏡と御劒とを笠縫邑から伊勢(いせ)の五十鈴(いすゞ)川のほとりにおうつしになりました。この御鏡を御神體(ごしんたい)として、天照大神をおまつり申し上げたお宮(みや)がすなはち皇大神宮であります。
豐受大神宮	その後、農業・養蠶(やうさん)の神でいらせられる豐受大神(とゆけのおほみかみ)を皇大神宮の近くにおまつり申し上げました。これが豐受大神宮(とゆけのだいじんぐう)であります。この二つのお宮はわが國の最もたふといお社(やしろ)であります。

第四　日本武尊(やまとたけるのみこと)

九州の熊襲
を平げたま
ふ

神武天皇の後、皇室(くわうしつ)の御威光(ごゐくわう)
はおひおひ四方にひろがつてゆきましたが、遠い國々に
はまだわるものがゐて人民をなやましました。第十二代
景行(けいかう)天皇はこれを御心配あそばされて、御子
小碓尊(をうすのみこと)をつかはし、まづ九州(きうしう)
の南の方にすむ熊襲(くまそ)をお討(う)たせになりまし
た。尊はこの時わづかに十六歳でしたが、勇ましいお方
で、ただちに九州におくだりになりました。そして熊襲

川上のた
ける

のかしら川上(かはかみ)のたけるが酒を飲んでたのしん
でゐる様子をうかゞひ、御髮(かみ)をといて少女のすが
たになり、たけるに近づいて、劒をぬいてその胸(むね)
をおさしになりました。

日本武尊御劒をぬいて草を薙ぎたまふ

日本武尊	たけるはおどろいて、「あなたは日本一の強いお方でいらせられます。これからは日本武(やまとたける)とお名のりなさいませ。」と申し上げて、息(いき)がたえました。よつて尊は御名(な)を改(あらた)めて、めでたく大和におかへりになりました。

日本武尊御東征圖

東國の征伐に向ひたまふ 皇大神宮を拜せらる	その後、尊はまた天皇の仰(おほせ)をうけたまはつて、蝦夷征伐(えぞせいばつ)のため勇ましく東國におくだりになりました。その時、尊は先づ伊勢の皇大神宮を拜して天叢雲劒をいただき、駿河(するが)におもむかれました。その地のわるものどもは尊を欺(あざむ)いて廣

草薙劍 蝦夷を平げ たまふ 熱田神宮	い野原におつれ申し、四方から草をやきたてて火攻(ひぜ)めにいたしました。しかし尊は少しもあわてられず、御劍をぬいて、草を薙(な)ぎはらつて火をふせぎたまひ、かへつてわるものどもを攻めほろぼされました。これからこの御劍を草薙劍(くさなぎのつるぎ)と申し上げることになりました。 　尊はそれからなほ東の方にお進みになつて、蝦夷(えぞ)どもをことごとく降參(かうさん)させ多くの國々を平げられました。おかへりになる途中(とちゆう)、尾張(をはり)の熱田(あつた)に草薙劍をとゞめておいて、近江(あふみ)の伊吹山(いぶきやま)のわるものをお討ちになりましたが、御病氣にかゝられ、つひに伊勢の能褒野(のぼの)でおかくれになりました。熱田神宮(あつたじんぐう)は草薙劍をお祀(まつ)りしたお宮であります。

第五　昔の朝鮮

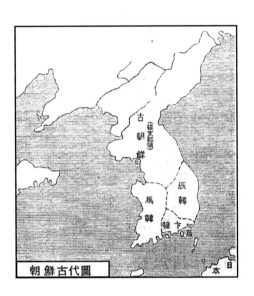

朝鮮古代圖

箕子國を建つ	昔、箕子(きし)といふ人が支那から來て、半島の北部に國を建て、平壤(へいじやう)に都(みやこ)をさだめてよくその國を治めたといはれてゐます。後、その地方は支那のために攻め取られて、半島の大部分はその領地(りやうち)となりました。
馬韓・辰韓・卞韓の地方	その頃、半島の南部は馬韓(ばかん)・辰韓(しんかん)・卞韓(べんかん)の三つの地方に分れ、それらの地方はさらに小さな國々に分れてゐました。そこに住む人々は海をわたつて早くから内地と往來しました。
三國のおこり	崇神天皇の御代に、辰韓の地方から朴赫居世(ぼくかく

新羅	きよせい)といふ人が出て、新羅(しらぎ)の國を建てて、その王となり、內地から渡つて來た瓠公(ここう)を用ひてよく國を治めました。同じ御代に、滿洲(まんしう)の地方に朱蒙(しゆもう)といふ人が出て、高句麗(かうくり)の國を建てて、その王となりました。高句麗はまた高麗(こま)ともいひました。垂仁天皇の御代に、朱蒙の子の溫祚(をんそ)は南に下つて馬韓の地方に百濟(くだら)の國を建てて、その王となりました。新羅・高句麗・百濟のことを三國といひます。
高句麗	
百濟	
高句麗強くなる	三國の中、はじめは百濟が強かつたが、後に高句麗が強くなつて、滿洲から半島にかけて支那の領地を攻め取り、しだいに南の方に下り百濟とあらそひはじめました。
日本府のおこり	新羅もまたその勢がだんだんさかんになつたので、下韓の國々はこれに苦められるやうになりました。そこでその中の任那(みまな)といふ國が使を崇神天皇のもとにおくつて救(すくひ)をもとめたから、天皇は將軍をつかはしてその地をしづめさせられました。任那はまた大加羅(おほから)ともいひました。その後、朝廷(てうてい)では任那に日本府をおいて、その地方を治めさせました。
內地への歸化	このやうに朝鮮は遠い昔から內地と深い關係(くわんけい)があり、內地に歸化(きくわ)した人々も少くありませんでした。新羅の王子天日槍(あめのひぼこ)もその一人で、世に名高い神功皇后(じんぐうくわうごう)はこの人の子孫でいらせられます。

第六　神功皇后(じんぐうくわうごう)

　神功皇后は第十四代仲哀(ちゆうあい)天皇の皇后で、お生れつき賢(かしこ)くをゝしくいらせられました。天皇の御代に、九州の熊襲(くまそ)がまたそむきましたから、天皇は皇后と御一しよに九州にみゆきしてこれをお討ちになりましたが、御病氣のためおかくれあそばされました。

　この頃、朝鮮では新羅の勢がますます強くなり、その上内地にも近かつたから、熊襲はそれを力にしてそむいたのでした。そこで皇后は、まづ新羅をしたがへたならば熊襲はしぜんに平ぐであらうとおぼしめされ、武内宿禰(たけうちのすくね)と御相談(ごさうだん)になり、御みづから軍をひきゐて新羅をお討ちになりました。

新羅皇后に 從ふ	皇后は男子のすがたをあそばされ、多くの軍船(いくさ ぶね)をひきつれて對馬(つしま)にわたり、間もなく新羅 の海岸にお着きあそばされました。新羅王は皇后の御勢 (いきほひ)の盛なのを見て大いに恐れてたゞちに降參(か うさん)し、毎年貢物(みつぎもの)をたてまつり永くかは らぬことをちかひましたから、皇后はこれを許(ゆる)し て凱旋(がいせん)あそばされました。時に紀元八百六十 年であります。  　　　神功皇后はるかに新羅の方をのぞみたまふ
百濟・高句麗 もまた從ふ	その後、百濟・高句麗の二國もやがて皆朝廷(てうてい) にしたがひ、熊襲もまたそむかなくなりました。
學問工藝な ど傳はる	第十五代應神(おうじん)天皇の御代になつて、阿直岐 (あちき)・王仁(わに)などの學者が百濟から内地に渡つ て、支那の學問を傳へ、その子孫は文筆(ぶんぴつ)をもつて

永く朝廷のためにつくしました。その外いろいろの人々がたくさん朝鮮から渡つて機織(はたおり)・裁縫(さいほう)・鍛冶(かぢ)などの業(わざ)をも傳へました。天皇はまた使を遠く南支那の地方につかはされて、機織や裁縫の工女を呼び寄せられ、ますます世の中の開けてゆくやうにおつとめあそばされました。

第七　仁徳(にんとく)天皇

人民をめぐ
みたまふ

難波の都

　第十六代仁徳天皇は應神天皇の御子でいらせられ、お
なさけ深いお生れつきで、いつも人民をおめぐみなさい
ました。天皇は都を難波(なには)におさだめになりまし
たが、ある日、高い御殿にのぼつて四方をおながめにな
り、村々の家のかまどから立ちのぼる煙の少いのを御覽
になつて、これは人民がまづしいからであらうとおぼし
めされ、勅(みことのり)を下して三年の間税(ぜい)ををさ
めることを免ぜられました。そして皇居(くわうきよ)の
あれ損(そん)ずるのも御心にかけたま
はず、御衣(ぎよい)すら新には
おつくりなさい
ませんでした。

仁徳天皇民のかまどの煙をのぞみたまふ

人民よろこんで皇居を造りたてまつる	そのうちに豊年(ほうねん)がつゞいて、人民は皆ゆたかになり、村々の家の煙も盛に立ちのぼるやうになりました。天皇はこれを御覽になつて大さうおよろこびあそばされ、「われすでに富めり。」と仰せられました。そのお言葉をもれうけたまはつた人民は、おめぐみのありがたさに涙をながし、税ををさめることや、新に皇居をお造(つく)り申し上げることをお願ひしましたが、天皇はこれをおゆるしなさいませんでした。けれども人民はなほしきりにお願ひしましたところ、さらに三年の後になつてやうやくおゆるしが出ました。そこで人民はよろこびいさんでわれさきにとはせ集(あつま)り、晝も夜もやすむことなく工事(こうじ)にはげみましたので、たちまちりつぱな皇居が出來上りました。
農業をすゝめたまふ	天皇はまた堤(つゝみ)をきづかせたり、池をほらせたりして農業をおすゝめになるなど、いろいろ人民のためをおはかりになりました。それゆゑ人民は深く天皇の御恩に感じたてまつり、それぞれ自分の業(わざ)をつとめたので、世の中は大さうよく治りました。

第八　三國の盛衰(せいすゐ)

高句麗の勢
盛になる

　　仁德天皇の頃から、朝鮮の有様はだんだんかはつて來
て、高句麗はしきりにその領地をひろめ、そのために百
濟の領地は大さうちぢめられました。第十九代允恭(いん
ぎよう)天皇の御代(みよ)に、高句麗の長壽王(ちやうじゆ
わう)は都を滿洲の地から平壤にうつし、また百濟の都を
おとしいれて、その王を殺しました。そこで百濟は新羅
と力をあはせ、朝廷(てうてい)の助をかりて、高句麗を
ふせぎました。

三國時代の圖

百済の勢おとろへる	百済の都は京畿(けいき)道の廣州(くわうしう)でしたが、高句麗のためにこれを取られたから、忠清(ちゆうせい)南道の公州(こうしう)にうつり、後また扶餘(ふよ)にうつりました。このやうにして百済の國はだんだんおとろへてゆくばかりでした。
新羅の勢強くなる	新羅は百済とはちがつてますます強くなり、高句麗から多くの地を取りかへし、また百済ともあらそふやうになりました。そしてその都はいつもかはることなく、慶尙(けいしやう)北道の慶州(けいしう)でありました。
佛教三國に傳はる	仁德天皇の御代に、佛教(ぶつけう)がはじめて支那から高句麗に傳はり、また百済にも傳はりました。それからしばらくたつて、高句麗から新羅にも傳はりました。
佛教內地に傳はる	第二十九代欽明(きんめい)天皇の御代に、百済王は佛像(ぶつぞう)や經文(きやうもん)などを朝廷にたてまつりました。それは紀元一千二百十二年のことでした。これから內地にも佛教が盛におこなはれるやうになりました。

第九　聖德太子(しやうとくたいし)

攝政となりたまふ

　仁德天皇から十八代目の天皇を第三十三代推古(すゐこ)天皇と申し上げます。天皇はわが國はじめての女帝(ぢよてい)でいらせられましたから、皇太子厩戸皇子(うまやどのわうじ)が攝政(せつしやう)となられて天皇をおたすけになりました。その皇子を尊(たふと)んで聖德太子と申し上げます。

十七條の憲法を定められる

　太子はお生れつき人にすぐれて賢くおはしました上に、朝鮮の僧について深く佛法(ぶつぽふ)ををさめられました。また支那のよいところをとつていろいろ新しい政治(せいぢ)をおはじめになり、十七條の憲法(けんぱふ)を定めて官民(くわんみん)の心得をお示しなさいました。

聖德太子と二王子

使を隋につかはさる	太子はまた使を支那につかはして交際(かうさい)をはじめられました。その頃、支那は隨(ずゐ)といふ強い大きな國の時代で、學問も進んでをり、いつもみづから高ぶつて他の國々を屬國(ぞくこく)のやうにあつかつてゐました。

大和法隆寺

日出處の天子	しかし太子は少しもこれをおそれたまはず、その國につかはされた國書(こくしよ)には、「日出(ひい)づる處(ところ)の天子、書を日没(ひばつ)する處の天子にいたす。恙(つゝが)なきか。」とお書きなさいました。隋の天子はこれを見ておどろきましたが、ほどなく使をわが國につかはして返禮(へんれい)をしました。そこで太子はさらに

留學生	留學生(りうがくせい)を隋に送られました。その後、ひきつゞいて兩國の間に往來がありましたから、これまで朝鮮を經て內地に渡つて來た學問などはたゞちに支那から傳はるやうになりました。
佛教をおこさる	太子は深く佛教を信ぜられまして、多くの寺を建て、御自身(ごじしん)でも教をお說(と)きになりましたので、この後、佛教は大さう國內にひろまりました。また建築(けんちく)や彫刻(てうこく)や繪畫(くわいぐわ)なども目に見えて進みました。太子のお建てになつた寺の中で、
法隆寺	最も名高いのは大和の法隆寺(ほふりゆうじ)であります。
人々太子ををしみたてまつる	このやうに、太子は大さうわが國の文化(ぶんくわ)をお進めになりましたが、御位にお卽きにならないでおかくれあそばされました。この時、世の中の人々は皆親をうしなつたやうになげきかなしみました。

第十　天智（てんぢ）天皇

蘇我氏の無道
蝦夷
入鹿

　推古天皇の御代の頃、朝廷の政治にあづかつて最も勢のあつたのは武内宿禰の子孫である蘇我（そが）氏でありました。蘇我蝦夷（そがのえみし）もその子入鹿（いるか）もともに心のよくないもので、大さうわがまゝのふるまひをしました。入鹿は第三十五代皇極（くわうぎよく）天皇の御時、聖徳太子の御子山背大兄王（やましろおほえのわう）の賢くおはしますのをおそれて、これをほろぼし少しも朝廷をはゞかりませんでした。

中臣鎌足御靴を中大兄皇子にさし上ぐ

中大兄皇子
入鹿を誅したまふ
中臣鎌足

　中臣鎌足（なかとみのかまたり）はこの有様を見て大さういきどほり、入鹿父子をのぞかうと考へました。そして皇極天皇の御子中大兄皇子（なかのおほえのわうじ）の

蘇我氏ほろぶ	すぐれたお方であり、蘇我氏の無道(ぶだう)をにくんでゐられるのを知つて、ある時、蹴鞠(けまり)の會で、皇子のお靴(くつ)のぬげたのを取つてさし上げ、それから皇子にお近づきになり、御一しよに入鹿をほろぼす謀(はかりごと)をめぐらしました。たまたま朝鮮から貢物(みつぎもの)をたてまつつたので、大極殿(だいごくでん)で式を行はれる日、皇子は鎌足をはじめ同じ志の人々と一しよに入鹿を誅(ちゆう)し、天皇の御前にひざまづいてつゝしんで入鹿の不忠を申し上げました。そして蝦夷につきしたがふものに、わが國は昔から君臣の別のあることをいひ聞かせましたところ、その人々はちりぢりににげ去りましたから、蝦夷もその家を燒いて自殺してしまひました。
大化の新政	やがて皇極天皇は御位を御弟第三十六代孝德(かうとく)天皇におゆづりになり、中大兄皇子はその皇太子(くわうたいし)となられました。皇太子は天皇をおたすけして大いに政治を改め、これまで勢のあるものが多くの土地をもつて、氣まゝに人民を使つてゐた習はしをお改めになり、これらの土地と人民をことごとく朝廷に納(をさ)めさせられました。世にこれを大化(たいくわ)の新政(しんせい)といひます。
年號の始め	大化とはこの時始めて定められた年號(ねんがう)であります。大化元年は紀元一千三百五年にあたつてゐます。
皇太子として政をとりたまふ	孝德天皇がおかくれになつて後、皇極天皇が再び御位にお卽きあそばされました。これを第三十七代齊明(さいめい)天皇と申しあげます。中大兄皇子はなほ皇太子としてひきつゞいて政治をおとりになりました。

百済すくひを朝廷にお願ひす 　新羅の武烈王
齊明天皇お崩れあそばす
兵を出して百済をすくひたまふ

　この頃、朝鮮では新羅の勢がますます盛になり、支那では隋がほろんで唐(たう)といふ國がおこりました。そこで新羅の武烈王(ぶれつわう)はその臣金庾信(きんゆしん)と相談して、百済をほろぼすために唐のたすけを求めました。唐は大軍を出して新羅と一しよに百済を攻めたので、百済の王はつひに唐の軍に降参しました。ところが百済の人々は使を朝廷に送つて、すくひをお願ひしました。天皇はこれをお許になり、皇太子と一しよに九州に行幸(みゆき)されましたが、間もなく行宮(あんぐう)でおかくれあそばされました。よつて皇太子が御位にお卽きになりました。これを第三十八代天智天皇と申し上げます。天皇は兵を出して百済をすくはしめられましたけれども、百済はつひに全くほろぼされてしまひました。そこで天皇は國內の政治をお改めあそばすことにおせはしくいらせられましたので、つひに軍をお引上げになりました。

談山神社

國内の政治を新にしたまふ 大寶律令 藤原鎌足 大織冠 藤原氏の始め 談山神社	この後、天皇は都を近江(あふみ)にうつされ、鎌足に命じていろいろの新しい法令(はふれい)を定めさせられました。この法令は後に第四十二代文武(もんむ)天皇の大寶(たいはう)年間になつて大いに改められ、大寶律令(たいはうりつりやう)といはれて永く政治の本となりました。 　中臣鎌足は蘇我氏を滅ぼしてから二十年あまりの間、朝廷に仕へて大功(たいこう)をたてましたので、天皇から大さう重んぜられて、大織冠(たいしよくくわん)といふ最も高い位を授(さづ)けられ、また藤原(ふぢはら)といふ姓をもたまはりました。後の世に榮えた藤原氏はこれから始つたのであります。大和の談山神社(だんざんじんじや)は鎌足を祀つた社であります。

第十一　新羅の統一(とういつ)

唐高句麗を
滅ぼす

　唐は新羅と共に百濟を滅ぼした後、さらに新羅の助を
かりて高句麗をも滅ぼしました。高句麗はこの頃もなか
なか強くて、さきに隋の軍に攻められ、またついで唐の
軍に攻められましたが、いづれもこれを破つてよういに
屈(くつ)しませんでした。ところが最後には唐の軍のた

新羅の文
武王

めに平壤を圍(かこ)まれ、新羅の文武王(ぶんぶわう)も兵
を出して唐の軍を助けたので、高句麗はつひに滅ぼされ
てしまひました。

新羅半島を
統一す

　唐は百濟と高句麗とを滅ぼし、これをその領地として
治めましたが、新羅の文武王はしだいにもとの百濟の地
をあはせ、その上もとの高句麗の地であつた大同江以南
をも取り、半島の半分以上をあはせました。これを新羅
の統一といひます。

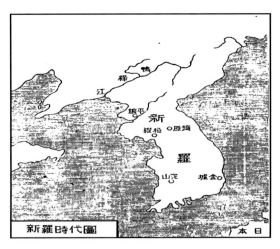

統一時代

文化進む

わが朝廷に貢物をさし上ぐ

　新羅の統一時代はこれから凡そ二百六十年程つゞきました。その間、新羅は唐に從つてゐましたから、その文化が傳はり、名高い學者や僧侶(そうりよ)が出ました。また美術(びじゆつ)も大いに進みました。しかしその間にもやはりわが朝廷に貢物をさし上げてゐました。

第十二　聖武(しやうむ)天皇

奈良時代

　第四十三代元明(げんみやう)天皇は和銅(わどう)三年(紀元一千三百七十年)都を大和の奈良(なら)にお奠(さだ)めになりました。これまではたいてい御代ごとに都をかへる習はしでありましたが、これから御七代七十餘年の間は、たいてい奈良の都にいらせられましたので、この間を奈良時代といひます。

聖武天皇の頃の世の有様

　奈良時代の中で最も盛であつたのは第四十五代聖武天皇の御代であります。この頃は、唐との交通(かうつう)がしげくなり、世の中は大さう開け、都も唐の風にならつてりつぱになり、宮殿(きゆうでん)などの建物は壁(かべ)を白く柱を赤くぬり、屋根には瓦(かはら)をふき、人々の風俗(ふうぞく)もはなやかになりました。

大佛開眼の式を行はせたまふ

佛教をひろ めたまふ 國分寺 東大寺 大佛 大佛殿	天皇はあつく佛教をお信じあそばされ、これをひろめて世の中をよくしようとおぼしめされたので、國ごとに國分寺(こくぶんじ)をお造らせになりました。ことに奈良には、大和の國分寺として東大寺(とうだいじ)を建て、高さ五丈三尺餘の大佛(だいぶつ)を鑄(い)て、これを置かしめられました。その大佛殿(だいぶつでん)は高さ十五丈餘あつて、世界第一の木造の建物であります。
光明皇后	聖武天皇の皇后は藤原鎌足の孫でいらせられ、光明(くわうみやう)皇后と申し上げてゐます。皇后はなさけ深いお生れつきで、あつく佛教をお信じになり、貧しい人々のために病院(びやうゐん)を建てて藥をほどこされ、また孤兒(こじ)をあつめてこれを養はしめられました。
行基と道鏡	佛教の盛になるのにつれて、すぐれた僧が多くあらはれました。その中でも、行基(ぎやうき)は諸國を旅行(りよかう)してあまたの寺を建て、また道を開き、橋をかけ池を掘(ほ)り、舟(ふな)つきを定めなどして大さう人々から尊(たふと)ばれました。しかしまた道鏡(だうきやう)のやうな無道の僧も出て來ました。
和氣清麻呂 道鏡の志を くじく	道鏡は第四十八代稱德(しようとく)天皇にお仕へして、政治にあづかつて頗る勢をふるひました。すると彼にへつらふものがあつて、宇佐(うさ)八幡(はちまん)のお告げといつはつて、「道鏡を皇位(くわうゐ)に卽かしめられるならば、天下は太平になるでせう。」と天皇に申し上げました。道鏡はこれを聞いて大さう喜びましたが、和氣清麻呂(わけのきよまろ)は天皇の仰によつて宇佐に下

つて神の教を受け、

　わが國は、國の初より君と臣との別明かに定れり。決して臣を以て君とすることなし。無道のものは早く之を除(のぞ)くべし。

と、教のまゝ天皇に申し上げて道鏡の志をくじきました。道鏡は大さう怒つて清麻呂を大隅(おほすみ)に流しましたが、その後第四十九代光仁(くわうにん)天皇の御代に、道鏡は下野(しもつけ)におひやられ、清麻呂は召しかへされ、永く朝廷に仕へて重い役(やく)に用ひられ、ますます忠義をつくしました。京都の護王(ごわう)神社は清麻呂を祀つた社であります。

護王神社

第十三　桓武(くわんむ)天皇

平安京圖

都を京都に
奠めたまふ

　第五十代桓武天皇は和氣清麻呂の建議(けんぎ)によつて、延暦(えんりやく)十三年(紀元一千四百五十四年)京都に都をお奠(さだ)めになりました。こゝは山河の景色がうるはしく、いろいろの便利も多いので、四方から集つて來た人民は喜んで、これを平安京(へいあんきやう)と申しました。これより明治の初まで一千七十餘年の間、御代々の天皇はたいていこの都にいらせられました。

大　極　殿

平安京の制	平安京は奈良の都よりも大きく、中央(ちゆうあう)には南北に通ずる大道があつて京を二つに分け、さらに縱横(たてよこ)に碁盤(ごばん)の目のやうにあまたの道路が通じてゐました。大道の北の端(はし)に大內裏(だいだいり)があり、その中に內裏(だいり)・大極殿(だいごくでん)及び諸官省(しよくわんしやう)がありました。內裏は天皇のおはします所で、その中に紫宸殿(ししんでん)やその他の御殿がありました。大極殿は重い御儀式(ぎしき)を行はせられる所で、桓武天皇をお祀り申し上げてある京都の平安(へいあん)神宮はこの御殿の形をうつして造つたものであります。
大內裏 內裏	
平安神宮	
蝦夷を平定 せしめらる 阿倍比羅夫	さきに齊明(さいめい)天皇の御代に、阿倍比羅夫(あべのひらふ)は舟いくさをひきゐて日本海の海岸の蝦夷(えぞ)

坂上田村
麻呂

を討ち従へました。しかし太平洋にのぞんでゐる地方の蝦夷はたびたびそむいて人民を苦めましたから、桓武天皇は坂上田村麻呂(さかのうへのたむらまろ)を征夷大將軍(せいいたいしやうぐん)として、これをお討たせになりました。田村麻呂は兵をひきゐてあちらこちらの賊を平げましたから、東北地方ははじめてしづかになりました。

桓武天皇

第十四　最澄(さいちよう)と空海(くうかい)

平安時代の
はじめ

　平安京の榮えた凡そ四百年程の間を平安時代といひます。その初の頃、世の中はよく治り、最澄·空海といふ名高い僧が出て、佛教の新しい宗派(しゆうは)を傳へました。

最澄天台宗
を傳ふ
　比叡山延
暦寺

　最澄は近江の人で、桓武天皇の御代に京都の東北にそびえてゐる比叡山(ひえいざん)に延暦寺(えんりやくじ)を建て、それから唐に渡つて一そう深く佛教を修(をさ)め、かへつて來て天台宗(てんだいしゆう)を傳へました。後、朝廷から傳教大師(でんけうだいし)といふおくり名をたまはりました。

傳教大師

空海唐に渡る

空海眞言宗を傳ふ	空海は讃岐(さぬき)の人で、早くから神童(しんどう)のほまれがあり、その上熱心に學問を修め、最澄と同じ頃、唐に渡つて佛教を學び、かへつて來て眞言宗(しんごんしゆう)を傳へました。空海は第五十二代嵯峨(さが)天皇のあつい御信任(ごしんにん)をうけ、紀伊の高野山(かうやさん)を開いて金剛峯寺(こんがうぶじ)を建てました。後、朝廷から弘法大師(こうばふだいし)といふおくり名をたまはりました。
嵯峨天皇の御信任	
高野山金剛峯寺弘法大師	
空海の才能	空海は學問が深いばかりでなく、詩も文も巧(たく)みであり、ことに文字を書くことが上手でした。いろは歌は空海の作であるといはれてゐます。また讃岐(さぬき)で萬農池(まんのうのいけ)の堤を築(きづ)いた時、なかなか出來あがらないので困つてゐましたが、空海がその工事を助けることになると、大勢(おほぜい)の人々が四方から集つて來て遂にこれを成しとげました。このやうに、空海は世の中のために働き、大さう人々にうやまはれました。
いろは歌	
萬農池の堤	

第十五　菅原道眞(すがはらのみちざね)

藤原氏政治
をほしいまゝ
にす

攝政
關白

　平安時代の初の間は、朝廷の御威光(ごゐくわう)が盛
でありましたが、その中に藤原氏が勢をふるふやうにな
りました。藤原氏は先祖の鎌足が大功をたててから、大
臣となるものが多く、また光明皇后から後は、御代々の
皇后もたいていこの氏(うぢ)から出られるやうになりま
した。そしてその一門の中には、攝政(せつしやう)・關白
(くわんぱく)の高官にのぼつて朝廷の政治をほしいまゝ
にするものもあり、藤原氏に緣(えん)のないものはしだ
いに勢を失ふやうになりました。

道眞重く用
ひらる

　第五十九代宇多(うだ)天皇は、藤原氏の勢のあまりに
強くなるのを御心配なさいまして、菅原道眞を用ひてそ
の勢をそがうとせられました。道眞は學者の家に生れ
て、幼い時から學問にはげみ、十一歳の頃にはよく詩を
つくり、やがてりつぱな學者になりました。ことに心の
正しい人でありましたから、天皇のあつい御信任をい
たゞきました。

醍醐天皇人
民をあはれ
ませらる

　宇多天皇の次に、御子第六十代醍醐(だいご)天皇が御
位にお卽きになりました。天皇はおなさけ深くおはしま
して、寒夜に御衣(ぎよい)をぬいで、貧民(ひんみん)のつ
らさをお思ひやりあそばされたこともございました。

道眞筑前に
うつさる

　天皇もまた道眞を御信任あらせられまして、これを右
大臣(うだいじん)になされ、左大臣(さだいじん)藤原時平
(ときひら)とならんで政を行はしめられました。ところが

時平は自分の家がらのよいのをたのみにして、これに不平をいだき天皇に讒言(ざんげん)しましたので、道眞は遂に官をおとされて筑前(ちくぜん)の太宰府(だざいふ)に流されました。

道眞は常に梅を愛してゐましたから、家を出る時、庭の梅を見て、

道眞の忠義
の心

　　こちふかばにほひおこせよ梅の花
　　　　あるじなしとて春をわするな。

といふ歌をよみました。それから海を渡つて遠く筑前に下つて後は、身をつゝしんで門の外にすら出ず、かた時も天皇の御事を忘れ申し上げませんでした。

菅原道眞恩賜の御衣を拜す

恩賜の御衣を拜す 天満天神	春も去り夏もすぎて九月十日になつた時、去年の今夜、宮中の御宴(ぎよえん)に侍(じ)して、詩をたてまつつておほめにあづかつたことを思ひ出し、その時の恩賜(おんし)の御衣(ぎよい)をさゝげて、君恩の有難(ありがた)さに涙を流しました。 　道眞は三年の間、大宰府にゐて薨(こう)じましたが、後、その罪のないことがわかりましたので、朝廷から高い官位を贈られました。また世の中の人々から天満天神(てんまんてんじん)と敬(うやま)はれて、全國いたる所に祀られてゐます。

第十六　高麗(かうらい)の王建(わうけん)

　宇多天皇の御代の頃から、新羅の政治がみだれたので、あちらこちらに兵をあげて自ら王と名乘(なの)るものが出て來ました。そして國内は分れて三つとなりました。その中の一つに泰封國(たいほうこく)といふのがありましたが、その王は行があらあらしかつたため、部下の人々はこれをおひ出し、王建(わうけん)といふ人を迎へて自分たちの王としました。

高麗時代圖

王建高麗を建つ	王建は松嶽(しやうがく)の人でした。松嶽は今の開城(かいじやう)の地であります。王建はもと泰封國の王に仕へ、多くの戰に出てたびたび功をあらはしましたから、大さう人望(ばう)がありました。それで多くの人々に迎へられて王の位にのぼり、國號(がう)を高麗(かうらい)と改め、都を開城に奠めました。これが高麗の太祖(たいそ)であります。その時はちやうど醍醐天皇の御代にあたつてゐます。
半島を統一す	その後、高麗の勢はますます盛になり、やがて新羅の王を降してその土地をあはせ、また他の國をも攻め滅ぼし、遂に半島の大部分を統一しました。新羅は初から九百九十二年をへて亡びたのであります。
高麗契丹と爭ふ　成宗 　姜邯賛	太祖の孫成宗(せいそう)は賢い君で、よく國を治め、その基をかたくしました。この頃、北の方から契丹(きつたん)が攻め込んで來ました。高麗はこれに敵することが出來ず、遂にその屬國となりましたが、その後もなほ時々これと戰を交へました。姜邯賛(きやうかんさん)といふ大將は契丹の軍を破つて大さう勝つたことがあります。

第十七　藤原道長(ふぢはらのみちなが)

藤原氏の榮華

　菅原道眞がしりぞけられて後、藤原氏はますます勢を得て朝廷の政治をとりましたが、道長の時になつて一門の榮華(えいぐわ)はその極(きよく)に達しました。

道長のいきほひ

　道長は第六十六代一條(いちでう)天皇から第六十八代後一條(ごいちでう)天皇まで三代の天皇にお仕へして、三十年あまりの間勢をふるひ、その女は三人まで皇后となり、その外孫(ぐわいそん)に當らせたまふ皇子(わうじ)は三人までひきつづいて御位にお即きになりました。後一條天皇の御代に、道長は攝政となり、ついでその女が皇后に立たれたので、

> この世をばわが世とぞ
> 　思ふ望月(もちづき)のかけたるこ
> 　　ともなしと思へば

といふ歌をよみました。これは自分の望が皆かなつて少しも不足のないことを滿月(まんげつ)にくらべて喜んだものであります。

道長父子の奢侈

　道長は後、京都に法成寺(ほふじやうじ)といふ大きな寺を建て、しばらくその寺にゐて薨(こう)じました。その後、その子賴通(よりみち)・教通(のりみち)の兄弟(きやうだい)がつづいて攝政・關白となつてまた榮華をつくしま

はなやか な風俗	した。この頃の貴族はおほかた奢侈(しやし)にながれ遊樂(いうらく)にふけり、その風俗はきはめてはなやかでありました。

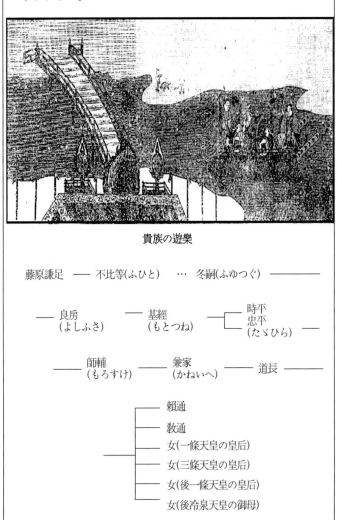

貴族の遊樂

藤原謙足 ── 不比等(ふひと) … 冬嗣(ふゆつぐ) ── ──

── 良房　　　── 基經　　　　┌ 時平
　　(よしふさ)　　(もとつね)　　├ 忠平
　　　　　　　　　　　　　　　　└(たゞひら) ──

──── 師輔　　── 兼家　　── 道長 ────
　　　(もろすけ)　(かねいへ)

　　　　　　　　┌ 賴通
　　　　　　　　├ 敦通
　　　　　　　　├ 女(一條天皇の皇后)
────┤
　　　　　　　　├ 女(三條天皇の皇后)
　　　　　　　　├ 女(後一條天皇の皇后)
　　　　　　　　└ 女(後冷泉天皇の御母)

第十八　後三條(ごさんでう)天皇

藤原氏衰へ
はじむ

　　藤原氏の勢の最も盛であつたのは道長と賴通との時で
あつて、第七十一代後三條天皇がお出ましになるに及ん
で、やうやく衰(おとろ)へはじめました。

關白賴通天
皇を恐れた
てまつる

　　後三條天皇は御年が十二の時、第七十代後冷泉(ごれい
ぜい)天皇の皇太弟(くわうたいてい)とおなりになつて、
二十年あまりの間東宮(とうぐう)にいらせられました。
ところが天皇の御母は藤原氏であらせられませんでした
から、關白賴通はその東宮におはしますことを好まない
で、禮を失ふやうなふるまひがたびたびありました。天
皇は至つて嚴格(げんかく)なお生れつきでいらせられた
上に、大江匡房(おほえのまさふさ)を師として學問をお
はげみあそばされましたので、賴通はひそかに天皇を恐
れたてまつり、御卽位なさらぬ中に關白を辭(じ)して宇
治(うぢ)に隱居(いんきよ)してしまひました。

賴通宇治
に隱居す

後三條天皇學問にはげみたまふ

關白教通天皇をはゞかりたてまつる 興福寺	ついでその弟教通(のりみち)が關白となりましたが、また勢にまかせてたびたび天皇の思召(おぼしめし)にそむくことがありました。ある時、教通はその氏寺(うぢでら)である奈良の興福寺(こうふくじ)の南圓堂(なんゑんだう)を再建(さいこん)することについて、特別(とくべつ)なお願をいたしましたが、天皇はなかなかお許になりませんでした。教通はこれより大いに天皇を恐れたてまつり、その行をつゝしむやうになりました。
天皇政治にはげみたまふ 儉約	天皇は藤原氏の勢をおおさへになつたばかりでなく、儉約を旨(むね)とせられて政治におはげみあそばされました。ある時、岩淸水(いはしみづ)八幡宮(はちまんぐう)に行幸せられましたが、拜觀者(はいくわんしや)の車に美しい金物で飾(かざり)をしてあるのを御覽になつて、これを取去らしめられたこともございました。このやうにみだれた政治を整(とゝの)へ人心を引きしめられましたが、やがて皇位を御子第七十二代白河(しらかは)天皇にお讓(ゆづ)りになつて、間もなくおかくれあそばされました。その時、宇治にゐる賴通すら覺(おぼ)えず溜息(ためいき)をついて、「御國(みくに)にとつてこの上の不幸はない。」とお惜(を)しみ申し上げました。
賴通天皇を惜しみたてまつる	
院政の始	白河天皇もまた政を藤原氏におまかせにならず、御位をお讓りになつて後もなほ院中(ゐんちゆう)で政をお聽(き)きになりました。これを院政(ゐんせい)といひます。これより藤原氏の勢はますます衰へました。

第十九　源　義家(みなもとのよしいへ)

武家のおこり

　藤原氏が榮華をきはめた時、これにおさへられた人人の中で、才氣(さいき)のあるものは地方の官吏となつて諸國に下り、そのまゝとゞまつて廣い土地を有(も)ち多くの兵をやしなひ、武家(ぶけ)として勢をふるふやうになりました。武家の中で、先づあらはれたのは源氏(げんじ)でありました。

清和源氏

　源氏は第五十六代清和天皇から出て、代々功をたてて武名(ぶめい)をあげましたが、義家(よしいへ)の時になつてことに名高くなりました。

頼義義家と共に陸奥の安倍氏を討つ

　源義家は頼義(よりよし)の長男で、八幡太郎(はちまんたらう)といひ、たぐひの少い名將であります。後冷泉(ごれいぜい)天皇の御代

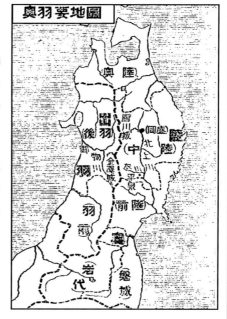

奧羽輿地圖

頼義安倍氏をほろぼす淸原武則	に、陸奥(むつ)の阿倍頼時(あべのよりとき)がそむいたので、頼義は朝廷の仰をかうむつて、陸奥に下り頼時を誅しました。義家はこの時、父に從つて戰に加はり、父と共になほ進んで頼時の子貞任(さだたふ)・宗任(むねたふ)等を攻めました。頼義は、賊の勢がなかなか强かつたから、出羽(では)の淸原武則に助を求め、共に賊を破つて衣川(ころもがは)の館(たて)に攻めよせました。さすがの貞任もこれを防ぎかねて逃げ出しましたところ、義家はこれを射落(いおと)さうとして追ひつめ、馬上から聲を擧げて、「衣(ころも)のたてはほころびにけり」とよみかけますと、貞任はふりむいて、「年をへし糸のみだれのくるしさに」と答へましたので、義家は大さう感心して弓に
義家のなさけ	つがへた矢をはづし、そのまゝ貞任を逃がしてやりました。貞任は危(あやふ)いところを免れて厨川(くりやがは)
頼義はるかに皇居を拜す	の城にこもりました。頼義は城に圍み、はるかに京都の皇居を拜し、また石淸水(いはしみづ)八幡宮(はちまんぐう)に祈(いのり)をこめ、火を放つて攻めたて、遂に貞任等を斬(き)り宗任等を捕(とら)へて全く爭亂(さうらん)を
前九年の役	平げました。これを前九年(ぜんくねん)の役(えき)といひます。頼義は鎌倉(かまくら)に八幡宮を建てて神恩(しんおん)を謝(しや)しました。
義家兵法を學ぶ	義家は京都にかへつて後、關白頼通の邸(やしき)に往つて戰の物語をしました。大江匡房がこれを聞いて、「義家は大將たる才はあるけれども、惜しいことにはまだ兵法(へいはふ)を知らない。」といひました。義家の從者(じゆうしや)は大いに怒つてこれを義家に告げましたと

<table>
<tr><td>奥羽地方再びみだる</td><td rowspan="2">

ころ、義家は少しも怒らず、「まことにさうだ。」といつて、やがて匡房について兵法を學びました。

　白河天皇の御代になつて、清原武則の子孫の間に爭(あらそひ)が起り、奥羽(あうう)の地方がまたみだれました。その時、義家は陸奥守(むつのかみ)となり、これをしづめようとして武則の子武衡(たけひら)を出羽の金澤(かなざは)の城に攻めました。義家が兵をひきつれて城に向ふ途中、空を飛ぶ雁(がん)が俄(にはか)に列をみだして飛びちがひました。義家はこれを見て兵法に、「野に伏兵(ふくへい)ある時は飛雁(ひがん)列をみだる。」とあるのを思ひ出し、手分(てわけ)をしてその野をさぐらせたところ、果して敵の伏兵を發見(はつけん)し、たゞちにこれをみな殺しにしました。義家はその時、部下のものに、「自分がもし兵法を學ばなかつたならば、危い目にあふところであつた。」と語りました。

義家伏兵を知る

</td></tr>
<tr><td>義家野に伏兵あるを知る</td></tr>
</table>

弟義光來り助く	義家の弟新羅三郎(しんらさぶらう)義光(よしみつ)は兄の身を氣遣(きづか)ひ、官を辭してはるばる京都から下つて來ました。義家は涙をながして喜び、「よく來てくれた。亡(な)き父上におあひするやうな氣がする。」といひました。そして兄弟力をあはせて、ますます敵を攻めたてました。
遂に奥羽を平ぐ　　　　　　後三年の役	武衡等はよく義家等を防いでなかなか屈しませんでしたが、その中に兵糧(ひやうらう)が乏しくなり勢がやうやく衰へたので、遂に城に火を放つて逃げました。義家はこれを追ひかけて武衡等を斬り、全く奥羽地方を平げました。この時は第七十三代堀河(ほりかは)天皇の御代の初のことであつて、世にこの戰を後三年(ごさんねん)の役(えき)といひます。

源義家弟義光と陣中にあふ

源氏東國に勢を得	この役の後、義家は部下の將士(しやうし)のために恩賞(おんしやう)を與へていたゞきたいと朝廷にお願ひしましたが、許されませんでしたので、自分の財物(ざいぶつ)を分けて與へました。これから義家はますます武士の間に重んぜられ、源氏の勢はことに東國で盛になりました。

清和天皇 ―― 貞純親王 ―― 源經基 ―― 滿仲 ――
　　　　　　(さだずみ)　　(つねもと)　　(みつなか)

　　―― 賴信 ―― 賴義 ┬ 義家 ―― 義親 ――
　　　　(よりのぶ)　　　　└ 義光　　(よしちか)

　　―― 爲義 ┬ 義朝 ―― 義平
　　　　　　　└ 爲朝

第二十　平氏(へいし)の勃興(ぼつこう)

源氏とならんで名高い武家は平氏でありました。平氏は桓武天皇から出て居り、平清盛(たひらのきよもり)の時に及んで大いにあらはれました。

その頃、左大臣藤原賴長(ふぢはらのよりなが)はその兄關白忠通(たゞみつ)と仲(なか)がよくありませんでした。第七十七代後白河(ごしらかは)天皇の保元(はうげん)元年、賴長は天皇の御兄(おんあに)崇德上皇(すとくじやうくわう)の御子重仁(しげひと)親王(しんわう)を御位に卽けたてまつり、自分は關白にならうとして、上皇に兵を擧げることをおすゝめしました。そして義家の孫源爲義(みなもとのためよし)を招(まね)きました。そこで爲義はその子爲朝(ためとも)等と共に上皇の御所(ごしよ)に參りましたが、爲義の長子義朝(よしもと)は平清盛等と共に天皇のお召によつて皇居に參りました。

爲朝はその時十八歲で、武勇が人にすぐれ、その上弓の名人でありましたが、賴長から軍の謀(はかりごと)を問はれたので熱心に夜討(ようち)をすゝめました。しかし賴長はこれを用ひませんでした。ところが義朝・清盛等のためにかへつて夜討をしかけられたので、爲朝等は勇をふるつてこれを防ぎ戰つたけれども遂に敗れました。そこで上皇は讚岐にうつされたまひ、賴長は矢にあたつて死に、爲義は斬られ、爲朝は伊豆(いづ)の大島(おほしま)に流されました。世にこれを保元の亂といひます。

（欄外）

桓武平氏

藤原賴長崇德上皇にすゝめて兵を擧ぐ
一一五六年

賴長等の軍敗る
源爲朝夜討をすゝむ
爲朝の謀用ひられず

保元の亂

藤原信頼義
朝とむすぶ

義朝の不平

信頼通憲
をうらむ

清盛・義朝はそれぞれその功を賞せられましたが、清盛はその頃勢力のある藤原通憲(ふぢはらのみちのり)に親しんで、ますます勢を増して來ましたから、義朝は不平に堪(た)へませんでした。たまたま第七十八代二條(にでう)天皇の御代に、藤原信頼(ふぢはらののぶより)が後白河(ごしらかは)上皇に願つて高い官を得ようとしましたところ、通憲にさまたげられてこれを得ることが出來ませんでした。そこで信頼は深く通憲をうらみ、ひそかに義朝とむすんで通憲等を除(のぞ)かうと謀(はか)りました。

二條天皇平清盛の邸にみゆきしたまふ

義朝・信頼
むほんす

一八一九年

平治元年、清盛はその子重盛(しげもり)等と共に紀伊の熊野(くまの)の神社に參詣(さんけい)しようとして京都を出ました。その隙(すき)をうかゞつて、信頼と義朝とは

通憲殺さる	にはかに兵を擧げ、通憲が身の危いことをさとつて京都を逃げ出したのを追ひかけて途中でこれを殺し、勢に乘(じよう)じておそれ多くも上皇の御所を燒き、上皇と天皇とを皇居におしこめたてまつりました。
清盛義朝の軍を破る	清盛は途中でこの事を聞き、重盛のすゝめに從つて急いで京都に引きかへし、ひそかに天皇を自分の邸にお迎へ申し上げました。上皇もまた皇居をお逃(のが)れになりました。そこで天皇は清盛に勅(みことのり)して義朝等をお討たせになりました。清盛はその仰を受けて重盛等をつかはし皇居にこもつてゐる敵を攻めさせました。源氏の白旗(しらはた)と平家の赤旗(あかはた)とはいづれも朝風にひらめいて勇ましく見えました。重盛は馬上から兵士をはげまし、「年號は平治、土地は平安、我等は平氏である。敵を平げるのに何の難いことがあらうぞ。」と
重盛・義平の決戦	叫(さけ)んで、門内に攻め入り、紫宸殿の前に至つたところ、義朝の長子義平(よしひら)が馬を走らせて迎へ戰ひ、左近櫻(さこんのさくら)・右近橘(うこんのたちばな)をめぐつて追ひかけたので、重盛は折(をり)を見てさつと門外に引上げました。義朝はこれに乘じて平氏の軍を追ひかけましたが、戰に敗(やぶ)れて退(しりぞ)かうとしたところ、皇居はすでに平氏の軍に占領(せんりやう)されてしまつたので、そのまゝ東國に落ちてゆきました。
平治の亂	義朝は尾張の國で家臣に殺され、ついで信賴と義平とは捕へられて誅せられました。世にこれを平治(へいぢ)の亂(らん)といひます。これより平氏はしだいに盛になりました。

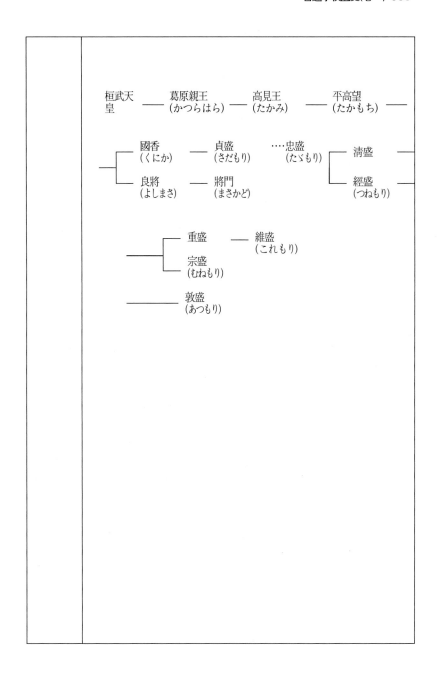

第二十一　平　重盛(たひらのしげもり)

平氏の全盛

　平治の亂の後、清盛の威勢(ゐせい)は日に月に盛になり、官位もしきりに進んで遂に太政大臣に任ぜられましたが、間もなくこれを辭し髮(かみ)をそつて出家(しゆつけ)しましたから、世人はこれを太政入道(だじやうにふだう)と呼びました。それにつれて一族のものはことごとく高い官位にのぼり、その領地は三十餘國にわたり、藤原氏にもまさる榮華をきはめました。そして「平氏にあらざるものは人にあらず。」といつて誇(ほこ)るものすらあり、清盛のわがまゝもしだいに甚しくなりました。

清盛の不忠

　後白河(ごしらかは)法皇はこれを見て清盛をおさへようと思召され、またその近臣等も清盛のわがまゝをいきどほつてひそかに平氏を滅ばす謀をめぐらしました。清盛はこれを知つて大いに怒り、その人々を捕へてきびしく罰(ばつ)し、更に法皇をおしこめたてまつらうとして一族のものを呼び集めました。

重盛父を諫む

　清盛に招かれた人々は皆武裝(ぶさう)してその邸に驅(か)けつけましたところ、重盛だけは常の裝束(しやうぞく)でいういうとして來ましたから、弟の宗盛(むねもり)はその袖(そで)を引きとめて、「これ程の大事になぜ武裝をなさいませぬか。」といひました。すると重盛は静にこれをながめて、「大事とは何事であるか。朝敵はどこにゐるのか。われは近衛大將(このゑのたいしやう)であるぞ。朝廷の御大事でない限りみだりに武裝すべきでな

平重盛父淸盛の不忠を諫む

い。」と戒(いまし)めました。そして父の前に坐(すわ)つ
て涙をはらはらと流し、「世の中には多くの恩があります
が、最も重いのは君恩であります。平氏が父上に至つて
榮達(えいたつ)をきはめられ、私共までも高い官位をい
たゞいてゐますのは皆有難い君の御恩であります。これ
を忘れて皇威を輕んじたてまつるならば、神罰(しんば
つ)がたちどころにいたるでありませう。父上が若しこの
たびのことを思ひとゞまつて下さらないならば、重盛は
兵をひきつれて法皇をお守りいたしませう。しかし父上
にお手向(てむか)ひすることも忍びませぬ。父上が必ず
このお企(くはだて)をとげようと思召すならば、先づ重
盛の首をおはね下さい。」と、泣いて諫(いさ)めました。
その眞(ま)心に動かされてさすがの淸盛も思ひとゞまり
ました。重盛は實に忠孝二つの道を全うした人でありま
す。

重盛忠孝の
道を全うす

第二十二　武家政治（ぶけせいぢ）の起（おこり）

源賴政兵を擧ぐ

平重盛は常に父清盛の惡行（あくぎやう）を憂（うれ）へてゐましたが、病のために父より先に薨（こう）じました。その後、清盛は誰をもはゞからずに橫暴（わうばう）をきはめ、遂に後白河法皇をおしこめたてまつりました。そこで源賴政（みなもとのよりまさ）は平氏を滅ぼして法皇をおすくひ申し上げようと思ひ、法皇の御子以仁王（もちひとわう）を奉じて兵を擧げるために王の命を諸國の源氏に傳へました。

賴政敗れて自殺す

その兵がまだ集らないうちに、賴政は宇治の戰に敗れて自殺し、王も矢にあたつて薨ぜられました。しかし源賴朝（みなもとのよりとも）をはじめ、諸國の源氏は王の命に從つて一時に起りました。

源平合戰要地圖

源頼朝兵を起す	頼朝は義朝の子であります。平治の亂の後、十四歳で伊豆に流され、そこで二十年の月日を過しましたが、以仁王の命を受けてその地の豪族(がうぞく)北條時政(ほうでうときまさ)等と共にまつさきに兵を擧げました。東國には昔から心を源氏によせる武士が多くありましたから、頼朝はこれ等の人々を從へ、鎌倉(かまくら)に據(よ)りました。
北條時政	
頼朝鎌倉に據る	
富士川の對陣	清盛はこれを聞いて孫維盛(これもり)等ををつかはして頼朝を討たせました。頼朝もまた大兵をひきゐて駿河に進み、平氏の軍と富士川(ふじかは)を挾んで陣(ぢん)をとりました。ところが平氏の軍はある夜、水鳥(みづとり)の飛びたつ羽音(はおと)を聞いて、敵が攻めよせて來たものと思ひちがへ、弓矢をすてて逃げかへりました。
源義經來り會す	頼朝は東國をかためるために逃げる敵を追はず、鎌倉に引上げました。その途中弟義經(よしつね)に出あひました。義經は平治の亂の後、まだ幼かつたので鞍馬寺(くらまでら)にあづけられましたが、たまたま自分の家の系圖(けいづ)を見て、その家柄(いへがら)のよいことを知り、平氏を滅ぼさうと志して熱心に學問・武藝(ぶげい)にはげみました。その後、奧州(あうしう)平泉(ひらいづみ)に下つて、その地の豪族藤原秀衡(ふぢはらのひでひら)にたよつてゐましたが、頼朝の兵を起したことを聞いて、はるばる上つて來たのでありました。
藤原秀衡	
源義仲兵を擧ぐ	頼朝の從弟(いとこ)義仲(よしなか)は幼い時から信濃(しなの)の木曾(きそ)山中で育(そだ)ちましたが、頼朝と

平氏の都おち	同じ頃に兵を起し、信濃から北國にうつて出て平氏の大軍を越中(ゑつちゆう)の倶利加羅谷(くりからだに)に追落(おひおと)し、進んで京都に迫(せま)りました。この頃、清盛はすでに病死してゐたので、その子宗盛が一族と共に第八十一代安德(あんとく)天皇を奉じて西國(さいこく)に落ちて行きました。
義仲敗れ死す	義仲はたゞちに京都に入りましたが、亂暴(らんばう)な行が多かつたので、頼朝は後白河法皇の命を奉じ、弟範頼(のりより)・義經を遣(つか)はしてこれを討たせました。この時、義經の部下佐々木高綱(さゝきたかつな)・梶原景季(かぢはらかげすゑ)等は先を爭つて宇治川を渡り、大いに義仲の軍を破りました。義仲は近江の粟津(あはづ)で討死(うちじに)しました。
一谷の戰	その間に、平氏は再び勢を盛(も)りかへして攝津(せつつ)の福原(ふくはら)にかへりましたから、範頼と義經とはまた頼朝の命によつて道を分けてこれを攻めました。義經はけはしい鵯越(ひよどりごえ)を下つて敵の後(うしろ)に出たので、平氏の軍は大いに敗れ、宗盛は天皇を奉じて讃岐(さぬき)の屋島(やしま)に逃れました。その時、
熊谷直實と平敦盛	平敦盛(たひらのあつもり)はたゞ一人馬を海に乘入れ、沖(おき)の舟を目がけておよがせてゐたところ、義經の部下熊谷直實(くまがいなほざね)に呼びもどされたので、少年ながらもたゞちに馬を返し、直實と組打(くみうち)して美事な討死をとげました。

熊谷直實平敦盛を呼びかへす

屋島の戰

　その後、義經は大風をおかして船を出し、四國に渡つて陸上(りくじやう)から屋島の後に迫り、火を放つてこれを攻め、平氏を西國に追落しました。この戰に、義經の部下那須與一(なすのよいち)は敵の舟に高くかゝげられた扇(あふぎ)のかなめを射て、ながく譽(ほまれ)を後の世にのこしました。

那須與一　　扇のかなめを射る

壇浦の戰

　義經は逃げてゆく平氏を追つて大いに長門(ながと)の壇浦(だんのうら)で戰ひました。平氏の諸將も勇をふるつて戰つたけれども利を失つて、一族がことごとくはなばなしい最期(さいご)をとげて亡びました。安德天皇もこの時おかくれあそばされました。それは壽永(じゆえい)四年の春のことでありました。

平氏亡ぶ
一一八五年

義經の最期	義經は平氏を滅ぼして大功をたてましたが、少しわがまゝなふるまひがあつたので賴朝の怒(いかり)にふれ、京都を出てまた平泉に下つて秀衡にたよりました。秀衡の死んだ後、その子泰衡(やすひら)は賴朝の命によつて義經を殺しました。賴朝は泰衡がながく義經をかくまつてゐたことを責(せ)めて、みづから大軍をひきゐて奥州に下り、泰衡を攻め滅ぼして全く天下を平げました。
賴朝奥州を平ぐ	
賴朝の政治	このやうにして國内はことごとく賴朝の威勢になびき從ひましたが、賴朝はおごる平家が久しくつゞかないで亡びたことにかんがみて、高い官位にのぼつて京都の人々と交ることを好まず、鎌倉にゐて質素な生活をなし、部下のものにも儉約をすゝめました。

富士の裾野のまき狩

征夷大將軍となる幕府を鎌倉に開く 武家政治	また富士の裾野(すその)をはじめ所々でたびたび狩(かり)をもよほしなどして、武藝をはげまし武士の勇氣を養ひました。そして後鳥羽(ごとば)天皇の建久(けんきう)三年(紀元一千八百五十二年)、賴朝は征夷大將軍(せいいたいしやうぐん)に任ぜられ、幕府(ばくふ)を鎌倉に開いて天下の政治をとることとなりました。これから凡そ七百年の間武家の政治がつゞきました。

源滿仲
(みつなか) ── 賴光(よりみつ)……賴政
　　　　　 ── 賴信(よりのぶ)……爲義 ── 義朝
　　　　　　　　　　　　　　　　　　　 ── 義賢
　　　　　　　　　　　　　　　　　　　　　(よしかた)

── 賴朝
── 範賴 ── 賴家 ── 公曉
── 義經　　(よりいへ)　(くげう)
　　　　　 ── 實朝
── 義仲　　　(さねとも)

第二十三　後鳥羽上皇(ごとばじやうくわう)

後鳥羽上皇
久しく政を
聽きたまふ

　第八十二代後鳥羽天皇は御位を讓られて後、上皇として久しく政を聽かれました。その間に、御子第八十三代土御門(つちみかど)天皇・同第八十四代順德(じゆんとく)天皇・御孫第八十五代仲恭(ちゆうきよう)天皇が相ついで御位に卽かれました。

源氏亡びて
北條氏の世
となる

北條時政

　源賴朝は天下を平げて勢を振ひましたが、義經を滅ぼし、また範賴をもうたがつてこれを除(のぞ)きなどして、自分の一族のものをうとんじましたから、源氏は自然に衰へはじめました。ところが賴朝の妻の父北條時政(ほうでうときまさ)は、賴朝が兵を擧げた時からよくこれを助け、やがて幕府の政治にあづかつてしだいに勢を得ました。時政は賴朝の薨じた後、ついで將軍となつた

實朝公曉
に殺さる

賴家(よりいへ)を廢(はい)して、その弟實朝(さねとも)を將軍にしました。賴家の子公曉(くげう)は實朝を怨(うら)んで、實朝が鶴岡(つるがをか)八幡宮(はちまんぐう)に參詣した時、ひそかにうかゞひよつてこれを殺しましたが、公曉もまた時政の子義時(よしとき)のために殺されました。賴朝の子孫はこのやうになつて絕(た)えたから、

北條義時
執權となる

義時は京都から賴朝と遠い血緣(けつえん)である幼主(えうしゆ)を迎へて將軍とし、自分は執權(しつけん)となつて幕府の權(けん)をにぎりました。

後鳥羽上皇
義時を討た
しめらる

　後鳥羽上皇はお生れつきが嚴格(げんかく)でいらせられ、いつも日課をたてて事を行はれ、風雨の日でも決し

てこれをおやめにならない程でありました。それゆゑ上皇は幕府がほしいまゝに天下の政治を行ふのをおいきどほりになり、折もあらば政権(せいけん)を朝廷に取りもどさうと思召してゐられました。ところが頼朝の子孫は絶えたけれども幕府の政治はもとのまゝであり、そればかりでなく、義時はたびたび上皇の仰にそむきましたから、上皇は遂に仲恭天皇の承久(しようきう)三年、諸國の武士を召して義時をお討たせになりました。

一一八一年

後鳥羽上皇

義時はその子泰時(やすとき)等に大軍をひきゐて京都に攻め上らせ、上皇にお從ひ申してゐる人々を、或は斬り、或は流し、おそれ多くも後鳥羽上皇を隱岐(おき)に、順徳上皇を佐渡(さど)に、土御門上皇を土佐(とさ/後、阿波あは)におうつし申し上げ、仲恭天皇を廢して、第

承久の變

義時の大罪	八十六代後堀河(ごほりかは)天皇をお立て申し上げました。世にこれを承久(しようきう)の變(へん)といひます。これは實にかつて例のない大事變であつて、義時の大罪は到底(たうてい)免(ゆる)すことの出來ないことであります。
北條氏の勢盛になる	この後、北條氏は一族のものをかはるがはる京都の六波羅(ろくはら)において、畿內(きない)や西國の政治を行はせましたので、その勢はますます盛になりました。
隠岐の御所	三上皇はいづれも憂(う)き年月を遠島でおすごしになつて、遂にその地でおかくれあそばされました。中にも後鳥羽上皇の隠岐の御所はわづかに雨風をしのぎたまふばかりの假屋(かりや)であらせられましたので、上皇はある日、しほ風のはげしく吹きすさむのを御覽になつて、

われこそは新島守(にひしまもり)よおきの海の

　　あらきなみ風こゝろして吹け

とおよみなさいました。後鳥羽上皇は十九年の間こゝにおはしまし、御年六十でおかくれあそばされました。

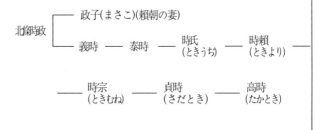

第二十四　高麗(かうらい)と蒙古(もうこ)

高麗よく治る

　　高麗は太祖の時から凡そ百年をへた文宗(ぶんそう)の時、國內がよく治り佛敎が頗る盛で、學問や美術も大いに進みました。

高麗衰へる

　　文宗から數代をへて仁宗(じんそう)に至り、權臣が政治をもつぱらにし、また內亂(ないらん)が起つたので、國力がしだいに衰へて北方の金(きん)の國に屬するやうになりました。次の毅宗(きそう)はあまり政治に心を用ひなかつたので、文臣と武臣との間にはげしい爭が起りました。そして武臣は多くの文臣を殺し、また王を廢し、ついでこれを弑(しい)するに至りました。これからは全く武臣の世の中となりました。それは第八十代高倉(たかくら)天皇の御時で、平氏の盛な頃であります。

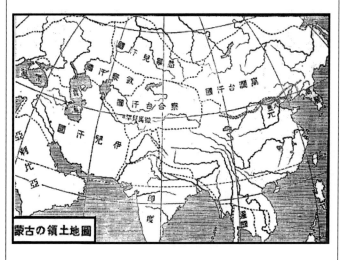

蒙古の領土地圖

蒙古强くなる	土御門天皇の頃、支那の北方にある蒙古がにはかに强くなり、しだいに多くの地方を攻め取つて大きな領地を支配(しはい)するやうになりました。
高麗蒙古に從ふ	高麗は毅宗から數代をへて高宗の時に至り、蒙古に攻められて都を開城から江華(かうくわ)島にうつしたので、國中は蒙古の兵のためにあらされました。そこで高宗は太子を蒙古に遣はして臣としての禮儀(れいぎ)をつくしましたので、その災(わざはひ)はやうやくやみました。
ますます蒙古に親む	太子は蒙古から歸つて後、王の位に卽いて元宗(げんそう)となりました。この王は再び都を開城にうつしましたが、高麗は全く蒙古の屬國となりました。その後、代々の王はますますかれに親しみ、國內に命じてかの國の衣服を用ひさせるほどでした。

第二十五　北條時宗(ほうでうときむね)

　北條義時は免すことの出來ない無道の行をしました
が、その子孫の時宗(ときむね)は蒙古の大軍を打破つて
大いにわが國威を輝(かがや)かしました。時宗は時賴(と
きより)の子で相模太郎(さがみたらう)といひ、豪氣(がう
き)な生れつきで弓の名人でした。ある時、將軍が武士達
(ぶしたち)を召して弓を射させましたところ、人々は射
そんじてはならないと思つてためらつてゐたのに、僅に
十一歳になつたばかりの時宗は少しも臆(おく)せず、ひ
とり馬に乗つて進み出て、たゞ一矢で的(まと)に射あ
て、大いに譽(ほまれ)をあげたことがありました。時宗
は第九十代龜山(かめやま)天皇の御代に十八歳で幕府の
政治を執りました。

　その頃、蒙古はすでに高麗を從へ、勢に乗じて更にわ
が國をも從へようと思ひ、高麗王に命じて無禮(ぶれい)
な書をわが國に送らせました。時宗はこれを見て大いに
怒つてその使をしりぞけました。

　その中に蒙古は支那の大部分を取つて國を元(げん)と
名づけました。第九十一代後宇多(ごうだ)天皇の文永(ぶ
んえい)十一年に、元の軍は高麗の軍を合はせ、凡そ四萬
人を以て對馬(つしま)・壹岐(いき)をおかし、筑前におし
よせて博多(はかた)の附近に上陸しましたが、わが將士
は勇ましくこれを防いで遂に敵軍を追拂(おひはら)ひま
した。世にこれを文永の役といひます。

元軍來寇の圖

時宗の決心

防壘を築く

　その後、元の勢はますます強くなつて、また使をわが國に遣はしましたが、時宗はいよいよ決心を固(かた)くして、その使を斬らせ、防壘(ばうるゐ)を博多灣(はかたわん)の海岸に築かせて、元軍の來寇(らいこう)に備(そな)へました。

弘安の役
一九四一年

菊池武房
河野通有

　その間に、元は全く支那をあはせたので、弘安(こうあん)四年に再び四萬の兵を發して朝鮮半島から筑前に向はせ、別に支那から十萬の大軍を出しました。朝鮮半島から來た兵は先づ壹岐を侵(おか)して博多にせまりましたが、菊池武房(きくちたけふさ)・河野通有(かうのみちあり)等の勇士が或は防壘に據つてこれを防ぎ、或は敵艦(て

弘安の役

きかん)を襲(おそ)うてこれをなやましました。ついで支那から來た大軍が、さきの軍と一しよになつて、まさに攻めよせようとした折柄(をりから)、にはかに大風が起つて敵艦は多く沈没(ちんぼつ)し、溺(おぼ)れて死んだものが數へつくされない程でした。逃げおくれた將士は肥前(ひぜん)の鷹島(たかしま)に集りましたが、或は殺され或は捕へられました。世にこれを弘安の役といひます。

上下一致して元寇をうちはらふ 龜山上皇の御祈り 時宗の大決心

この二度の役はわが國未曾有(みぞう)の大難でしたが、龜山上皇は大いにこれを憂へられて、かしこくも御身を以て國難に代(かは)らうと伊勢の神宮にお祈りになり、時宗は大決心を以て事にあたり、國民も皆奮(ふる)ひ 起(た)ち上下心を一にして、遂にこの強敵(きやうてき)をしりぞけました。これより後、元は再びわが國をうかゞひませんでした。

第二十六　後醍醐(ごだいご)天皇

政權を取り
もどさんと
思召さる

學問を好
みたまふ

笠置山に行
幸したまふ

北條高時
人望を失ふ

　弘安の役の後、凡そ四十年をへて、第九十六代後醍醐天皇が御位に卽かれました。天皇は後宇多天皇の御子で、お生れつきが英明(えいめい)にわたらせられ、學者を召して廣く學問を修められました。天皇は常に御心を政治に用ひたまひ、後鳥羽上皇の御志をついで、鎌倉幕府をたふし、政權を朝廷に取りもどさうと思召されました。

　この頃、幕府では北條時宗の孫高時が政治を執つてゐましたが、日夜酒宴(しゆえん)にふけつて政治をおろそかにしましたので、大さう人望を失ひました。天皇はこれを御覽になり、かねての御志をおとげあそばされようとして、ひそかに武士をお召しになりました。

後醍醐天皇

楠木正成行在所にいたる	高時はこれを聞いて大いに驚き、急いで兵を京都に上らせましたから、天皇は難を避(さ)けて笠置山(かさぎやま)に行幸あそばされました。 その時、河内(かはち)の國金剛山(こんがうざん)の麓に楠木正成(くすのきまさしげ)といふ忠義の士がゐました。正成は天皇の御召により笠置の行在所(あんざいしよ)に参りまして、「賊軍がいかに強くても謀をめぐらせば、これを破るのは難いことはございません。たゞ勝敗は軍の習(ならひ)でございますから、たまたま敗れましても御心をなやませたまふな。正成がまだ生きてゐると聞召(きこしめ)されますならば、やがては御運の開かれることと思召し下さいませ。」と頼もしげに申し上げました。そして河内に帰り赤坂城(あかさかじやう)を築いて、天皇をお迎へしようとしましたが、賊軍は間もなく笠置をおとしいれてしまひました。
隠岐にうつされたまふ	天皇は藤原藤房(ふぢはらのふぢふさ)等をしたがへて笠置をお逃れになり、晝は隠(かく)れ夜はさまよひ、身も心もつかれはてて、しばらく木かげに休みになりますと、こずゑの露がはらはらと落ちかゝつて御衣をぬらしましたので、
御製	さしてゆく笠置の山を出でしより 　あめが下にはかくれがもなし とおよみになりました。藤房は涙をおさへて、

藤原藤房の歌	いかにせん頼むかげとて立寄(たちよ)れば なほ袖ぬらす松のしたつゆ
護良親王と楠木正成 親王吉野に據る 村上義光 正成千早城に據る 隠岐を出でて名和長年を召したまふ 船上山の行宮	とおこたへ申し上げました。その中に賊に見出だされ、天皇はやがて隠岐の島におうつされになりました。 　賊軍は笠置をおとしいれてから、赤坂城に攻め寄せたので、その城も遂におちいりました。正成は逃れてしばらく身をかくしてゐましたが、間もなく再び出て金剛山に千早城(ちはやじやう)を築きました。天皇の皇子護良(もりなが)親王もまた吉野(よしの)に據つて義兵を募(つの)られましたが、賊の大軍に破られました。その時村上義光(むらかみよしてる)は親王の御鎧(おんよろひ)を着(き)て御身がはりになり、親王をお逃し申し上げました。正成は僅の兵を以て千早城にたてこもり、さまざまの謀をめぐらして賊軍をなやましました。その間に諸國には護良親王の命を奉じて勤王(きんわう)の兵をあげるものが相ついで起りました。 　天皇はこの有様を聞召されて、ひそかに隠岐を出て伯耆(はうき)に渡り、その地の豪族名和長年(なわながとし)を召されました。長年は命を拜して大いに感激(かんげき)し、「この度の仰をうけたまはるのは家の面目(めんもく)である。天皇の御爲に屍(かばね)を戦場にさらすとも、名を後の世に殘さう。」といつて、行宮(あんぐう)を船上山(せんじやうさん)につくり、一族と共に天皇をお守り申し上げました。

北條氏亡ぶ 足利尊氏等六波羅をおとしいる 新田義貞鎌倉をおとしいる	そこで天皇は諸將に命じて京都の六波羅を攻めさせられました。高時はこれを聞いて足利尊氏(あしかゞたかうぢ)等を京都に上らせましたが、尊氏はもともと北條氏に從ふことを好まなかつたから、にはかに天皇に歸順(きじゆん)し、勤王の人々と共に賊軍を討つて六波羅をおとしいれました。ついで新田義貞(につたよしさだ)は上野(かうづけ)で義兵を擧げ、進んで鎌倉に攻め入り、高時等を誅(ちゆう)して北條氏を滅ぼしました。鎌倉幕府は賴朝以來百四十餘年で倒(たふ)れたのであります。

後醍醐天皇京都にかへりたまふ

京都にかへりたまふ	天皇は六波羅の落ちたことを聞召されて、船上山をお發(た)ちになり、兵庫(ひやうご)にお着きなされた時、幕府の亡びたことをお知りになりました。そしてお出迎へ申し上げた正成を召してその忠功をおほめになり、これを前驅(ぜんく)として京都におかへりになりました。それは元弘(げんこう)三年(紀元一千九百九十三年)のことであります。これから天皇は御自身で天下の政を行はせられ、政權は再び朝廷にかへりました。この時、年號を建武(けんむ)と改められましたから、世にこれを建武(けんむ)の中興(ちゆうこう)といひます。護良親王は功によつて征夷大將軍に任ぜられ、尊氏・義貞・正成・長年等も皆それぞれ恩賞をかうむりました。
建武の中興	

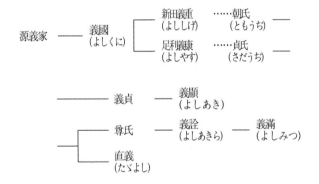

第二十七　楠木正成(くすのきまさしげ)

足利尊氏野心をいだく

　鎌倉幕府が倒れて政權が朝廷にかへつたので、朝廷の御威光(ごゐくわう)は再び盛になりましたが、武士の中にはよく大義名分(たいぎめいぶん)をわきまへず、朝廷の賞罰(しやうばつ)に對して不平をいだき、かへつて武家の政治を喜ぶものがありました。足利尊氏はかねがね征夷大將軍になりたいと望んでゐましたから、これらの武士をなつけてその野心を果さうとしました。

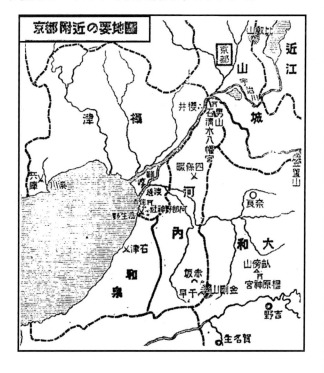

護良親王弑 せられたま ふ 足利直義 鎌倉を治む 北條時行 兵を起す 鎌倉宮 尊氏兄弟そ むく 天皇比叡 山に行幸 したまふ 北畠顯家 京都に上る 尊氏兄弟 西國に走る 天皇京都にか へりたまふ 湊川の戰 尊氏兄弟 京都に向ふ	護良親王は早くも尊氏の野心をおさとりになつてこれを除かうとせられましたが、かへつて尊氏の讒言(ざんげん)にあひ、鎌倉に送られておしこめられました。尊氏の弟直義(たゞよし)は鎌倉を治めてゐましたが、たまたま北條高時の子時行(ときゆき)が兵を起して鎌倉を取りかへさうとしたので、直義は逃げる時におそれ多くも親王を弑(しい)したてまつりました。時に親王の御年は二十八でございました。鎌倉宮(かまくらのみや)は親王をお祀りした社であります。 　尊氏は征夷大將軍となつて東國を治めたいとお願ひし、朝廷の御許を待たないで鎌倉に下つて時行を破り、その地に據つて謀反(むほん)しました。天皇は新田義貞を遣はしてこれを討たしめられましたが、官軍は竹下(たけのした)・箱根(はこね)の戰に敗れて退き、尊氏・直義は進んで京都を犯(おか)しましたので、天皇はこれを避けて比叡山に行幸せられました。その頃、皇子義良(のりなが)親王を奉じて奧州を守つてゐた北畠顯家(きたばたけあきいへ)は親王を奉じて京都に上り、正成・義貞等と力を合せて大いに賊軍を討ち破り、尊氏・直義を西國に走らせたので、天皇は再び京都におかへりあそばされました。 　尊氏は一旦(いつたん)九州に逃れましたが、間もなく勢を盛りかへし、大軍をひきゐて直義と海陸ならび進んで京都に向ひました。義貞はこれを兵庫に防がうとしましたが、賊の勢が盛であつたから、天皇は正成に命じて義貞を助けさせられました。正成は一時賊の勢を避け、そ

<table>
<tr><td>正成櫻井の驛にてその子正行に諭す</td><td>

の衰へるのを待つて一擧(きよ)にこれを滅ぼす謀をたてましたが、用ひられませんでした。そこで正成は京都を發して櫻井(さくらゐ)の驛(ゑき)に至つた時、さきに天皇から賜はつた菊水(きくすゐ)の刀をかたみとして、その子正行(まさつら)に授け、「この度の合戰(かつせん)に勝利を得ることはおぼつかない。自分が戰死した後は世は尊氏のものとなるであらう。しかし汝は必ず父に代つて忠義を全うせよ。これが汝の第一の孝行である。」と、ねんごろに諭(さと)して河内に歸してやりました。そして進んで湊川(みなとがは)に陣を取り、直義の陸軍に當つてこれを驅(か)けなやましてゐました。その間に尊氏の水軍が上陸して後から攻めかゝつたので、死力をつくして

湊川神社と楠木正成の墓碑銘
</td></tr>
</table>

楠木正季 七度人間 に生れて 朝敵を滅 ぼさう 嗚呼忠臣 楠子之墓	奮戰(ふんせん)しましたけれども衆寡(しゆうくわ)敵せず、部下はたいてい戰死し、自分も身に十一箇所の傷(きず)をうけました。そこで弟正季(まさすゑ)とともに湊川の附近の民家に入り、まさに自害しようとして正季に向ひ、「何か最後の願があるか。」と問ひました。すると、正季は「七度(なゝたび)人間に生れて朝敵を滅ぼさうとを願ふばかりであります。」と答へました。正成はこれを聞いてにつこり笑ひ、「自分も同じ考だ。」といつて、兄弟刺(さ)しちがへて死にました。その時正成は四十三歳でした。神戸(かうべ)の湊川(みなとがは)神社は正成を祀つた社であります。その境內(けいだい)に德川光圀(とくがはみつくに)の建てた墓碑があり、その表(おもて)には、「嗚呼(ああ)忠臣(ちゆうしん)楠子(なんし)之(の)墓(はか)。」としるしてあります。正成は實に古今にたぐひのない忠臣であつて、永く國民に尊敬せられてゐます。

第二十八　新田義貞(にったよしさだ)

湊川の戰に新田義貞もまた敗れて京都に退きましたから、後醍醐天皇は再び比叡山に行幸せられ、足利尊氏は進んで京都に入りました。官軍は京都を取りかへさうとしてたびたび賊と戰ひましたが、成功せず、名和長年等はかへつて戰死しました。伯耆の名和神社は長年を祀つた社であります。

尊氏は賊といふ名を避けようとして、豐仁(とよひと)親王を立てて天皇と稱し、やがていつはり降つて後醍醐天皇の還幸(くわんかう)をお願ひしました。そこで天皇は義貞に皇太子恒良(つねなが)親王を奉じ北國に下つて回復(くわいふく)をはからしめられ、御自身は、かりに尊氏の願を許して京都に還幸せられましたが、間もなくひそかに神器を奉じて吉野に行幸せられ、行宮(あんぐう)をこゝにおさだめになりました。

新田義貞風雪をおかして北國におもむく

新田義貞北國に向ふ	義貞は一族と共に皇太子及び皇子尊良(たかなが)親王を奉じて北國に向ふ途中、はげしい風雪にあひ、馬は雪にこごえ兵士は指をおとし、敵に出あつても戰ふことが出來ず、見す見す討死するものもあつた程困難をきはめ
金崎城に據る	ましたが、やうやく越前(ゑちぜん)の敦賀(つるが)に着いて金崎城(かながさきじやう)に據りました。しかし間もなく賊軍に圍まれて城が危くなつたから、その子義顯(よしあき)をとゞめて、自分は杣山(そまやま)にいつて兵を
杣山に至る	募りました。ところがその間に金崎城は兵糧(ひやうら
金崎城お　ちいる	う)がつきておちいり、尊良親王は義顯等と共に自害した
恒良親王弑せられたまふ	まひ、皇太子は捕へられて京都に送られたまひ、やがて尊氏に弑せられました。
義貞藤島に戰死す	義貞は杣山から起つて勢を盛りかへし、たびたび賊軍を破りましたが、藤島(ふぢしま)の戰に流矢(ながれや)にあたつて戰死しました。時に三十八歳でした。これより
藤島神社	北國の官軍は振はなくなりました。福井(ふくゐ)の藤島神社は義貞を祀つた社であります。

第二十九　北畠親房（きたばたけちかふさ）と
楠木正行（くすのきまさつら）

　新田義貞の戰死する少し前に、北畠顯家（きたばたけあ
きいへ）もまた戰死しました。顯家はかつて尊氏を九州に
走らせた後、再び義良親王を奉じて陸奥に下つて靈山城
（りやうぜんじやう）に據りましたが、後醍醐天皇が吉野
に行幸せられて後、また親王を奉じて京都に向ひ、所々
の戰で敵を破りました。しかしその兵が疲（つか）れてし
まつたので、京都に攻め入ることが出來ず、遂に和泉（い
づみ）の石津（いしづ）で戰死したのであります。年は僅に
二十一でありました。

北畠親房等海上で大風にあふ

北畠親房等海路東國に向ふ	顯家・義貞等の忠臣は相ついで戰死しましたが、天皇はますます御志を堅くせられ、顯家の父親房等に命じてまた義良親王を奉じて陸奥に下り、官軍の勢を取りかへさせようとせられました。親房等は伊勢から海路(かいろ)をとつて東に向ひましたが、途中で大風にあひ、親房の船は常陸(ひたち)に着き、親王のお船は伊勢に吹きもどされ、親王は吉野にお歸りになりました。たまたま天皇は御病のために行宮でおかくれあそばされましたので、親王は御位をおつぎになりました。これを第九十七代後村上(ごむらかみ)天皇と申し上げます。

その頃、東國の武士はたいてい賊にくみしたので、親房は陸奥に行くことが出來ず、常陸の關城(せきじやう)にとゞまつて賊を防ぎました。親房は日夜賊を討つ謀をめぐらしながら、その間に神皇正統記(じんのうしやうとうき)を著(あらは)して、天照大神より後村上天皇に至るまでの皇統(くわうとう)の由來を述べて大義名分を明かにしました。そして城が落ちた後、吉野に歸り、楠木正行等と力を合せて天皇をおたすけ申し上げました。

正行は先年櫻井の驛で父正成に別れて故鄉に歸つた後、父の遺言(ゆゐごん)を守つて常に朝敵を滅ぼすことを心がけ、長ずるに及んで、後村上天皇にお仕へしてたびたび賊軍を破りました。正行はあはれみ深い人でしたから、攝津(せつつ)の瓜生野(うりふの)の戰で、川に落ちて溺れさうになつた賊兵五百餘人を救ひあげ、親切に手當をした上、武具を與へて送りかへしたことがありました。その中に官軍の勢が盛になり、やがて京都に迫らう

覺悟を定
めて天皇
に拜謁す

としたので、尊氏はこれを恐れ、高師直(かうのもろな
ほ)に命じ、大兵を率(ひき)ゐて正行に當らせました。正
行はこれを聞いて覺悟(かくご)を定め、一族百四十餘人
と共に吉野に至つて天皇に拜謁(はいえつ)し、また、後
醍醐天皇の陵(みさゝぎ)を拜し、如意輪堂(によいりんだ
う)の壁板に一族の名を書きつらね、その末に、

楠木政行如意輪堂に歌をしるす

　　かへらじとかねて思へば梓弓(あづさゆみ)

　　　なき數にいる名をぞとゞむる。

四條畷の戰	といふ歌をしるして河内に歸り、そして賊軍と大いに四條畷(しでうなはて)に戰ひました。この時、正行は必ず
楠木正時	師直を討ち取らうと思つてたびたびその陣に迫りましたが、多くの傷を受けて力がつきてしまひ、遂に弟正時(まさとき)と刺しちがへて死にました。時に正行は僅に二十三歳でした。さきに正行に救はれた賊兵は深くその恩に感じ、正行に從つてことごとく討死しました。正行は實
忠孝兩全 四條畷神社	に勇と仁とをかね、忠孝の道を全うした人であります。四條畷神社は正行を祀つた社であります。
親房薨ず 阿部野神社	その後、間もなく親房も病んで薨じましたから、官軍の勢はいよいよ衰へてゆきました。攝津の阿倍野(あべの)神社及び岩代(いはしろ)の靈山(りやうぜん)神社は親
靈山神社	房父子を祀つた社であります。

村上天皇 ── 具平親王 ── 北畠雅家 ── 親房 ┬ 顯家
(むらかみ)　(ともひら)　(まさいへ)　　　　└ 顯信
　　　　　　　　　　　　　　　　　　　　　　　　(あきのぶ)

第三十　菊池武光(きくちたけみつ)

楠木正行・北畠親房を始め勤王の諸將はおほむね世を去つたけれども、九州の官軍だけはなほ盛でありました。

九州の官軍は肥後(ひご)の菊池氏の力によつて勢をもちつゞけたのでした。菊池氏からは、弘安の役には菊池武房(きくちたけふさ)が出て武名を輝かし、後醍醐天皇の御代にはその孫武時(たけとき)が出て義兵を擧げましたが、武時の子武光等もまた皆父祖の志をついで朝廷に忠義をつくしました。

その頃、後村上天皇の御弟懷良(かねなが)親王は西國の官軍を統(す)べようとして九州に下られました。武光は悦(よろこ)んで親王を肥後に迎へたてまつり、これを奉じてしばしば賊軍と戰ひ、しだいに勢を得ました。尊氏は大さうこれを心配し、みづから兵を率ゐて武光を攻めようとしましたが、發する前に病にかゝつて死にました。尊氏は朝廷の御恩を忘れてこれにそむき、多くの忠臣を害した人で、その不忠不義はにくんでもなほ餘りがあります。

武光はいよいよ四方に勢を振ひ、親王を奉じて兵を筑後(ちくご)に進め、賊將(そくしやう)少貳賴尙(せうによりひさ)の軍と筑後川(ちくごがは)をさしはさんで對陣(たいちん)しました。この時、武光は親王と共に敵の中堅(ちゆうけん)を衝(つ)き、その馬はきずつきその胄(かぶと)はさけたけれども、少しも屈せず、敵將を斬つて馬と

<table>
<tr><td>懷良親王
の奮戰</td><td>冑とを奪ひ、親王もまた御身に三箇所の傷をおはれるまで奮戰せられたので、賴尚は遂にさんざんに討ち破られ、本國筑前に逃げかへりました。世にこれを筑後川の戰といひます。</td></tr>
</table>

菊池武光少貳賴尚と戰ふ

<table>
<tr><td>子孫相つい
で勤王す

菊池神社</td><td>ついで武光は親王を奉じて筑前に進み、また賴尚を走らせて太宰府に入り、更に京都に向はうとしました。しかし武光はその志を遂(と)げない中に死にましたので九州の官軍も次第に衰へましたが、その子孫はなほ久しく朝廷の御爲に力をつくしました。肥後の菊池神社は菊池氏一族の忠臣を祀つた社であります。</td></tr>
</table>

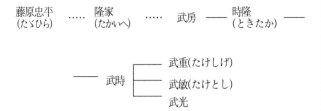

第三十一　足利氏の僭上(せんじやう)

<table>
<tr><td>足利氏の內部みだる</td><td>　尊氏は朝廷に對し奉(たてまつ)つて無道の行が多かつたばかりでなく、その家をすら治めることが出來なかつたので、內部に爭亂の絕えることがありませんでした。</td></tr>
</table>

足利氏の內部みだる

　尊氏は朝廷に對し奉(たてまつ)つて無道の行が多かつたばかりでなく、その家をすら治めることが出來なかつたので、內部に爭亂の絕えることがありませんでした。

足利義詮

かかる間に、子義詮(よしあきら)を經て孫義滿(よしみつ)の代となりました。

細川賴之義滿をたすく

　義詮は死ぬ時に嗣子(しし)義滿が僅に十歳であつたので、これを細川賴之(ほそかはよりゆき)に託(たく)してたすけ導(みちび)かせました。賴之はつゝしみ深い人で、義滿の近臣達を戒めて奢をとゞめ、わがまゝな大名をおさへ、心をつくして幼主をたすけましたから、足利氏の基はやうやく固くなりました。

後龜山天皇京都に還幸あらせらる

　義滿はやがて使を吉野に遣はして天皇の還幸を請ひたてまつりました。後村上天皇の御子第九十九代後龜山(ごかめやま)天皇は、人民が永い間戰亂に苦しんでゐるのをおあはれみになり、その請を許して京都に還幸(くわんこう)せられ、神器を第百代後小松(ごこまつ)天皇にお傳へ

神器を後小松天皇に傳へらる

あそばされました。それは元中(げんちゆう)九年(紀元二千五十二年)のことで、後醍醐天皇が吉野に行幸あらせられてから五十七年目にあたつてゐました。そこで多年の兵亂はやうやくをさまりましたが、これから義滿は征夷大將軍として威勢を振ひ、再び武家政治の世の中となつてしまひました。

金　閣

義滿奢をきはむ

　義滿は將軍職(しやうぐんしよく)をその子義持(よしもち)に讓つて後、朝廷に請うて太政大臣に任ぜられました。そして勢にまかせて奢をきはめ、室町(むろまち)に壯麗(さうれい)な邸をいとなみ、その庭に多くの美しい花を植ゑましたから、世間ではこれを花の御所といひました。

花の御所

義滿はまた別莊(べつさう)を京都の北山(きたやま)に造り、その庭に三層の閣(かく)を建て、壁にも戸にもすべて金箔(きんぱく)を張りつめ、美しさの限りをつくしましたので、世間ではこれを金閣(きんかく)といひました。

金閣

義滿の僭上

その上義滿は時々僭上(せんじやう)の行をしました。かつて比叡山にのぼる時、おそれ多くもその行列を上皇御幸(みゆき)の御儀式にまね、關白以下の公卿(くぎやう)を從へたことがあります。

第三十二　朝鮮の太祖(たいそ)

　足利氏が勢を得た頃から、內地の沿海の民で國內のさわぎにまぎれて海を渡り、朝鮮半島や支那の海岸を荒すものがありました。これは倭寇(わこう)とよばれて大いに恐れられました。高麗はしばしば兵を出してこれを討ちましたが、その效(かう)がありませんでした。

　一時勢の强かつた元は、第九十八代長慶(ちやうけい)天皇の御代に、新におこつた明(みん)のために追はれて蒙古に逃げ歸りました。高麗の朝臣達(てうしんたち)の間には明に仕へようとするものと、もとの通り元に仕へようとするものとの二派に分れて爭ひましたが、遂に明に仕へようとする李成桂(りせいけい)・鄭夢周(ていむしう)等の方が勝ちました。

　李成桂は咸鏡(かんきやう)南道で生れましたが、その先祖は全羅(ぜんら)北道全州(ぜんしう)の李氏であります。生れつき賢明で、力が强く騎馬(きば)をよくし、また弓の名人でありました。成桂の父は高麗に仕へ、永興(えいこう)地方にゐて北方を治めましたが、成桂に至つて、たびたび功を立てて、その名をあらはしました。そして高麗王昌(しやう)を廢し恭讓王(きようじやうわう)を迎へて王とし、國政をつかさどつて大いに勢を振ひました。

　成桂の勢が盛になるにつれて、多くの朝臣は成桂を王の位に卽けようと望みましたが、鄭夢周等はあくまでこ

<table>
<tr><td>

二〇五二年

李成桂朝鮮
の太祖とな
る

朝鮮の盛な
時代

</td><td>

れに反對し、成桂をのぞかうとしてかへつて殺されまし
た。成桂にくみする人々は後龜山天皇の元中九年、恭讓
王を廢(はい)し、成桂をいたゞいて王としました。高麗
は太祖王建の卽位から四百七十五年で亡びました。

　成桂は王位に卽いて後、使を明に遣はして、その許を
受け、また明から朝鮮といふ國號をもらひました。これ
が朝鮮第一代の王の太祖であります。この後、代々の王
は位に卽くごとに明の許を受けました。太祖は都を開城
から京城にうつし、景福宮(けいふくきゆう)を建ててこ
れを王宮(わうきゆう)としました。

　太祖の後、凡そ百年の間は國内が能く治り、人々は安
心してその業に從ひ、朝鮮の盛な時でありました。この
間に太宗(たいそう)・世宗(せいそう)・世祖(せいそ)などの
英主が位にのぼり、太宗は活字(くわつじ)をつくつて多
くの書籍(しよせき)を印刷(いんさつ)し、世宗は諺文(お
んもん)を制定(せいてい)し、世祖は法典(はふてん)をこ
しらへました。また太宗・世宗の時から佛教をおさへて儒
學(じゆがく)を奬勵(しやうれい)しました。

</td></tr>
</table>

朝鮮王系圖(一)

第三十三　足利氏の衰微(すゐび)

義政政治を
おこたる

足利義滿から四代を經て義政(よしまさ)が將軍の職に就きましたが、少しも政治に心を用ひませんでした。たまたま大風や洪水があつて五穀(ごこく)がみのらず、その上疫病(えきびやう)が流行(りうかう)して人民がなやみ苦しんでゐるのに、義政は少しもこれをかへりみることなく、盛に室町の邸を營(いとな)んだので、第百二代後

後花園天皇
義政を戒め
たまふ

花園(ごはなぞの)天皇は御心をおいためあそばされ、詩をおつくりになつてこれを戒められました。義政は大さうおそれ入つて工事をとゞめましたが、なほたびたび花見の宴などを催(もよほ)して奢にふけつたから、幕府の費用は次第に足らなくなりました。そのために義政は重い税を取立てたので、人民はいよいよ苦しみ、世の中は非常に騷(さわ)がしくなりました。

應 仁 の 亂

足利家の相續爭	義政は子がなかつたから、弟義視(よしみ)を養子としこれに將軍職を讓る約束(やくそく)で、細川勝元(ほそかはかつもと)に義視を助けさせました。ところがその後、實子(じつし)義尙(よしひさ)が生れたので、義政はわが子を將軍に立てようとして、これを山名宗全(やまなそうぜん)に託しました。そのために足利家の相續爭(さうぞくあらそひ)は細川・山名二氏の勢力爭となりました。
應仁の亂	勝元及び宗全は第百三代後土御門(ごつちみかど)天皇の應仁(おうにん)元年、おのおの大軍を京都に集めて對陣しました。これより十一年間その戰がつゞきましたが、その間に宗全も勝元も相ついで病死したので、兩軍の諸將は次第に自分の國に歸りました。世にこれを應仁(おうにん)の亂(らん)といひます。この戰亂によつて、幕府をはじめ名高い社寺その他の建物は多く燒けてしまひ、花の都は見るかげもなく荒れ果てました。
一二二七年	
義政奢にふける 銀閣	このやうな大亂の中にあつて義政はなほ奢をやめず、義滿の金閣にならつて京都の東山(ひがしやま)に別莊を造り、その庭に銀閣を建て、茶の湯などの遊にふけつて空(むな)しく日を送りました。それ故幕府の財政(ざいせい)はますます困難となり、將軍の命令はほとんど行はれなくなりました。

第三十四　足利氏の衰微(すゐび)(つゞき)

戰國時代

應仁の亂後、將軍の威權(ゐけん)はますます衰へ、その命令がほとんど行はれなくなつたので、國に歸つた諸將は互に戰を交へ、その後、英雄がきそひ起つて凡そ百年の間戰亂がつゞきました。世にこれを戰國(せんごく)時代といひます。

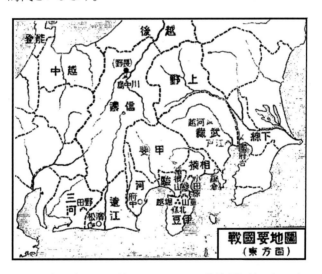

戰國要地圖
(東方面)

北條氏先づ
起る
　早雲

この時に當つて、先づ起つたのは北條早雲(ほうでうさううん)であります。早雲は東國の亂れたのに乘じて伊豆(いづ)・相模(さがみ)をとり勢を東國に振ひました。早雲

氏綱
氏康
氏康よく
國を治む

の子氏綱(うぢつな)・孫氏康(うぢやす)は共に武勇にすぐれ諸國を攻めて領地をひろめました。ことに氏康は戰に巧みであるばかりでなく、能く國を治め、常に部下を愛

し、人民をめぐみいつくしんだから、士民は皆その德になつき、諸國の人々もその政治をしたつて、爭つて小田原に集つて來ました。そしてその領地は伊豆・相模・武藏・上野等の國々に及びました。

上杉謙信と武田信玄

北條氏と肩(かた)をならべたものは、越後(ゑちご)の上杉謙信(うへすぎけんしん)と甲斐(かひ)の武田信玄(たけだしんげん)でありました。謙信は先づ國内の亂を平げてから、次第に近國を從へて勢を振ひました。信玄はよくその國を治め、次第に信濃(しなの)を攻め取りました。そこで信濃の村上義淸(むらかみよしきよ)等は謙信に助

川中島の戰

をもとめました。謙信は義淸等を助けてたびたび信濃の川中島(かはなかじま)で信玄と戰ひましたが、久しい間

謙信敵をあはれむ

勝敗が決しませんでした。謙信は信玄と烈(はげ)しく戰ひながらも、甲斐の人民が食鹽(しよくゑん)の缺乏(けつばふ)に苦しんでゐるのを聞いてこれをあはれみ、越後から鹽(しほ)を送らせたので、人々は深くその義氣に感じました。謙信も信玄もおのおの京都に上り、將軍を奉じ

謙信・信玄志を達せずに死す

て天下に號令しようと思つてゐましたが、その志を遂げないで相ついで病死しました。

毛利元就おこる

東國に北條・上杉・武田の三氏が勢を振つてゐる時に、西の方では安藝(あき)に毛利元就(まうりもとなり)がおこりました。元就ははじめ周防の大内義隆(おほうちよしたか)の部下でありました。大内氏は早くから朝鮮や支那と

大内義隆

交通貿易(ぼうえき)をしてゐたので、その國が富强でありましたが、義隆はこれをたのみにして奢にふけつたからその家臣に殺されました。

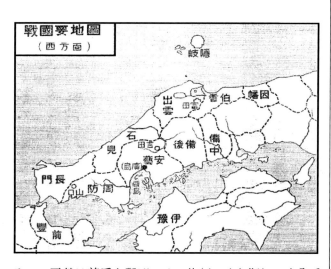

そこで元就は義兵を擧げてその仇(あだ)を復し、大內氏に代つて周防・長門(ながと)などを治めました。その後、次第に勢を得て中國九州の十餘國を領しました。元就は大義に通じ、第百六代正親町(おほぎまち)天皇に御卽位の費用を奉つて忠勤をはげみました。

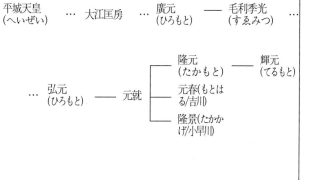

元就威を
中國に振ふ
元就の忠勤

第三十五　後奈良(ごなら)天皇

公卿の困難

　戰國時代には、諸國にある公卿の領地は次第に地方の豪族に奪はれてしまひました。それ故公卿はたいてい緣をたよつて地方に下り、京都に殘つてゐるものは毎日の衣食にすら困るほどでした。

朝廷の御困難

　また朝廷も多くの御料地(ごれうち)を失はれましたが、幕府は貧しくて御費用をたてまつる力がありませんでした。後奈良天皇の御代には、朝廷の御財政がことに御困難で御卽位の禮さへも、大內義隆が御費用をたてまつつたので、やうやくこれをお擧げあそばされた程でした。

天皇朝儀を再興したまふ
神宮を敬ひたまふ

　天皇はたゞさへ乏しい御費用の中から、なほ節約をなさいまして、久しくすたれてゐた朝廷の御儀式を再興(さいこう)あそばされました。また伊勢の神宮の荒れ果てたのをおなげきになり、これを造營(ざうえい)せられようと思召されましたが、たやすく御志を遂げさせたまふことが出來ませんでしたから、奉幣使(ほうへいし)をお遣はしになつてその由を神前に御ことわりあそばされました。

天皇の御仁德

　天皇はことに御あはれみの心が深く、常に大御心(おほみごころ)を萬民(ばんみん)の上にかけさせられました。たまたま少しでも貢(みつぎ)をたてまつるものがあると、ただちにその貢を皇族や公卿に分けて與へられました。

後奈良天皇宸筆

後奈良天皇經文を寫したまふ

またある年、長雨が降りつゞいて疫病が流行し、多くの
人民が死にました。天皇は深くこれを御心配あそばさ
れ、御みづから經文(きやうもん)をお寫(うつ)しになつ
て、これを醍醐の三寶院(さんばうゐん)や諸國の神社に
お下しになり、そのわざはひを除かれたいと神佛に祈ら
しめられました。天皇の御仁德を漏(も)れうけたまはつ
たものはそのかたじけなさに感泣(かんきふ)しないもの
はありませんでした。

普通學校國史 卷一 終

年　表

御代數	天　皇	紀元	年　號	摘　　　　　　　要
一	神武天皇	元	元年	卽位の禮を行はせられた
一〇	崇神天皇	五六九	六年	天照大神を大和笠縫邑におまつりあそばされた
	同	六〇四	四十一年	朴赫居世新羅國を建てた
	同	六二四	六十一年	朱蒙高句麗國を建てた
	同	六二八	六十五年	任那朝廷に貢物をたてまつつた
一一	垂仁天皇	六四三	十二年	溫祚百濟國を建てた
	同	六五六	二十五年	天照大神を伊勢五十鈴川のほとりにおまつりあそばされた
一二	景行天皇	七五七	二十七年	日本武尊熊襲をお討ちになつた
	同	七七〇	四十年	日本武尊蝦夷をお討ちになつた
一四	仲哀天皇	八六〇	九年	神功皇后新羅を降さしめられた
一六	仁德天皇	九七六	四年	勅して稅をお免しあらせられた
二九	欽明天皇	一二一二	十三年	百濟から始めて佛敎がつたはつた
三三	推古天皇	一二六四	十二年	聖德太子十七條の憲法を定められた
	同	一二六七	十五年	聖德太子使を支那につかはされた
三六	孝德天皇	一三〇五	大化元年	大化の新政がはじまつた
三八	天智天皇	一三二三	二年	百濟が亡びた
	同	一三二八	七年	高句麗が亡びた
	同	一三二九	八年	藤原鎌足薨じた
四三	元明天皇	一三七〇	和銅三年	奈良の都をさだめられた
四五	聖武天皇	一四〇一	天平十三年	勅して國ごとに國分寺を造らしめられた
四八	稱德天皇	一四二九	神護景雲三年	和氣淸麻呂宇佐八幡の敎を申し上げた
五〇	桓武天皇	一四五四	延暦十三年	平安京をさだめられた
	同	一四五七	同十六年	坂上田村麻呂をして東北地方を討たしめられた
	同	一四六五	同二十四年	最澄唐からかへつた
五一	平城天皇	一四六六	大同元年	空海唐からかへつた
六〇	醍醐天皇	一五六一	延喜元年	菅原道眞太宰府にうつされた
六一	朱雀天皇	一五九五	承平五年	新羅が亡びた
	同	一五九六	同六年	高麗の太祖朝鮮半島を統一した
六八	後一條天皇	一六八七	萬壽四年	菅原道長薨じた

七〇	後冷泉天皇	一七二二	康平五年	源賴義安倍貞任等を滅ぼした(前九年の役)
七一	後三條天皇	一七二八	治曆四年	皇位にお卽きあそばされた
七三	堀河天皇	一七四七	寬治元年	源義家淸原武衡等を滅ぼした(後三年の役)
七七	後白河天皇	一八一六	保元元年	源爲朝等戰つて敗れた(保元の亂)
七八	二條天皇	一八一九	平治元年	源義朝等戰つて敗れた(平治の亂)
八〇	高倉天皇	一八三九	治承三年	平重盛薨じた
八一	安德天皇	一八四五	壽永四年	平氏が亡びた
八二	後鳥羽天皇	一八五二	建久三年	源賴朝征夷大將軍に任ぜられた
八四	順德天皇	一八七九	承久元年	源實朝殺され源氏が亡びた
八五	仲恭天皇	一八八一	同三年	後鳥羽上皇北條義時をお討ちあそばされた(承久の變)
九一	後宇多天皇	一九三四	文永十一年	元の軍が攻めて來た(文永の役)
	同	一九四一	弘安四年	元の軍が再び攻めて來た(弘安の役)
九六	後醍醐天皇	一九九三	元弘三年	新田義貞鎌倉をおとしいれて北條氏を滅ぼした
	同	同	同年	幕府の政權を朝廷におさめられた
	同	一九九五	建武二年	足利尊氏反した
	同	一九九六	延元元年	楠木正成戰死した(湊川の戰)
	同	同	同年	名和長年戰死した
	同	同	同年	吉野に行幸あらせられた
九六	同	一九九八	延元三年	北畠顯家戰死した(石津の戰)
	同	同	同年	新田義貞戰死した(藤島の戰)
九七	後村上天皇	二〇〇八	正平三年	楠木正行戰死した(四條畷の戰)
	同	二〇一四	同九年	北畠親房薨じた
	同	二〇一九	同十四年	菊池武光少貳賴尙を破つた(筑後川の戰)
九九	後龜山天皇	二〇五二	元中九年	京都に還幸あらせられた
	同	同	同年	高麗が亡びた
	同	同	同年	朝鮮の太祖王位に卽いた
一〇〇	後小松天皇	二〇五七	應永四年	足利義滿金閣を造つた
一〇三	後土御門天皇	二一二七	應仁元年	應仁の亂が起つた
	同	二一四三	文明十五年	足利義政銀閣を造つた

昭和七年三月八日翻刻印刷
昭和七年三月十日翻刻發行

國史 一

定價金二十錢

著作權所有

著作兼發行者 朝鮮總督府
京城府元町三丁目一番地

翻刻印刷發行者 朝鮮書籍印刷株式會社
京城府元町三丁目一番地
代表者 井上主計

發行所 朝鮮書籍印刷株式會社
京城府元町三丁目一番地

朝鮮總督府 編纂 (1933)

『普通學校國史』

(卷二)

普通學校國史 卷二

朝鮮總督府

目次

御歷代表(二)

御代數	天皇	御在位年間	御代數	天皇	御在位年間
一	神武天皇	元～七六	二一	雄略天皇	一一六～一三九
二	綏靖天皇	八〇～一一二	二二	清寧天皇	一三九～一四四
三	安寧天皇	一一二～一五〇	二三	顯宗天皇	一四五～一四七
四	懿德天皇	一五一～一八四	二四	仁賢天皇	一四八～一五八
五	孝昭天皇	一八六～二六八	二五	武烈天皇	一五八～一六六
六	孝安天皇	二六九～三七〇	二六	繼體天皇	一六七～一九一
七	孝靈天皇	三七一～四四六	二七	安閑天皇	一九一～一九五
八	孝元天皇	四四七～五〇三	二八	宣化天皇	一九五～一九九
九	開化天皇	五〇三～五六三	二九	欽明天皇	一九九～二三一
一〇	崇神天皇	五六四～六三一	三〇	敏達天皇	二三二～二四五
一一	垂仁天皇	六三二～七三〇	三一	用明天皇	二四五～二四七
一二	景行天皇	七三一～七九〇	三二	崇峻天皇	二四七～二五二
一三	成務天皇	七九一～八五〇	三三	推古天皇	二五二～二八八
一四	仲哀天皇	八五二～八六〇	三四	舒明天皇	二八九～三〇一
一五	應神天皇	八六〇～九七〇	三五	皇極天皇	三〇二～三〇五
一六	仁德天皇	九七三～一〇五九	三六	孝德天皇	三〇五～三一四
一七	履中天皇	一〇六〇～一〇六五	三七	齊明天皇	三一五～三二一
一八	反正天皇	一〇六六～一〇七〇	三八	天智天皇	三二一～三三一
一九	允恭天皇	一〇七二～一一三	三九	弘文天皇	三三一～三三二
二〇	安康天皇	一一三～一一六	四〇	天武天皇	三三二～三四六

御代數	天皇	御在位年間	御代數	天皇	御在位年間
四一	持統天皇	一三四六～一三五七	六一	朱雀天皇	一五九〇～一六〇六
四二	文武天皇	一三五七～一三六七	六二	村上天皇	一六〇六～一六二七
四三	元明天皇	一三六七～一三七五	六三	冷泉天皇	一六二七～一六二九
四四	元正天皇	一三七五～一三八四	六四	圓融天皇	一六二九～一六四四
四五	聖武天皇	一三八四～一四〇九	六五	花山天皇	一六四四～一六四六
四六	孝謙天皇	一四〇九～一四一八	六六	一條天皇	一六四六～一六七一
四七	淳仁天皇	一四一八～一四二四	六七	三條天皇	一六七一～一六七六
四八	稱德天皇	一四二四～一四三〇	六八	後一條天皇	一六七六～一六九六
四九	光仁天皇	一四三〇～一四四一	六九	後朱雀天皇	一六九六～一七〇五
五〇	桓武天皇	一四四一～一四六六	七〇	後冷泉天皇	一七〇五～一七二八
五一	平城天皇	一四六六～一四六九	七一	後三條天皇	一七二八～一七三二
五二	嵯峨天皇	一四六九～一四八三	七二	白河天皇	一七三二～一七四六
五三	淳和天皇	一四八三～一四九三	七三	堀河天皇	一七四六～一七六七
五四	仁明天皇	一四九三～一五一〇	七四	鳥羽天皇	一七六七～一七八三
五五	文德天皇	一五一〇～一五一八	七五	崇德天皇	一七八三～一八〇一
五六	清和天皇	一五一八～一五三六	七六	近衛天皇	一八〇一～一八一五
五七	陽成天皇	一五三六～一五四四	七七	後白河天皇	一八一五～一八一八
五八	光孝天皇	一五四四～一五四七	七八	二條天皇	一八一八～一八二五
五九	宇多天皇	一五四七～一五五七	七九	六條天皇	一八二五～一八二八
六〇	醍醐天皇	一五五七～一五九〇	八〇	高倉天皇	一八二八～一八四〇

御代數	天皇	御在位年間	御代數	天皇	御在位年間
八一	安徳天皇（あんとく）	一八四〇～一八四五	一〇一	稱光天皇（しょうくわう）	二〇七二～二〇八八
八二	後鳥羽天皇（ごとば）	一八四五～一八五八	一〇二	後花園天皇（ごはなぞの）	二〇八八～二一二四
八三	土御門天皇（つちみかど）	一八五八～一八七〇	一〇三	後土御門天皇（ごつちみかど）	二一二四～二一六〇
八四	順徳天皇（じゅんとく）	一八七〇～一八八一	一〇四	後柏原天皇（ごかしはばら）	二一六〇～二一八六
八五	仲恭天皇（ちゅうきょう）	一八八一。	一〇五	後奈良天皇（ごなら）	二一八六～二二一七
八六	後堀河天皇（ごほりかは）	一八八一～一八九二	一〇六	正親町天皇（おほぎまち）	二二一七～二二四六
八七	四條天皇（しでう）	一八九二～一九〇二	一〇七	後陽成天皇（ごやうぜい）	二二四六～二二七一
八八	後嵯峨天皇（ごさが）	一九〇二～一九〇六	一〇八	後水尾天皇（ごみづのを）	二二七一～二二八九
八九	後深草天皇（ごふかくさ）	一九〇六～一九一九	一〇九	明正天皇（みやうしやう）	二二八九～二三〇三
九〇	龜山天皇（かめやま）	一九一九～一九三四	一一〇	後光明天皇（ごくわうみやう）	二三〇三～二三一四
九一	後宇多天皇（ごうだ）	一九三四～一九四七	一一一	後西天皇（ごさい）	二三一四～二三二三
九二	伏見天皇（ふしみ）	一九四七～一九五八	一一二	靈元天皇（れいげん）	二三二三～二三四七
九三	後二條天皇（ごにでう）	一九五八～一九六一	一一三	東山天皇（ひがしやま）	二三四七～二三六九
九四	後二條天皇（ごにでう）	一九六一～一九六八	一一四	中御門天皇（なかみかど）	二三六九～二三九五
九五	花園天皇（はなぞの）	一九六八～一九七八	一一五	櫻町天皇（さくらまち）	二三九五～二四〇七
九六	後醍醐天皇（ごだいご）	一九七八～一九九九	一一六	桃園天皇（ももぞの）	二四〇七～二四二二
九七	後村上天皇（ごむらかみ）	一九九九～二〇二八	一一七	後櫻町天皇（ごさくらまち）	二四二二～二四三〇
九八	長慶天皇（ちやうけい）	二〇二八～二〇四三	一一八	後桃園天皇（ごももぞの）	二四三〇～二四三九
九九	後龜山天皇（ごかめやま）	二〇四三～二〇五二	一一九	光格天皇（くわうがく）	二四三九～二四七七
一〇〇	後小松天皇（ごこまつ）	二〇五二～二〇七二	一二〇	仁孝天皇（にんかう）	二四七七～二五〇六

御代數	天皇	御在位年間
一二一	孝明天皇	二五〇六～二五二六
一二二	明治天皇	二五二七～二五七二
一二三	大正天皇	二五七二～二五八六
一二四	今上天皇	二五八六～…

普通學校國史 卷二

第三十六 織田信長(おだのぶなが)

織田信長は戰國時代の末に起つた英雄で、その家は代々尾張(をはり)にありました。父信秀(のぶひで)は武勇の氣象(きしやう)に富み、しばしば兵を近國に出して領地をひろめました。信長は幼い時から、あらあらしいふるまひが多かつたが、後、行を改め、父の志をついで四方を平定しようとしました。

信長の生ひたち
父信秀領地をひろむ

父の志をつぐ

織田信長馬に鞭をあてて桶狹間に向ふ

桶狹間の戰
今川義元尾張に入る

その頃、勢の盛であつた駿河(するが)の今川義元(いまがはよしもと)は、織田氏を滅ぼして京都に上らうと思ひ、

大兵を率ゐて尾張に攻入りました。信長は、この知らせを得た時、家臣と世間話をしてゐたが、少しも驚いた様子もなく、談笑(だんせう)をつづけました。翌朝味方の壘(とりで)が危いと聞いて、たゞちに馬に鞭(むち)をあてて出陣しました。さうして義元が諸城を取つて氣がおごり、桶狹間(をけはざま)に陣してさかもりをしてゐる油斷(ゆだん)に乗じ、僅の兵を以て、急にその本陣に切込み義元を討取りました。これから信長の威名は忽ち四方にあらはれました。

信長義元を討取る

第百六代正親町(おほぎまち)天皇は、常に朝廷の衰へたのをおなげきあそばされ、天下の爭亂を鎭(しづ)めようといふ御志をいだいておいでになりました。天皇は遙に信長の武名を聞召され、勅して御料地の回復をお命じになりました。信長は勤王の志の深い人であつたから、この有難い勅を拜して感涙(かんるゐ)にむせび、一身をさゝげて大御心を安めたてまつらうと固く決心しました。

正親町天皇信長を召したまふ

信長勅を拜す

信長正親町天皇の勅を拜す

信長の勤王	その頃、幕府の勢はますます衰へ、將軍義輝(よしてる)は部下に害せられ、その弟義昭(よしあき)は信長のところに逃げて來ました。そこで信長は義昭を助けて京都に入り、將軍職に就かせました。信長は京都に上ると、早速皇居を修理し、皇室の御費用を獻上(けんじやう)し、專ら朝廷の御爲に盡しましたから、久しく絶えてゐた御儀式も再興せられ、諸國に逃げてゐた公卿(くぎやう)もおひおひに歸り、京都はやうやくもとの有樣にもどりました。
義昭を奉じて入京す	
皇居御修理	
御儀式再興	
足利氏の幕府亡ぶ	それから信長は、次第に近畿の諸國を平げ、人民のためをはかつたので、その勢がますます盛になりました。義昭は、これを見て信長を除かうとしたが、かへつて信長に追出され、足利氏の幕府はとうとう亡んでしまひました。これは天正元年(紀元二千二百三十三年)のことで、義滿(よしみつ)が將軍となつてから凡そ百八十餘年後であります。
義昭信長におはる	
信長四方を平定せんとす	信長は近江(あふみ)の安土(あづち)に城を築き、壯麗(さうれい)な天主閣(てんしゆかく)をつくりました。さうしてこの城に據(よ)つて四方を平定しようと思ひ、先づ羽柴秀吉(はしばひでよし)を中國地方に遣はして毛利輝元(まうりてるもと)を攻めさせました。その間に信長は甲斐(かひ)の武田氏を滅ぼし、ついで秀吉をたすけるため、自ら中國に向ふ途中、京都で明智光秀(あけちみつひで)に不意(ふい)を襲(おそ)はれ、奮戰(ふんせん)のかひなく、自殺しました。
安土城を築く	
羽柴秀吉を中國に遣はす	
信長自殺す	
信長の勳功	信長はさきに天皇の勅を拜してから、一日も早く天下

建勳神社

を平定して、大御心を安めたてまつらうと努めたが、その大業の半でたふれたのは、まことに惜しいことであります。朝廷はその勳功(くんこう)を賞して、特に太政大臣從一位を贈られました。京都の建勳(たけいさを)神社は、信長を祀つた社であります。

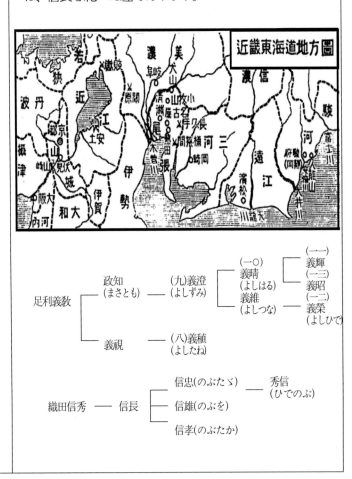

第三十七 李退溪(りたいけい)と 李栗谷(りりつこく)

朝鮮の儒學
　戰國時代には朝鮮では、成宗(せいそう)・中宗(ちゆうそう)・明宗(めいそう)及び宣祖(せんそ)などが、國王の位にゐました。これより先、太宗(たいそう)・世宗(せいそう)の頃から、佛教をおさへて儒學を獎勵したので、高麗の時代に榮えた佛教は次第に衰へ、これに代つて儒學はますます盛になり、李退溪・李栗谷などの名高い學者が出ました。

佛教衰ふ

陶山書院

李退溪
　李退溪は中宗・明宗の頃の人であります。十二歳の時、論語を讀んで、「弟子(ていし)入つては則(すなは)ち孝、出でては則ち弟(てい)。」といふ語に感じ、それから熱心に學を修め德を磨(みが)いて立派な人になりました。

陶山書院 李栗谷 石潭の塾	中宗の時、官に仕へたが、間もなく病にかゝつて職を辭し、慶尙北道の禮安(れいあん)に退いて多くの子弟を教育しました。その後、大提學(だいていがく)に擧げられ、多くの人々から、その學德を慕(した)はれました。死後には陶山書院(たうざんしよゐん)を建ててまつられました。退溪の學問は內地にも傳はりました。 　李栗谷は明宗・宣祖の頃の人であります。幼い時から詩文をつくり、成長するにつれてますます學問を勵みました。宣祖の時、地方官となつてよく人民を治め、次第に高官にのぼりました。後、黃海道の石潭(せきたん)に塾(じゆく)をまうけて子弟の教育につとめ、また鄉約(きやうやく)をつくつて社會教化につくし、多くの人々から尊敬せられました。  石潭の塾

黨派の爭 金孝元と 沈義謙 四色の別	宣祖の時、金孝元(きんかうげん)と沈義謙(しんぎけん)とは仲がわるく、互に黨(たう)をたてて爭ひました。李栗谷は、黨派の爭が政治をみだすことを憂(うれ)へて、これをやめさせることに努めたが效がなく、その後次第に黨派の爭がはげしくなり、互に他のものを斃(たふ)して政權(せいけん)をにぎらうとしました。その後永く朝鮮人の間に、老・少・南・北の四色の別があつたのは、その名殘であります。

朝鮮王系圖(二)

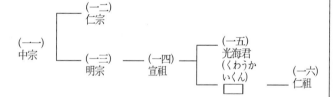

第三十八　豊臣秀吉(とよとみひでよし)

秀吉の出世

　豊臣秀吉は尾張(をはり)の貧しい農家に生れました。武士となつて名を天下に擧げようと志し、織田信長に仕へ、たびたび戰功を立てて、次第に重く用ひられ、羽柴(はしば)秀吉と稱してゐました。

織田氏の部將秀吉に從ふ

　秀吉は、中國の毛利氏を攻めてゐた時、信長の死をきいて毛利氏と和を結び、急に軍をかへして明智光秀を滅ぼしました。これから秀吉の威勢(ゐせい)は俄かに盛になり、織田氏の部將は皆秀吉の命をきくやうになりました。

大阪城を築く

　その後秀吉は、大阪の地に堅固(けんご)な城を築きました。さうして天下を定めて信長の志を成しとげようとしました。

關白太政大臣となる

　朝廷は秀吉の功を賞して、しきりに官位をのぼせ、關白をお授けになり、太政大臣に任じ、豊臣(とよとみ)といふ姓を賜ひました。

秀吉の勤王

聚樂第の行幸

　秀吉はまた京都に聚樂第(じゆらくだい)といふ壯麗な邸宅を營み、第百七代後陽成(ごやうぜい)天皇の行幸を請ひたてまつり、自ら文武百官を率ゐてお供(とも)をいたしました。四方から集つて來た士民は、その盛な御行列を拜觀して、「このやうな太平の世の有樣を見るのは、まことに思ひがけないことである。」といつて、涙を流して喜び合ひました。天皇は、五日の間、こゝにお留(とゞ)まりになりましたが、その間に、秀吉は御料(ごれう)を

献上し、親王及び公卿の領分を定め、諸大名をして共々に皇室を尊ぶべきことを誓(ちか)はせました。秀吉はまた新に皇居をお造り申し上げ、京都の市街をも整(とゝの)へたので、朝廷の御有様も、京都の様子も、信長の時よりは、一段と立ちまさりました。

皇居御造營
京都市街
を整ふ

後陽成天皇聚樂第に行幸したまふ

その後、天正十八年(紀元二千二百五十年)秀吉は大軍を發して、小田原(をだはら)の北條氏を攻滅ぼしました。應仁(おうにん)の亂後、百餘年の間、亂れに亂れてゐた國內は、こゝに始めて平定しました。

全國を平定
す
北條氏を
滅ぼす

秀吉は國內を平定した後、朝鮮に交を求め、その沿岸を荒す海賊を取りしまりなどして好意を示しました。また明とも交を修めようとしたが、應じないので、明を討つために朝鮮に案內を求めました。朝鮮は修交を承諾(し

秀吉朝鮮及
び明と交を
修めんとす

朝鮮これ
を拒む

ようだく)せず、また明へ案内することをも拒(こば)みました。

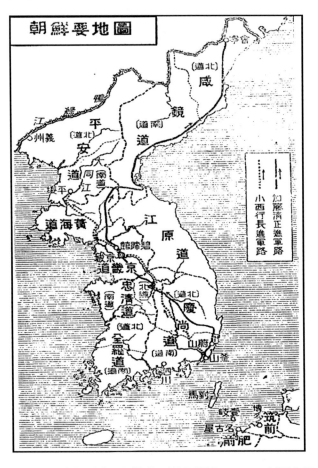

兵を朝鮮に
出す
二五年

　そこで秀吉は已むを得ず、道を朝鮮にとり、行軍を妨げるものを打破つて明に向はうと決心し、文祿元年、小西行長(こにしゆきなが)・加藤清正(かとうきよまさ)を先

手として十三萬餘の大軍を渡らせました。その頃朝鮮は黨派の爭のために政治は亂れ、兵備もすたれてゐたので、この大軍を防ぐことが出來ず、宣祖は京城より義州に逃れました。行長は、その後を追つて平壤に進み、淸正は東北の地方を定め、わが軍は三箇月ばかりの間に、殆んど朝鮮の全部を從へました。この間にわが水軍は、行長等と連絡を保つてこれを助けようとしたが、朝鮮の南方の海上で李舜臣(りしゅんしん)のために破られて、その北上を沮(はゞ)まれました。淸正はこの役で、武名をとゞろかしたばかりでなく、よく人民をあはれみました。

明はこの有樣を見て、宣祖の請に應じ、大軍を朝鮮に送つたから、行長は平壤から退きました。明軍が進んで京城に迫ると、小早川隆景(こばやかはたかかげ)は、「大敵の攻寄せて來たのは仕合はせである。わが手竝(てなみ)を見せて日本に隆景のあることを思ひ知らせてやらう。」といつて、立花宗茂(たちばなむねしげ)等と碧蹄館(へきていくわん)で明の大軍をさんざんに打破りました。

明は大いに驚き、行長によつて和を求めたから、秀吉はこれを許して出征軍を引上げさせました。然るに明は講和(かうわ)の誠意がなく、その國書には、秀吉を日本國王にすると記してあつたので、秀吉はその無禮を怒つて明使を追ひかへし、再び出兵の命を下しました。

慶長(けいちやう)二年、淸正・行長は、また先手となり、全軍これにつづいて渡海し、程なく朝鮮の南部を從

淸正の人物

碧蹄館の戰

小早川隆景の奮戰

和議破る

明に誠意なし

蔚山籠城

一五九七年

清正淺野幸長を救ふ	へました。その年の末頃、明の大軍が淺野幸長(あさのよしなが)等を蔚山にかこみました。淸正は急をきいてこれを救ふために城にはいつたが、城はまだ出來上らず、その上兵糧(ひやうらう)も乏しかつたので、大層苦戰をつづけました。間もなくわが援兵(ゑんぺい)が來たので、これと力を合はせて、大いに明軍を破りました。
泗川の戰 二五八年 島津義弘明軍を破る	慶長三年、秀吉は病にかゝつて薨じました。出征の諸將は秀吉の遺言(ゆゐごん)によつて、兵をかへすことになりました。たまたま明の大軍が、島津義弘(しまづよしひろ)を泗川(しせん)に攻めたが、義弘は僅の兵で大いにこれを打破りました。また義弘は露梁(ろりやう)で敵の水軍をさんざんに破り、李舜臣等を斃(たふ)しました。その後、明軍はおそれてわが後をうかゞはなかつたので、諸將は無事に引上げました。
明軍の橫暴	このやうにして前後七年にわたつた戰は終を告げました。しかし明軍は、その後も朝鮮にとゞまつて、いろいろ橫暴(わうばう)な振舞(ふるまひ)をしたので、朝鮮は一層疲弊(ひへい)しました。
秀吉の人物 母に孝養をつくす	秀吉は輕い身分から身を起して國內を平定し、皇室を尊び、人民を安んじ、國威を海外にまで輝かした英雄であるが、また極めてやさしい心持の人で、平生母に仕へてよく孝養を盡しました。
朝廷秀吉の勳功を賞したまふ 豐國神社	朝廷は秀吉の大功を思召し、その社に豐國大明神(とよくにだいみやうじん)といふ號を賜ひ、正一位を授けられました。京都の豐國神社は秀吉を祀つた社であります。

第三十九　徳川家康(とくがはいへやす)

家康の人と
なり

　豐臣秀吉の後をうけて、國内統一の業を成し遂げたの
は徳川家康であります。家康は、幼い時から、さまざま
の難儀に出あつたため、至つて辛抱(しんばう)づよく、
またよく學問を修めたので、常に人にすぐれた考をもつ
てゐました。子供の時、河原に出て、多くの兒童の石合
戰(いしがつせん)を見物し、「小勢(こぜい)の方は決心が
堅く、隊がとゝのふから、必ず勝つであらう。」と言つた
ところが、果してその通りであつたといふことでありま
す。

徳川家康

家康の出世	家康は、はじめ岡崎の城主であつたが、今川義元の死後、織田信長と結んで濱松にうつり、北條氏の亡びた後、關東を得て江戸にうつりました。
關原の戰	秀吉の薨じた時、その子秀頼(ひでより)は、僅に六歳であつたから、家康は前田利家(まへだとしいへ)と共にこれをたすけたが、間もなく利家も薨じたので、家康の勢がひとり盛になりました。秀吉に重く用ひられた石田
石田三成家康を除かうとはかる	三成(いしだみつなり)はこの有様を見て、毛利輝元(まうりてるもと)・上杉景勝(うへすぎかげかつ)などと謀つて、家康を除かうとしました。そこで景勝はその領地の會津
上杉景勝兵をあぐ	(あひづ)で兵を擧げました。家康は景勝を討つために東國に向つた隙(すき)を見て、三成も兵を起し、進んで美濃(みの)に入りました。これを聞いた家康は軍をかへして美濃に入り、三成等と關原(せきがはら)に戰つて大いにこれを破りました。これは慶長五年(紀元二千二百六十
天下分目の戰	年)のことで、實に天下分目(わけめ)の戰でありました。
江戸幕府はじまる	關原の戰の後、家康は景勝・輝元をはじめ、三成に味方した大名の領地を、或は削(けづ)つたり、或は取上げたりして、これを有功の諸將に分與へました。そこで家康
家康征夷大將軍に任ぜらる	は天下の實權を握り、慶長八年(紀元二千二百六十三年)、征夷大將軍(せいいたいしやうぐん)に任ぜられ、幕府を江戸に開きました。これから豊臣氏と德川氏との位置は全くかはり、秀頼は幕府の下にある大名のやうになりました。
豊臣氏亡ぶ	その後、秀頼は大阪城に據つて豊臣氏の再興(さいこう)をはかつたが、かへつて家康及びその子將軍秀忠(ひで

たゞ)のために滅ぼされました。

家康朝鮮と
修好す

　家康はまた朝鮮との修好をはかつたが、朝鮮は喜んで
これに應じました。その後、朝鮮は將軍の代がはりごと
に使者を送つて親密の心をあらはし、幕府も鄭重(ていち
よう)にこれをもてなしました。

日光東照宮陽明門

家康太平の
基を開く

　家康は非常に忍耐強い人で、次第々々に事業を進めて
ゆき、つひに國内を統一して善い政治を行ひ、學問を興
し、二百六十餘年間の太平の基(もとゐ)を開きました。

東照大權現

朝廷は家康を祀つた社に東照大權現(とうせうだいごんげ
ん)といふ號を賜ひ、後さらに宮號(きゆうがう)を賜ひま

日光山東
照宮

した。日光山(につくわうざん)の東照宮(とうせうぐう)
は、すなはちその社であります。

第四十　德川家光(とくがはいへみつ)

　德川家光は秀忠の子で、生れつき豪氣(がうき)な人でありました。二十歳で將軍職に就いた時、諸大名を集めて、「わが父祖は、諸君の力をかりて天下を得たのであるから、諸君に對して同輩の禮を用ひられたが、余は生れながらの將軍であるから、この後は諸君を家臣として待遇する。それが不平ならば、國に歸つて兵馬の用意をせよ。」と申し渡しました。諸大名はその威光に恐れて全く服從し、幕府の威權はますます盛になりました。

德川家光諸大名を戒む

　これより先、後奈良(ごなら)天皇の御代に、ポルトガル人が始めてわが國に渡つて來てから、イスパニヤ人・オ

日本町	ランダ人・イギリス人などもおひおひに來て通商を開きました。わが國民も、遠く海外に渡つて盛に貿易を營み、シャムをはじめ、所々に移住するものが多く、日本町さへ立てられました。
キリスト教 信長これ を保護す	ポルトガル人が來てから間もなく、キリスト教が傳はりました。織田信長は、その宣教師(せんけうし)を手あつく保護し、京都・安土などに教會堂や學校を建てさせました。キリスト教のひろまるのにつれて、西洋の學問もやうやく行はれて來ました。しかしキリスト教の信者の中には、わが國の風習にそむくものもあつて多くの弊害(へいがい)を生じたから、秀吉はキリスト教を禁じ、宣教師を國外に追出しました。家康も同樣にこれを嚴禁(げんきん)しました。しかし外國との貿易はやはり行はれてゐたので、宣教師は絶えず忍び込み、キリスト教を信ずるものはなほ絶えませんでした。
秀吉これ を禁ず 家康もこ れを禁ず	
島原の亂	家光はこの樣子を見て、信者を嚴刑に處し、國民の海外に渡航することを禁じて、キリスト教を根絶(こんぜつ)しようとしました。その禁令があまりに嚴しかつたので、九州の天草(あまくさ)島・島原(しまばら)半島などの信者は、つひに寬永(くわんえい)十四年、亂をおこして原城(はらじやう)にたてこもりました。家光は兵を遣はして、翌年これを平定しました。
二九七年 信者原城に たてこもる	
鎖國	この後、幕府は一層キリスト教の取締(とりしまり)を嚴しくし、西洋人のわが國に來ることをも嚴禁しました。たゞオランダ人は、キリスト教の布教に關係しなかつたから、支那人と同樣に、長崎に來て貿易することを
長崎の貿易	

許されました。このやうに國を鎖(とざ)したので、キリスト教は絶えたが、外國との交通は衰へ、洋書を讀むことも禁ぜられ、國民は海外の事情にうとくなりました。

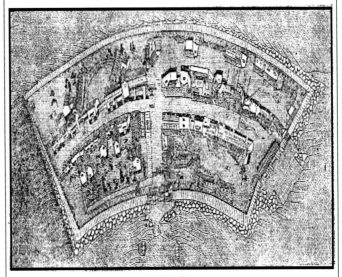

長崎出島

第四十一　德川光圀(とくがはみつくに)

學問大いに
興る
　家康學問
をすゝむ

綱吉學問
を奬勵す

綱吉時代の
文化

光圀歴史を
讀みて感ず
　光圀の人
となり

　はじめ家康は武力によつて天下を定めたけれども、これを治めるのには學問を以てしなければならぬと考へて、林道春(はやしだうしゆん)等の學者を招き、また古書をさがし求めてこれを出版させました。これより學問を修める氣運が興りました。鎖國(さこく)の後には、西洋の學問は全く傳はらなくなつて、わが國の學問がますます發達しました。五代將軍綱吉(つなよし)は學問を好んでこれを奬勵し、孔子の廟(べう)を江戸の湯島(ゆしま)に建てて、道春の子孫をして孔子を祈り、且生徒を集めて教育せしめました。そこで、諸大名にも學問に勵むものが多く出ました。水戸の德川光圀のごときは、最も著しい人であります。山崎闇齋(やまざきあんさい)・木下順庵(きのしたじゆんあん)・伊藤仁齋(いとうじんさい)・荻生徂徠(をぎふそらい)などの學者が出たのも、この頃であります。

　綱吉の時代は太平がつゞいたので、學問のほか淨瑠璃(じやうるり)・芝居(しばゐ)などが流行し、文化は大層進んだが、風俗は一般に華美(くわび)に流れました。その頃の風俗を元祿風(げんろくふう)といひます。

　光圀は家康の孫で、生れつき頗る賢く、六歳の時、將軍家光の命により、兄賴重(よりしげ)をこえて世嗣(よつぎ)と定められました。十八歳の時、支那の歴史を讀んで、「伯夷(はくい)・叔齊(しゆくせい)といふ兄弟があつた。

その父は弟に家を傳へようと望んでゐたので、父の死後、伯夷は弟にこれを讓つたところ、叔齊もまた兄に讓つた。」とあるのを見て、大いにその義に感じ、自分も兄の子に家を讓らうと決心しました。また光圀は世の人をみちびくのには、歴史によらねばならぬと思ひ、國史を著す志を立てました。

大日本史を著す

その頃、わが國には良い歴史の書物が少く、國民は、ややもすれば幕府の勢の盛なことだけを見て、皇室の尊いことを知らないやうな有様でした。光圀はこれをなげいて、四方から學者を招き、多くの書物を集めて正しい國史をしらべさせ、ついに名高い大日本史（だいにほんし）を作つて、名分（めいぶん）をたゞし、國體を明かにしました。この書は國民の尊王の心を養ふ上に大いに力になりました。

國體を明かにす

德川光圀大日本史を著す

朝廷をたつ とび忠孝を すゝむ	光圀は尊王の心が深く、常に皇室を敬ひたてまつり、毎年元日には、禮服を着けて、遙に京都の方を拜しました。しばしば家臣を戒めて、「天皇はわが主君である。將軍はわが家の本家である。汝等、將軍を主君と思ひあやまるな。」と教へました。また楠木正成の碑を湊川に建てたり、領内の孝子・貞女(ていぢよ)を賞したりして、忠孝の道をすゝめました。
光圀の儉約	光圀は大名でありながら、儉約を守り、居間(ゐま)の天井(てんじやう)・壁などは反古紙(ほごかみ)で張り、衣服も粗末なものをまとひました。後、かねての決心通り、兄賴重の子に家を讓つて西山(にしやま)に隱居し、
水戸義公	その後も一層質素な生活を送りました。今でも水戸義公(みとぎこう)と呼ばれて、多くの人々に敬はれてゐます。

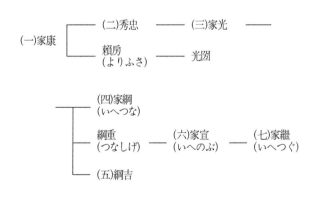

第四十二　德川吉宗(とくがはよしむね)

家宣・家繼が
新井白石を
用ひて政治
を改む

綱吉は學問を獎勵したが、後には奢にふけつたので政治がみだれ、幕府の財政が困難になりました。そこで金貸や銀貸の質を惡くし、その數を多くして費用の不足をおぎなひました。また外國貿易のために金銀が多く國外に流れ出ました。綱吉の後をうけた六代將軍家宣(いへのぶ)及び七代將軍家繼(いへつぐ)は、新井白石(あらゐはくせき)を重く用ひて政治を改革し、貨幣を改鑄してその質をよくし、外國貿易を制限して、金銀の國外に流れ出ることを防ぎました。家康以來幕府は朝鮮の使者を鄭重にもてなしてゐたが、弊害も少くなかつたので、家宣は白石の意見に基づいてその儀式を改め整へました。このやうに家宣・家繼は政治に力を盡したが、華美な元祿風は容易に改りませんでした。この時に當つて八代の將軍職をついだのは吉宗であります。

貨幣を改
鑄す
金銀の國
外に流出
するを防ぐ
朝鮮の使
者のもて
なしかた
を改む

吉宗皇室を
尊ぶ

吉宗は家康の曾孫(そうそん)で、紀伊家(きいけ)に生れ、賢明でつゝしみ深く、朝廷の事を聞く時は、いつも容(かたち)を正しました。

儉約をすゝ
め武事を勵
ます

吉宗が將軍となつた時は、元祿風がなほ殘つてをり、武士は奢に流れて武藝につとめませんでした。そこで吉宗は、嚴しく儉約を命じ、自ら綿服を着けて手本を示し、またしばしば鷹狩(たかがり)・水泳を行ひ、オランダ人を招いて部下に馬術を授けさせなどして、武事を獎勵しました。それ故、武士の風がおのづから改りました。

徳川吉宗

産業をすゝ
む
甘藷をひ
ろむ

　吉宗は深く産業に心を用ひ、甘藷(かんしよ)が飢饉(き
きん)の時に役立つのを知つて、青木昆陽(あをきこんやう)に、その作方(つくりかた)を記させ、種芋(たねいも)
と共に、これを諸國に分けて甘藷の栽培をひろめさせま
した。その頃、砂糖は支那から輸入され、價が高かつた

砂糖をつ
くる

ので、吉宗は甘蔗(さとうきび)の苗を取寄せ、これを城
中に植ゑて砂糖をつくらせました。諸大名もこれになら

諸國の産
物増加す

つて産業に力を注ぎ、諸國の産物は次第に増加するやう
になりました。

洋書の禁を
解きオラン
ダの學問を
すゝむ

　吉宗は西洋の學問が進んでゐるのを聞き、洋書の禁を
解いて、キリスト教に關係のない書物を讀むことを許
し、また青木昆陽等を長崎に遣はしてオランダ語を學ば

幕府中興 の英主	せました。これよりオランダの學問に志すものがやうやく多くなり、後世洋學の盛になる基がこゝに開けました。吉宗は、このやうに善政を行ひ、よく世を治めたから、世にこれを幕府中興(ちゆうこう)の英主(えいしゆ)といひます。

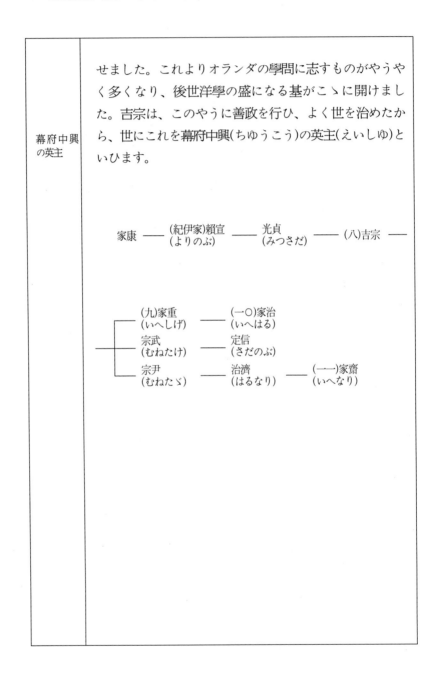

第四十三　松平定信（まつだひらさだのぶ）

定信幕府に用ひらる

　吉宗の後、しばらくの間、世の中は太平であつたが、やがてまた政がゆるんだから、十一代將軍家齊（いへなり）は松平定信を重く用ひて、よくこれを引きしめました。

定信の生ひたち

　定信は吉宗の孫で、幼い時から賢く、古今の書を讀んで、立派な人となりました。やがて松平氏をついで奥州白河（しらかは）の藩主となり、よく領内を治めて、世の人々から仰ぎ敬はれてゐました。

儉約をすゝむ

　その頃、しばしば暴風・洪水などの天災があつて、諸國に大飢饉が起り、江戸・大阪をはじめ各地の人民は大層困りました。この時、定信は多くの人々から望まれて幕府に入り、吉宗にならつて嚴しく奢を禁じ、一切（いつさい）ぜいたくな品を用ひさせず、儉約をすゝめて、その餘りを貯へさせました。

文武の道を勵ます

　定信は當時の人々が遊惰（いうだ）に流れてゐるのを見て、先づ武士の風儀を正さうと思ひました。そこで湯島の學問所をひろげて漢學を盛にし、また多くの道場（だうぢやう）を江戸の市中に開かせて、武藝を稽古（けいこ）させせました。このやうに文武の道を勵ましたので、世の風俗も次第に改りました。

皇居の御造營につとむ

　たまたま京都に大火があつて、皇居もその災（わざはひ）に罹つたので、定信は上京して自ら御造營（ござうえい）

光格天皇 定信の功 を賞せらる	の工事を指圖し、昔の法式(はふしき)の通り立派な宮殿を造り上げました。第百十九代光格(くわうかく)天皇は、大層これを御滿足に思召され、 御太刀(おんたち)などを定信に 賜うて、その功を賞せら れました。天皇は すぐれて英明に わたらせられ、  松平定信海岸を巡視す
西に聖天 子東に名臣	定信も賢い人でありましたので、天下の人々は、西に聖天子がましまし、東に名臣があるといつて喜びあひました。
意を海防に 用ふ 二四五二年 ロシヤの 使來る	さきに家光が國を鎖してから、外國との交通は久しく絶えてゐたが、寬政四年始めてロシヤの使が根室(ねむろ)に來て、通商を請ひました。幕府はこれを許さなかつ

江戸附近の海岸を巡視す	たが、外國との關係は次第におだやかでなくなつて來たので、定信は海防のことに心を用ひ、多くの困難を忍んで江戸附近の海岸を巡視しました。またある時外國船を畫かせ、これに、 　この船のよるてふことを夢の間も 　　　わすれぬは世の寶なりけり といふ歌を題し、海防に注意すべきことを戒めました。
多くの書物を著す	定信は職を辭して後、樂翁(らくをう)と號し、多くの書物を著し、七十二歳で歿(ぼつ)しました。

第四十四　英祖(えいそ)と正祖(せいそ)

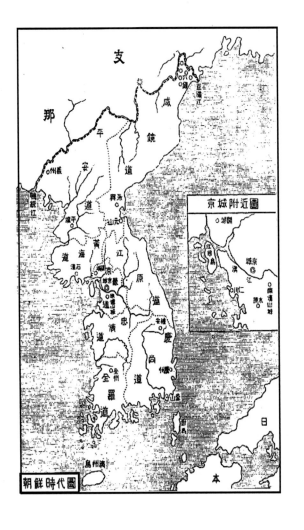

朝鮮淸の屬國となる満洲族攻入る	後水尾(ごみづのを)天皇の御代の頃、朝鮮の北方の満洲に満洲族が起つて國を建て、南に下つて半島の地に攻入りました。その時の朝鮮王仁祖は、難を避けて一時江華島(かうくわたう)に移りましたが、間もなくこれと和睦しました。ついで明正(みやうしやう)天皇の御代に至り、満洲族は國號を淸(しん)と稱し、朝鮮がその命に從
再び攻寄す	はないのを怒り、再び大兵を出して攻寄せました。仁祖は南漢山城(なんかんざんじやう)に入つてこれを防いだが、力が及ばないので、つひに降りました。その後、朝鮮はながく淸の屬國となりました。
英祖と正祖	仁祖から數代を經て、中御門(なかみかど)天皇から光格(くわうかく)天皇の御代に亙(わたり)、英祖と正祖とが相ついで立ちました。この二王はともに力を民政につくし、農事をすゝめ、儉約を行はしめ、刑罰(けいばつ)をかるくし、大いに學問を奬勵し、また以前から盛であつた黨派の爭を除くことに心を用ひたので、凡そ七十年の間、朝鮮はよく治りました。けれども二王の後は、多く幼主が立ち、政治はもつぱら外戚(ぐわいせき)がこれを行ふやうになり、王室は次第に衰へました。
キリスト教	これより先、西洋の文化は、内地及び支那に傳はつたが、やがてこれらの地を經て、朝鮮にもはいつて來ました。正祖の時には、キリスト教を信ずるものが多くなり、支那から周文謨(しうぶんぼ)といふ宣教師も來ました。しかし正祖はキリスト教が政治に災を及ぼすことを
周文謨來る正祖・純祖キリスト教を禁ず	心配して、これを信ずることを禁じ、その教に關係(くわんけい)のある書物をあつめて燒かせ、次の純祖(じゆんそ)

の時には、周文謨をはじめ、多くの信者を刑に處しました。その後も、ひそかにキリスト教を信ずるものは絶えませんでした。

朝鮮王系圖(三)

第四十五　國學(こくがく)と尊王(そんわう)

海防論と尊
王論

國學起る
契沖

賀茂眞淵
本居宣長

宣長古事記
傳を著す
國體を明
かにす

「大和心」の
歌をよむ

　江戸幕府と外國との關係がはじまつて海防論が盛にな
りかけた頃、内には學問の進むにしたがつて、尊王論が
大いに起りました。

　從來學問と言へばたいてい漢學であつたが、僧契沖(け
いちゆう)が出て國語・國文の研究をしてから、國學が
始めて起りました。その後、國學は次第に盛になり、賀
茂眞淵(かもまぶち)や本居宣長(もとをりのりなが)のやう
な學者が出ました。

　宣長は、これまでの漢學者の中にはみだりに、支那を
尊ぶ風のあるのをなげき、多くの書物を著して、わが國
體が萬國(ばんこく)にすぐれてゐることを明かにしまし
た。その著書の中で最も名高いのは古事記傳(こじきで
ん)で、三十五年の長い年月をついやし、全力をそゝいで
著したものであります。

　宣長は大層櫻の花を愛し、自ら畫いた自分の肖像(せう
ざう)に、

　　敷島(しきしま)の大和心(やまとごころ)を人とはば
　　　朝日ににほふ山櫻花(やまざくらばな)

と題し、常に書齋(しよさい)にかけておいたと言ふことで
あります。この歌は、わが日本魂(やまとだましひ)をよみ

尊王論の勢加はる	あらはした名歌であります。 　宣長には日本全國に五百人に近い弟子がありました。これらの人々は、宣長の志をついで、盛に國學を唱へ、國體を明かにすることにつとめました。それ故、大日本帝國は、萬世一系の天皇が御親(みづか)ら大政をとりたまふべきであることがわかり、尊王論はますます勢を加へました。

本居宣長の書齋

高山彦九郎と蒲生君平	この頃尊王を唱へた人人の中で、最も名高いのは、高山彦九郎(たかやまひこくらう)と蒲生君平(がまふくんぺい)とであります。
彦九郎の生ひたち	高山彦九郎は生れつき豪氣(がうき)で且孝心が深く、少年の頃、晝間は農業を勵み、暮方から遠方の師のもとに通つて熱心に學問を習ひました。十三歳の頃、太平記

（たいへいき）を讀んで、楠木正成・新田義貞などの忠義に大層感心しました。

彦九郎尊王の大義を説く

彦九郎は長ずるにしたがつて、ますます忠義の志が深くなりました。かつて皇居が火災にかゝつた時、遙にこれを聞いて心配のあまり、夜を日についで京都に馳せのぼりました。また武者修行（むしやしゆぎやう）にならつて、廣く全國をめぐり、學問・德行のすぐれた人々と交を結んで、常に尊王の大義を説きました。さうして京都を

皇居を拜す

高山彦九郎御所を拜す

通る時は、必ず御所の門前に跪（ひざまづ）いてこれを拜し、謹んで皇室の尊さをあふぎました。後、九州に遊び、筑後（ちくご）の久留米（くるめ）で世の中の有樣をなげいて自殺しました。その息の絶えようとする時、座を正して遙に京都の方を拜したといふことであります。

世をなげきて自殺す

君平の生ひたち	蒲生君平は幼い時から學問を好みました。ある時祖母（そぼ）からその家柄のよいことを聞いて志を起し、一層學問を勵みました。

蒲生君平順徳上皇の御陵に詣づ

御陵を取調べて山陵志を著す	君平は學問の進むにつれて、朝廷の御威光の衰へたのを悲しみました。殊に御歷代の御陵の荒れてゐるのをなげいて、諸國をめぐり、多くの難儀をしのいで、神武天皇をはじめ、御代々の天皇の御陵を取調べ、山陵志（さんりようし）を著して、これを朝廷及び幕府にたてまつりました。この書が出たために、今まで世に知られなかつた御陵が明かになり、荒れてゐるものも、後に修められるやうになりました。
朝廷二人を賞したまふ	明治になつてから朝廷は、彦九郎・君平の忠節（ちゆうせつ）を賞したまひ、位を贈つてこれを表彰（へうしやう）なさいました。

第四十六　攘夷(じやうい)と開港(かいかう)

林子平の生ひたち

高山彦九郎・蒲生君平と同時代に林子平(はやししへい)が出ました。子平は若い時から學問・武藝に勵み、殊に地圖を見ることが好きな人でありました。

海國兵談を著す

子平は、北は北海道のはてから、西は長崎に至るまで全國をまはつて、國々の樣子を取調べました。長崎でオランダ人から外國の形勢(けいせい)を聞いて、海防の大切なことを悟(さと)り、海國兵談(かいこくへいだん)を著して、「わが國は四面みな海であつて、江戸の日本橋からヨーロッパ洲まで水路がつゞいてゐる。彼が攻めて來ようとすれば、何處へでも來られるであらう。その備(そなへ)を怠(おこた)つてはならない。」と述べました。この頃、

西洋諸國次第にわが國に近づく

西洋諸國は、しきりに勢力を東洋にひろげ、次第にわが國に近づかうとしてゐたから、この言葉は、まことによい注意を與へたものでありました。

子平罪せらる

然るにわが國は久しく鎖國の主義をつゞけてゐたので、國民は世界の大勢を知りませんでした。そこで子平の論はいたづらに人心を惑(まど)はすものであるとして、幕府は海國兵談及びその版木(はんぎ)を取上げ、子平を罪しました。しかし、子平の國を愛する眞心がわかつたので、後その罪はゆるされ、明治に至つて子平は更に追賞(つゐしやう)せられました。

子平追賞せらる
攘夷論起る
ロシヤ人亂暴をはたらく

寛政四年、ロシヤの使が來て通商を求めたが、幕府はこれを許さなかつたので、ロシヤ人は樺太・千島で亂暴(ら

んばう)をはたらきました。ついでイギリス船も來て長崎を騒がしたから、長崎奉行(ぶぎやう)は、その責(せめ)をおうて自殺しました。これらの事で、國民は外國の横暴(わうばう)を憤(いきどほ)り、攘夷の論が盛に行はれ、幕府は海防を嚴しくし、つひに外國船の打拂(うちはらひ)をさへ命ずるに至りました。

この頃、最も熱心に攘夷論を唱へたのは、水戸の藩主徳川齋昭(とくがはなりあき)でありました。齋昭は氣象(きしやう)のすぐれた人で弘道館(こうだうくわん)を建てて大いに文武の業を勵まし、多くの大砲を鑄(い)て海防に備へました。また光圀の志をついで皇室を尊び、毎年元日はもとより、先帝の御忌日(おんきにち)には、身を清めて京都を遙拜し、常に家臣を戒めて、皇室を敬ひたてまつらしめました。この齋昭が、進んで攘夷を唱へ、天下の人心をひきたてて國威をきずつけぬようにつとめたので、これから尊王攘夷の論が大いに人心を動かしました。

徳川齋昭さかんに大砲を鑄る

第四十七　攘夷と開港(つゞき)

　攘夷論が盛に行はれる間に、洋學を修めたものの中には、やゝ外國の事情に通じ、攘夷を不可として開港の意見を有するものが出ました。渡邊華山(わたなべくわざん)・高野長英(たかのちやうえい)はその主な人々であつたが、世間を或はすものとして、幕府から罪せられました。

　この頃、第百二十一代孝明(かうめい)天皇が御位にお卽(つ)きになり、幕府に勅して海防を嚴しくし、國威をきずつけぬように戒められ、なほ外國船(ぐわいこくせん)渡來(とらい)の有様を申し上げさせました。

　たまたま嘉永(かえい)六年、アメリカ合衆國(がつしゆうこく)の使節ペリーは、軍艦を率ゐて相模(さがみ)の浦賀(うらが)に來て、好を修め通商を開かれたいと請ひました。幕府は大いに驚き、取敢へず明年を約してペリーを去らせ、その由を朝廷に申し上げ、諸大名にも意見を述べさせました。これより攘夷か、開港かについて議論がまとまらず、天下は大いに騷がしくなりました。

　このやうな次第で、幕府の方針の定らない中に、翌年ペリーは再び來て、さきの返答を求めました。幕府は已むを得ず、和親(わしん)條約を結び、伊豆(いづ)の下田(しもだ)・北海道の函館(はこだて)の二港を開き、薪水(しんすゐ)・食料などの必要品を給することを約しました。

アメリカ合衆國の使節ペリー來る

通商條約を
結ぶ
　ハリス來
る

　その後、間もなく合衆國總領事(そうりやうじ)ハリス
が來て、世界の大勢を説いて熱心に通商を開くことを
すゝめたので、幕府もこれに同意し、通商條約を定め
て、その勅許(ちよくきよ)を朝廷に請ひたてまつりまし
た。天皇は、國論がまとまつてゐないのを御心配あそば
されて、容易にその請をお許しになりませんでした。然
るに幕府はハリスに迫られ、その上、東洋の形勢を考へ
て、猶豫(いうよ)してゐることが出來ず、つひに勅許を
またないで合衆國と通商條約を結び、下田・函館の外に、
神奈川(かながは)・長崎・新潟(にひがた)・兵庫(ひやうご)

の四港をも開いて、貿易場となすことを約しました。それは安政五年のことで、これを安政の假(かり)條約といひます。ついで幕府は、オランダ・ロシヤ・イギリス・フランスの四國とも同じやうに條約を結びました。

そこで天皇は大いに幕府の專斷(せんだん)を御憤(おんいきどほ)りあそばされ、また德川齋昭等は時の大老(たいらう)井伊直弼(ゐいなほすけ)の罪を責め、天下は一層騷がしくなりました。直弼は幕府に反對する人々をおさへようとして、齋昭等をおしこめ、その他の者を捕へて、それぞれ重く罰しました。その中に吉田松陰(よしだしよういん)といふ人がありました。松陰は常に國事を憂

へ、松下村塾(しようかそんじゆく)を開いて人材を養成した人であります。直弼は、やがて水戸の浪士(らうし)等のために、江戸の櫻田門外(さくらだもんぐわい)で殺されました。

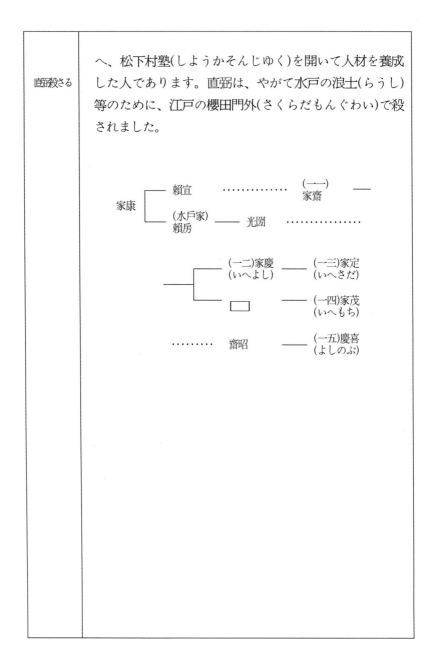

直弼殺さる

第四十八　孝明(かうめい)天皇

朝廷の御威
光高まる

勅使江戸に
下り攘夷を
うながさる

孝明天皇は、御生れつき剛毅(がうき)でいらせられ、御年一七歳で御卽位あそばされました。常に內治・外交について、深く大御心をおなやましになりました。天皇は三條實美(さんでうさねとみ)等を勅使として江戸に下し、攘夷をおうながしになりました。將軍家茂(いへもち)は謹んで勅命を奉じました。これから朝廷の御威光が高まつて、政治の中心は次第に朝廷にうつりました。

三條實美勅命を將軍家茂に傳ふ

家茂勅命を
奉じて攘夷
の期日を定
む

家茂は勅命を拜して、京都に上りました。天皇は、將軍及び諸大名を從へ、賀茂(かも)神社に行幸して攘夷をお

天皇賀茂神社に行幸あらせらる	祈りになりました。そのいかめしい御行列を拜觀した士民は、皆天皇の尊嚴(そんけん)を仰ぎたてまつつて感涙にむせびました。このやうに攘夷論の氣勢がますますあがつたので、家茂は攘夷を實行する期日を定めて、これを朝廷に申し上げ、また諸大名にも通知しました。
攘夷を中止す	いよいよその期日になると、長門藩(ながとはん)は下關海峽を通る外國船を砲擊し、ついで攘夷の親征を朝廷に請ひたてまつりました。然るに薩摩(さつま)・會津(あひづ)などの溫和論を唱へるものは、親征の不可なることを朝廷に申し上げたので、朝廷は長門藩の請をお却(しりぞ)けになりました。その後、長門藩はとかく幕府に從順でなかつたので、幕府は朝廷の命を奉じてこれを伐ちました。しかしその頃は幕府の威信が全く失はれてゐて、諸大名の中には幕府の命を聽かないものもあり、その上家茂が病のために薨じましたから、朝廷は勅して征伐をとゞめさせました。
長州征伐	
天皇の御德	孝明天皇は御年三十六歳でお崩(かく)れになりました。天皇は御在位二十年間內外多事のため、日夜御心をお安めあそばすひまもございませんでした。かつて外交の騒がしい樣子を御心配あそばされ、勅使を伊勢に遣はして宸筆(しんぴつ)の願文(ぐわんもん)を神宮にたてまつり、國難を救はれんことをお祈りになり、その勅使の京に歸るまで、每夜御庭にお出ましになつて、神宮を遙拜あそばされました。當時、皇室の御費用は至つて乏しかつたが、天皇は御不自由をお忍びになつて、ひたすら萬
願文を伊勢神宮にたてまつる	

孝明天皇

民をおあはれみになりました。それ故、國民はことごと
く天皇の御德をあふぎたてまつり、朝廷の御威光は年ご
とに加はつて、政權が朝廷にかへるべき氣運は、日に月
に進みました。

第四十九　王政復古(わうせいふくこ)

　孝明天皇のお崩れなされた後、第百二十二代明治天皇が御卽位あそばされました。その頃、幕府の威權は全く地におちてゐたから、岩倉具視(いはくらともみ)等の公卿は、ひそかに大久保利通(おほくぼとしみち)・西郷隆盛(さいがうたかもり)・木戸孝允(きどたかよし)などと結んで、幕府を倒さうと謀りました。土佐(とさ)の前藩主山內豊信(やまのうちとよしげ)はこの樣子を察し、家臣後藤象二郎(ごとうしやうじらう)を將軍慶喜(よしのぶ)のところに遣はして大政を朝廷に還し奉るやうに說きすゝめさせました。慶喜は水戸の齊昭の子で、學問は深く、見識(けんしき)は高く、尊王の心の厚い人であつたから、わが國が世界の國々の中に立交はつて盛になつてゆくためには、國民ことごとく皇室を中心として、互に力をあはせねばならぬことを思ひ、豊信のすゝめに從つて、大政(たいせい)の奉還(ほうくわん)を朝廷に請ひたてまつりました。天皇はたゞちにこれをお許しになりました。これを王政復古(わうせいふくこ)といひます。これは慶應(けいおう)三年(紀元二千五百二十七年)のことで、家康が征夷大將軍となつてから十五代二百六十五年、政權が武家にうつつてから、凡そ七百年を經てゐます。翌年年號を明治と改められました。

　幕府の舊恩を思ふ會津・桑名(くはな)などの藩士は不平をいだいて、慶喜をおし立て、明治元年のはじめ、大阪

慶喜大政を
朝廷に還し
奉る

幕府を倒
す企

慶喜の人
となり

王政復古

鳥羽・伏見の
戰
二五二八年

から京都に入らうとしたが、鳥羽(とば)・伏見(ふしみ)の戦に敗れ、慶喜は江戸にかへりました。

慶喜の恭順

そこで朝廷は有栖川宮熾仁(ありすがはのみやたるひと)親王を東征大總督(とうせいだいそうとく)とし、西郷隆盛等を參謀(さんぼう)とし、大軍を率ゐて江戸に向はせられました。慶喜はもとより朝廷に手向ふ心は少しもなかつたから、上野(うへの)にひきこもり、ひたすら恭順(きようじゆん)の意をあらはしたので、朝廷は慶喜の罪を許し、江戸城をお收めになりました。

東征大總督熾仁親王軍を進めたまふ

全國悉く定る 彰義隊敗る 若松城降る 五稜郭降る 一五二九年	慶喜の家臣で順逆(じゆんぎやく)をあやまり、彰義隊(しやうぎたい)と稱して上野にたてこもつたものがあつたが、間もなく官軍に破られました。かつて孝明天皇の御時、京都を守護(しゆご)して功をたてた會津藩主松平容保(まつだひらかたもり)は、奧羽の諸藩と申し合はせて若松城(わかまつじやう)に據つたが、やがて力がつきて官軍に降りました。また榎本武揚(えのもとたけあき)等は、軍艦を率ゐて北海道に走り、五稜郭(ごりようくわく)に據つたが、これもまた明治二年五月、官軍に降りました。このやうにして全國はことごとく定りました。

第五十　明治天皇

一　明治維新(ゐしん)

明治天皇の
御幼時
英明剛毅の
御生れつき

明治天皇は孝明天皇の第二皇子でいらせられ、嘉永(かえい)五年にお生れあそばされました。御生れつき英明剛毅にわたらせられ、御幼少の時、藩兵の演習(えんしふ)を御覽になり、百雷の一時に落ちるやうな大砲・小銃のはげしいひびきの中でも、御顔色すらおかへあそばされませんでした。

明治維新

天皇は御卽位の時、御年十六歳でいらせられました。さうして慶喜の大政奉還をお許しになり、今より後、すべての政は朝廷より出づべきことを天下に令したまひ、三條實美・岩倉具視・西鄉隆盛・大久保利通・木戶孝允などを重く用ひて、もろもろの政をつかさどらせられました。こゝにおいて武家政治はやみ、天皇御親(みづか)ら天下の大政を統(す)べたまふこととなりました。これを明治維新といひます。

五箇條の御
誓文を示し
たまふ

明治元年三月、天皇は紫宸殿(ししんでん)にお出ましになり、文武の諸臣を率ゐて御親ら新政の大方針を天地の神々に誓(ちか)ひ、これを國民にお示しになりました。それは、

　一、廣ク會議ヲ興シ萬機公論(バンキコウロン)ニ決
　　　スベシ

<table>
<tr>
<td>新政の基定る</td>
<td>

一、上下(シヤウカ)心ヲ一ニシテ盛ニ經綸(ケンリン)ヲ行フベシ

一、官武(クワンブ)一途(イツト)庶民(シヨミン)ニ至ルマデ各各其ノ志ヲ遂ゲ人心ヲシテ倦(ウ)マザラシメンコトヲ要ス

一、舊來(キウライ)ノ陋習(ロウシフ)ヲ破リ天地ノ公道(コウダウ)ニ基ヅクベシ

一、知識ヲ世界ニ求メ大イニ皇基(クワウキ)ヲ振起(シンキ)スベシ

といふのであります。これを五箇條の御誓文(ごせいもん)といひます。新政の基は、これによつて定りました。

明治天皇東京行幸の折農事を見たまふ

</td>
</tr>
</table>

<table>
<tr><td>都を東京に
さだめたま
ふ</td><td>　この年、天皇は江戸を東京(とうきやう)と改め、やがてこゝに行幸あそばされました。鳳輦(ほうれん)はゆるやかに御所をお出ましになり、途中遙に伊勢の神宮を拝して東海道を下り、日を經て東京の宮城にお入りあそばされました。沿道(えんだう)の人民はこれを拝し、皆感涙を流して喜び合ひました。ついで天皇は京都に還幸(くわんかう)なされて皇后(くわうごう)をお立てになり、翌二年再び東京に行幸せられ、それより永くこの地におとゞまりになりました。</td></tr>
<tr><td>皇后を立
てたまふ</td><td></td></tr>
</table>

明治天皇東京宮城に入らせたまふ

藩を廢して 縣を置きた まふ	この頃大名はもとの通りそれぞれ領地(りやうち)をもつてゐたが、これでは朝廷の命令が十分届かないので、長門・薩摩・肥前(ひぜん)・土佐の四藩主は、相談の上、そ

の領地を朝廷に奉還することを請ひ、他の諸藩主もこれにならひました。朝廷はこれをお許しになり、しばらく舊藩主をして、それぞれその地を治めさせられました。明治四年、全く藩を廢して縣を置き、新に知事を任命(にんめい)せられました。これより天下の政治は悉く一途に出て、明治維新の大業は仕上りました。

朝廷は新に學制(がくせい)を定め、國民全體に教育を受けさせ、また徴兵令(ちようへいれい)をしいて、國民はすべて兵役に服すべきことを定められました。かくして國內の政治を整へると共に、外國との關係をも改め、世界の大勢にしたがつて諸外國と和親を厚くする方針をとり、主(おも)な條約國に公使(こうし)を置き、また岩倉具視等を歐米(おうべい)諸國に遣はして、ますます親しみをかさね、かねてその文化を視察せしめられました。

二　西南の役

わが國と朝鮮とは、昔から深い關係の間柄(あひだがら)であるから、朝廷は外國と和親を厚くする方針をお立てになると、先づ使を朝鮮に遣はして好(よしみ)を修めることをすゝめました。

その頃、李太王が朝鮮の王であつたが、まだ年少であるため、その父大院君が政をたすけてゐました。大院君は鎖國攘夷の方針をとつたので、朝鮮は慶應二年、多くのキリスト教徒を罪し、フランスの宣教師を殺し、江華

諸蕃王領地を奉還す

二五三一年

內外の政を整へたまふ
學制を定めらる
徴兵令をしかる
諸外國と和親を厚くせらる

朝鮮に修交をすゝむ

朝鮮禮を失ふ
大院君政をたすく
二五二六年
フランスと爭ふ

アメリカ をしりぞく	島に迫つたフランスの軍艦を撃退(うちしりぞ)け、また 明治四年にはアメリカ合衆國の軍艦が來て通商を求めた が、これを斷りました。それ故、わが國のすゝめにも應ぜ ず、却(かへ)つて禮を失ふ振舞がたびたびありました。
征韓論	そのために國內には征韓論(せいかんろん)を唱へるも のが多くなり、西郷隆盛は、自ら朝鮮に赴いて談判を試 み、それでも聽かなければ兵を出してこれを伐たうと主 張し、朝議(てうぎ)は殆んど決しさうになりました。し
隆盛出兵 を主張す 二五三三年 具視等これ に反對す	かし朝鮮とは、どこまでも親しくすべきであるといふ意 見もありました。その中に明治六年、岩倉具視等は、歐 米諸國をめぐつて歸つて來て、大いに征韓に反對したか ら、その事はつひにやみました。
隆盛兵を舉 ぐ 二五三七年 熊本城を 圍む	これにより隆盛は官を辭(じ)して鹿兒島(かごしま)に歸 り、私(し)學校を興して子弟を教育しました。これらの 子弟は政府のなすところに不平をいだき、明治十年、隆 盛をおし立てて兵を舉げ、進んで熊本城を圍み、その勢 は、一時頗る盛でありました。
官軍隆盛を 斃す 天皇隆盛 の舊功を 賞したまふ	そこで朝廷は有栖川宮熾仁(ありすがはのみやたるひ と)親王を征討總督(せいたうそうとく)として隆盛を討た しめられました。官軍は諸所に奮戰して賊を破り、熊本 城を救ひ、つひに隆盛を鹿兒島の城山(しろやま)に圍ん でこれを斃(たふ)しました。これを西南の役といひま す。後、天皇は隆盛の舊功(きうこう)を思召され、賊名 を除き、位をお贈りになりました。

明治天皇大阪陸軍病院に行幸したまふ

皇室の御め
ぐみ

　この役に當り、天皇は大阪陸軍病院に行幸せられて、親しく傷病兵(しやうびやうへい)をおいたはりになり、皇太后・皇后は、御親ら繃帶(ほうたい)をつくられて負傷者(ふしやうしや)に賜ひましたので、皇室の深い御めぐみに感泣せぬものはありませんでした。また佐野常民(さのつねたみ)等は、博愛社(はくあいしや)をたてて、敵味方の區別なく傷病者を治療しました。これがわが國赤十字社(せきじふじしや)の起りであります。

わが國赤
十字社の
起り

三　憲法(けんぱふ)發布(はつぷ)

衆議により
て政治をな
したまふ

　明治のはじめ天皇のお下しになつた五箇條の御誓文の中に、「廣ク會議ヲ興シ萬機公論ニ決スベシ。」と仰せら

れてあります。これは衆議(しゆうぎ)によつて政治を行
ふ方針をお示しになつたものであります。政府は、この
方針に基いて、地方官會議を東京に開いて、地方の政治
を議せしめ、また府・縣會を設けて民間から議員を選出さ
せなどして、次第に輿論(よろん)を採用(さいよう)する道
を開きました。

これにつれて、民間で政治を論ずるものが多くなり、
國民の政治思想は次第に發達し、速に國會を開かれたい
と願ひ出るものが相ついであらはれました。天皇はこれ
を御覽あそばされ、明治十四年に至り、勅を下して、來
る二十三年を以て國會を開くべきことを仰せ出されまし
た。國民は大いによろこび、板垣退助(いたがきたいす
け)・大隈重信(おほくましげのぶ)等はおのおの政黨を組織
して、國會の開設に對する用意をいたしました。

明治天皇大日本帝國憲法を發布したまふ

國會開設の
勅を下した
まふ
國民國會の
開設を願ふ
二五四一年

政黨組織
せらる

大日本帝國憲法及び皇室典範を發布したまふ 伊藤博文をして制度を取調べしめたまふ	天皇はまた伊藤博文(いとうひろぶみ)を歐洲(おうしう)に遣はして、各國の制度(せいど)を視察せしめられました。さうして博文の取調べに基いて、新に內閣(ないかく)の制度を定め、ついで地方の自治制(じちせい)をしき、つひに明治二十二年(紀元二千五百四十九年)紀元節のよき日を以て、天皇は正殿(せいでん)にお出ましになり、內外の官民を召して、大日本帝國憲法及び皇室典範(てんぱん)を發布(はつぷ)せられました。帝國憲法は天皇がわが國家を統(す)べたまふ大法を定めたもので、皇室典範は皇室に關する根本(こんぽん)の法則(はふそく)を定めたものであります。天皇は國民の幸福をはかり、相共に國運をすゝめたまはんとの大御心から、この重要な法典(はふてん)を御制定になり、國民こぞつて御仁德を仰ぎ、和氣(わき)上下にみちみちてゐる中に、これを發布
欽定憲法 國民の覺悟	なさいました。これが欽定(きんてい)憲法で、外國に例のないことであります。國民はよろこびにたへず、皇恩の有難さに感激して、君國のために盡さうとする覺悟が一層盛になりました。
帝國議會を開きたまふ 二五五〇年	翌二十三年、貴族院(きぞくゐん)・衆議院(しゆうぎゐん)の兩院(りやうゐん)議員(ぎゐん)を東京に召集(せうしふ)し、天皇は親しく行幸あそばされて、第一回の帝國議會をお開きになりました。議會はこれから毎年召集せられ、萬機公論に決する御思召は實際に行はれ、國運はいよいよ開けて行きました。

天皇第囘帝國議會を開きたまふ

四　朝鮮の國情

　わが國では征韓論が起つた程であるのに、朝鮮はやはり鎖國攘夷の方針をつゞけてゐました。明治八年、わが軍艦が江華島に立寄つた時、不意に砲撃(はうげき)を受けたので、わが軍はたゞちに砲臺を陷れました。翌年わが國は使を遣はし、兩國互に親しくすべき道理を說いて、つひに修好條約を結ばせ、釜山・仁川・元山の三港を開かせました。世にこれを江華條約といひます。これは朝鮮が近世になつてから、外國と結んだ最初の條約であります。その後、歐米諸國もまた朝鮮と條約を結び、通商をはじめました。

明治十五年 の事變 二五四二年	當時朝鮮の政治は甚だ亂れて、民力は疲弊(ひへい)し、國庫(こくこ)も大層窮乏(きゆうぱふ)してゐました。明治十五年、久しく給米(きふまい)を受けることの出來なかつた兵士等は、不平のあまり暴動(ばうどう)を起して王宮に亂入しました。この騷動(さうどう)の時、日本公使館も燒かれたが、後、朝鮮は厚くその罪を謝したので、わが國は今後を戒めました。
明治十七年 の事變 淸國の干渉 二五四四年	然るに淸國は、この事變に當つて兵を朝鮮に送り、大いに國政に干渉(かんせふ)しました。朝鮮の人々の中には、淸國にたよらうとするものと、わが國にたよらうとするものとがあつて互に爭ひました。明治十七年、淸國にたよらうとするものが、淸國兵の力をかりて不意にわが國にたよらうとするものを破り、ついでわが公使館を襲ひ、多くの官民を殺傷しました。この事變は淸國が自分の力を振はうとして起つたのであるから、わが國は、朝鮮にその罪を謝せしめると共に、更に伊藤博文を淸國に遣はし、李鴻章(りこうしやう)と天津(てんしん)に會して談判させ、兩國共に兵を朝鮮におかず、若し必要があれば、互に通知した後に出兵すべきことを約しました。
天津條約	これを天津條約といひます。
	## 五　明治二十七八年戰役(せんえき)
日淸の開戰	天津條約の結ばれた後も、淸國はなほ朝鮮を屬國(ぞくこく)のやうに取扱ひ、ひそかに淸國にたよらうとするものを助けたから、その黨のものは、おのづから勢を得て

内亂起る **二五五四年** 日清兩國 の出兵 豐島沖の戰 成歡の戰	大いに政治を亂したので、つひに明治二十七年に至つて内亂が起りました。そこで清國は屬國の難を救ふためであると稱して、兵を朝鮮に送り、これをわが國に通知して來ました。よつてわが國も、公使館と居留民を保護するために兵を出し、清國と力を合はせて朝鮮の弊政を改めようとしたが、清國はこれを聽かず、かへつて己の欲望を遂げようとして大兵を送りました。同年七月清國の軍艦は豐島沖(ほうたうおき)で、不意にわが軍艦を砲撃して戰端(せんたん)を開いたから、わが軍艦は、たゞちに應戰してこれを破り、また陸軍も清國兵と成歡(せいくわん)に戰つて大いにこれに勝ちました。

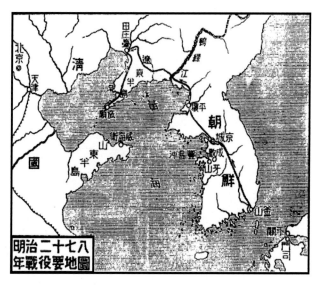

明治二十七八年戰役要地圖

宣戰の詔を 下したまふ	こゝにおいて翌月、天皇は清國に對して宣戰(せんせん)の詔(みことのり)を發せられ、ついで大本營(だいほんえ

い)を廣島に進められましたので、わが軍の士氣は大いに振ひ、天をも衝(つ)くばかりでありました。

ちやうどこの頃、わが陸軍は平壤に集つてゐた淸國兵を攻めてこれを追拂ひ、わが海軍は黃海において敵の大艦隊を打破りました。それよりわが軍は、陸に海に戰へば勝ち、攻むれば取り、翌二十八年、陸軍大將大山巖(おほやまいはほ)と海軍中將伊東祐亨(いとういうかう)とは、力を合はせて敵の海軍の根據地である威海衛(ゐかいゑい)を陷れ、一方では遼東(れうとう)半島を占領し、まさに北京(ぺきん)に迫らうとしました。

天皇宮城を發して大本營を廣島に進めたまふ

この形勢を見て、淸國は大いに恐れ、李鴻章をわが國に遣はして和を請はせました。よつてわが國は、內閣總理(ないかくそうり)大臣伊藤博文・外務大臣陸奧宗光(むつむねみつ)をして、これと下關(しものせき)で談判させ、

條約の箇條	朝鮮の獨立をみとめること、遼東半島と臺灣・澎湖島(はうこたう)とをわが國に讓ること、償金二億兩(てーる/約三億圓)を出すこと等を淸國に約束させて和を結びました。これは明治二十八年四月のことで、下關條約といひます。然るにロシヤ・ドイツ・フランスの三國は、わが國が遼東半島を領するのは、東洋の平和に害があると稱して、これを淸國にかへすやうにすゝめて來ました。わが國は內外の形勢を見て、そのすゝめをいれ、半島を淸國にかへしました。この後、朝鮮は國號を韓(かん)と改め、わが國はこれを助けて、いろいろ政治をとゝのへさせました。
二五五五年 遼東半島を淸國にかへす 朝鮮國號を韓と改む	

能久親王臺灣にて辛苦をしのぎたまふ

臺灣の平定 能久親王	臺灣は旣にわが領地となつたが、島內には、なほわれに從はないものがあつたから、北白川宮能久(きたしらかはのみやよしひさ)親王は、近衞師團(このゑしだん)の兵を率ゐてこれをお討ちになりました。親王は所々に轉戰

臺灣神社	したまふうちに、御病氣におかゝりになつて、つひに薨ぜられました。やがて全島は平定しました。後、親王を臺灣神社にお祀り申し上げました。
大勝の理由	この戰役は、東洋における近世の大戰爭であつたが、わが國はつひに淸國を打破つて、國威をかゞやかすに至りました。この間、天皇は廣島大本營の狹い御室で日夜萬機を聞召され、軍人及び國民と辛苦を共にせられました。これを傳へ聞くものは、いづれも感激に堪へず、出征の將卒は、家を忘れ身をすてて忠勇をあらはし、國民はこぞつてこれを後援(こうゑん)し、上下心を一つにして君國のために盡しました。これがわが國の大勝利を得た理由であります。
天皇の御辛苦	
上下心を一つにす	

六　明治三十七八年戰役

北淸事變 ロシヤ・ドイツ・フランス强ひて淸國の地を借受く	ロシヤ・ドイツ・フランスの三國は、わが國にすゝめて遼東半島をかへさせながら、その後淸國に迫つて、ロシヤは旅順・大連などの地を、ドイツは膠州灣(かうしうわん)を、フランスは廣州灣(くわうしうわん)の地方を借受けたので、東洋の平和はかへつて害せられました。そこで淸國人の中には外國人を嫌ふものが多くなり、つひに暴徒が起つてキリスト教の會堂を燒き、宣教師を殺し、明治三十三年には、官兵もこれに加はつて、北京(ぺきん)にある各國の公使館を圍みました。よつてわが國をはじめ各國の軍は聯合して北京に攻入つて、これを救ひました。そこで淸國は暴徒を罪し、償金を列國に出して和
東洋の平和害せらる	
暴動起る 二五六〇年	
各國聯合軍北京の公使館を救ふ	

を結びました。これを北淸事變といひます。この事變に
おいて、わが軍は最も規律正しく勇敢(ゆうかん)に戰
ひ、列國を感心させました。

この事變に乘じ、ロシヤは大兵を滿洲に送つてこれを
占領し、更に進んで韓國をも威壓(ゐあつ)しようとしま
した。これを見て、わが國は淸・韓兩國の領土を全くし、
東洋の平和を保つために英國(えいこく)と同盟(どうめい)
を結び、またしばしばロシヤと談判して、兵を引上げさ
せようとしました。けれどもロシヤはこれに應ぜず、ま
すます海陸の兵を增し、旅順の備を堅くし、戰意を示し
たから、明治三十七年二月、わが國は已むを得ず、ロシ
ヤとの國交を絕ち、天皇は宣戰の大詔(たいせう)を發せ
られました。

ロシヤと戰
を開く
ロシヤ滿
洲を占領
し韓國を
威壓す
日英同盟

ロシヤ戰
意を示す
二五六四年
宣戰の大
詔を發せ
らる

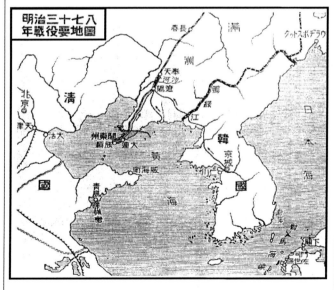

明治三十七八年戰役要地圖

陸軍の進撃	わが陸軍は、先づロシヤの兵を韓國より追拂ひ、ついで諸軍海を渡つて遼東の野に轉戰し、滿洲軍總司令官陸軍大將大山巖は、これを統べて、敵の總司令官クロパトキンを遼陽(れうやう)に破り、敵が本國からの援兵(ゑんぺい)を合はせて、再び南下するのをむかへて、またこれを沙河(さか)に破り、士氣大いに振ひました。
遼陽の戰 沙河の戰 海軍の活動 旅順港口の閉塞 軍神廣瀨武夫	これと相應じて、わが海軍は、しばしば敵の海軍の根據地である旅順を攻撃し、また敵艦の出動を遮(さへぎ)るために、決死隊を募(つの)つて三度港口の閉塞(へいそく)を試み、ほゞその目的を達しました。この時、海軍中佐廣瀨武夫は、七生報國(しちしやうはうこく)の文字を書殘して、暗夜港口に近づき、自分の乘つて行つた船を爆沈(ばくちん)させて引上げる途中、敵彈(てきだん)にあたつて勇ましい戰死を遂げ、ながく軍神の名を殘しました。敵艦は、わが軍の攻撃に堪へかね、必死の勢で港外に逃れ出て、ウラヂボストックに走らうとしたが、待構へてゐたわが艦隊は、黄海において大いにこれを破り、
黄海の戰 蔚山沖の戰	またわが別艦隊は、ウラヂボストック艦隊の出動を發見して、これを蔚山沖で打破りました。これより海上には敵艦の影が見えなくなりました。
旅順の開城 乃木希典旅順を攻む	旅順の要塞(えうさい)は、敵が東洋における根據地として築きあげた難攻不落(なんこうふらく)の堅城(けんじやう)で、敵將ステッセルが固くこれを守りました。陸軍大將乃木希典(のぎまれすけ)は軍を率ゐてこれに迫り、海軍と力をあはせて攻撃したが、敵も死力を盡して防ぐので、容易にこれを陷れることが出來ませんでした。し

かしわが忠勇なる將卒は、一死君恩にむくいようと決心して突撃(とつげき)に次ぐに突撃を以てし、やうやく二百三高地を占領し、港内にかくれてゐた敵艦を悉く撃沈め、他の砲臺をもつゞいて占領したから、ステッセルは力がつきて、翌三十八年一月、城を開いて降を請ひました。天皇はステッセルが、自國のために盡した忠節を嘉(よみ)したまひ、武士の面目を保たしむべき旨をお傳へになり、城中の將校には、特に帶劍(たいけん)を許して本國に歸らしめられました。

敵將クロパトキンは沙河の戰の後、六十餘萬の大軍を集めて奉天に據り、連敗の恥をすゝがうとしてゐました。わが滿洲軍は、旅順の攻擊軍をも加へて、總軍凡そ四十萬、三十里にわたる戰線をしいて奉天に押寄せ、三面から攻めたてて大いに敵を破り、三月十日、全く奉天を占領し、敵兵四萬餘を捕虜(ほりよ)としました。

二五六五年
ステッセル降る
天皇敵を嘉したまふ

奉天の會戰
敵軍六十萬

わが軍四十萬

大山大將以下奉天城に入る

日本海の海戰 敵艦隊對馬海峽にあらはる 旗艦三笠の信號 例のない大勝 別軍樺太を占領す	この間に、ロシヤが遙遙(はるばる)東洋に廻航(くわいかう)させた三十八隻(せき)の大艦隊は、次第に近づいて來て、ウラヂボストックに入らうとし、五月二十七日、いよいよ對島(つしま)海峽にあらはれました。わが聯合艦隊司令長官海軍大將東郷平八郎(とうがうへいはちらう)は四十餘隻の艦隊を率ゐてこれをむかへ、旗艦三笠(きかんみかさ)の檣(ほばしら)に、「皇國の興廢(こうはい)此の一戰にあり。各員一層奮勵努力(ふんれいどりよく)せよ。」といふ信號(しんがう)を高く揭げました。これを望み見た將卒は勇み立ち、必ず敵を全滅しようと決心しました。をりから風は強く浪は高かつたが、わが軍はよく奮戰し、つひに敵艦十九隻を擊沈し、五隻を捕へ、その司令長官を虜(とりこ)にし、世界の海戰に例のない大勝を得ました。ついでわが別軍は、更に樺太に向ひ、たゞちにこれを占領しました。

東郷大將旗艦三笠にあつて指圖す

陸軍記念日 海軍記念日	この後國民は、この戰役における海陸の大勝をながく記念するために、三月十日を陸軍記念日、五月二十七日を海軍記念日として祝意を表してゐます。
ポーツマス 條約 　ルーズベ ルト講和 をすゝむ	アメリカ合衆國大統領(だいとうりやう)ルーズベルトは、日露(にちろ)の戰が久しくつゞいてゐるのを憂へてゐたが、今や戰役の大勢が既に定つたのを見て、兩國の間に立つて講和(かうわ)をすすめました。兩國はこれに應じ、わが國の全權委員外務大臣小村壽太郎(こむらじゆたらう)等は、ロシヤの全權委員ウヰッテ等と、合衆國のポーツマスに會して談判し、明治三十八年九月、つひに講和條約を結びました。これによつて、ロシヤは、わが
條約の箇條	國の朝鮮における特別な關係をみとめ、樺太の南半部を割(さ)き、長春(ちやうしゆん)旅順間の鐵道及び淸國から借受けた關東州をわが國に讓りました。
大勝の理由 天皇伊勢 神宮に參 拜あらせ たまふ	こゝにおいて天皇は國民の誠忠を嘉(よみ)したまひ、海陸の諸軍の凱旋(がいせん)をねぎらはせられ、また宇治山田市に行幸あらせられて、神宮に平和の回復をお告げなさいました。この戰役もまたわが國が東洋の平和を維持(ゐぢ)しようとする正義の念から起つたもので、日淸戰役よりも更に大きな戰爭であつたが、よく強國ロシヤに勝つて國威を世界にかゞやかしました。これは一に天皇の御稜威(みいづ)によつたことは勿論であるが、また教育が國民に普及して、奉公の念がますます強く、擧國一致して君國に盡したためであります。

七　韓國併合（かんこくへいがふ）

<table>
<tr><td>韓國を保護す</td><td>

わが國は明治のはじめから、ひたすら朝鮮の幸福をはかり、先づ修好條約を結んでこれを列國の間に出しました。しかし、韓國は獨立の實を擧げることが出來ず、常に他國に壓迫（あつぱく）されて動き、東洋の平和を破るおそれがあつたので、わが國はポーツマス條約によつて、新に韓國と協約（けふやく）を結んで、これをわが保護國とし、その外交を取あつかひました。さうして京城に統監府（とうかんふ）を置き、伊藤博文を統監に任じ、韓國の內政を改めることに力を盡させました。

</td></tr>
</table>

韓國を保護す

朝鮮の幸福をはかる
獨立の實を擧ぐること出來ず

統監府をおく

それより數年を經て、韓國の政治はおひおひに改つたが、多年の弊政は容易に除かれず、民心はなほ不安を免（まぬか）れませんでした。その上、歐米諸國の勢力が盛に東洋に入込んで來る時に當つて、共に國利民福を完（まつた）うするためには、日韓兩國が合（がつ）して一つになるより外によい道がないのであります。元來內地と朝鮮とは神代以來、最も親しく往來した間柄で、氣候・風土・人情・風俗がよく似かよひ、また同じ文化を持つてゐるので、互に融合することもむつかしくないのであります。そこで韓國人の中にも、熱心に併合を望んで、兩國政府に願ひ出るものが次第に多くなりました。韓國皇帝もまたこのことをお思ひになり、民意をいれて、明治四十三年八月、（紀元二千五百七十年）統治權（とうぢけん）を天皇にお譲り申し上げ、帝國の新政によつて、ますます人民の幸福が增進することをお望みになりました。天皇もまた

韓國の併合
弊政除かれず
歐米諸國の勢力東洋に入込む

內鮮の新しい關係

韓國皇帝統治權を天皇に讓らる

天皇これを受けたまふ	併合の必要をおみとめになつて、韓國皇帝のお申し出でを受けたまひ、永久に韓國を併合せられました。さうして前(さき)の韓國皇帝を王となし、皇族の禮を以て王家(わうけ)を待遇せられ、韓國を改めて朝鮮と稱し、新に總督を置いてもろもろの政務を統べさせられました。この時、下された詔書(せうしよ)の中に、
韓國を朝鮮と改め總督を置く	
民衆を愛せられる詔勅	民衆ハ直接朕カ綏撫(スキブ)ノ下(モト)ニ立チテ、其ノ康福(カウフク)ヲ增進スヘク、產業及貿易ハ治平ノ下ニ顯著(ケンチヨ)ナル發達ヲ見ルニ至ルヘシ。而シテ東洋ノ平和ハ之ニ依リテ愈愈其ノ基礎ヲ鞏固(ケフコ)ニスヘキハ、朕ノ信シテ疑ハサル所ナリ。
天皇の御愛情	といふ御言葉があります。實に明治天皇は、父が子を思ふやうな深い御愛情を以て、朝鮮の人民の幸福を思召されたのであります。
半島の文化進步す	この時から半島の民は悉く帝國の臣民として、皇室の御威德を仰ぐやうになり、東洋平和の基はいよいよ固くなりました。この後、教育は普及(ふきふ)し、交通・通信は開け、產業は發達して、臣民の康福は增進して已むところを知りません。
	## 八　明治時代の文化
文化の發達	明治天皇は五箇條の御誓文の中に、「智識ヲ世界ニ求メ

	大イニ皇基ヲ振起スベシ。」と仰せられて、國民の開國・進取の大方針をお示しになりました。これよりわが國は盛に西洋の文物(ぶんぶつ)を輸入して、彼の長を採つて我の短を補(おぎな)ひ、僅に四十餘年の間に教育・交通・通信及び産業の上に驚く程の進歩發達を遂げました。
教育 學制布かる	明治五年、はじめて學制(がくせい)が布(し)かれてから、官民擧(こぞ)つて教育に力を用ひたので、全國到る處に各種の學校が設けられ、教育は大いに普及しました。殊に明治二十三年十月、畏(かしこ)くも教育に關す
教育に關する勅語	る勅語を御下賜(かし)になりましたので、こゝに教育の方針は確立して、ますます健全な發達を遂げました。從つて學問・技藝(ぎげい)も長足の進步をして、つひに歐米諸國の文化を凌(しの)ぐ程になりました。
交通・通信・鐵道 海上の交通	鐵道は明治五年はじめて東京橫濱間に敷かれました。それより次第に延長されて、全國到る處にその便を見るやうになりました。また海上の交通も著しく進み、國內の諸港は勿論、外國の主な港とも航路が開け、大小の船舶が絕えず航行するやうになりました。これら海陸の交
郵便・電信・電話	通機關(きくわん)は、郵便をはじめ電信・電話などの通信機關の發達と相まつて、大いに産業及び貿易の隆盛(りゆうせい)を促しました。
産業 農業 工業	維新以來政府は熱心に實業を獎勵したので、國內の産業は大いに興りました。農業は農法の研究と品種の改良によつて、頗るその産額を增し、工業は蒸氣力・電氣力の應用によつて面目を一新し、各種の大工業が相ついで興
商業	りました。商業もまた銀行等の發達にともなつて次第に

盛になり、貿易額も大いに増加しました。

　このやうに、明治時代に基礎を確立したわが國の文化は、大正時代を經て、昭和の今日に至り、ますます進歩發達して、とゞまるところを知りません。

文化の進歩發達とゞまるところを知らず

九　天皇の崩御(ほうぎよ)

國民明治天皇の御平癒を祈りたてまつる

天皇の崩御

二五七二年
御病にかかりたまふ

　明治維新以來、わが國の文化は年毎に開け、國運は日に月に盛になりましたが、思ひがけなくも、天皇は明治四十五年七月、御病におかゝりになりました。そのことを聞いた國民の驚はたとへるにものなく、上下擧(こぞ)つて、ひたすら御平癒(ごへいゆ)を祈りたてまつりました。

國民熱心に御平癒を祈りたてまつる	殊に宮城の正門外の廣場には、數知れぬ臣民が集り、地上に跪(ひざまづ)いて皇居を拜し、夜を通して祈をこらしました。然るに天皇の御病はますます重らせられ、同月三十日つひに崩御あらせられました。御年六十一。國民の悲しみは言葉にあらはしがたく、世界列國もまたひとしくこれを惜しみたてまつりました。
國民の悲しみ	
天皇の御偉業	天皇は御年少の御身を以て、國家多難の折に御卽位あそばされ、萬機を統べたまふこと實に四十六年、維新の大業をお開きになつてから、内には憲法を布(し)き、法制を整へ、交通・産業をはじめもろもろの事業をすゝめ、また教育に關する勅語を下して國民をおみちびきになり、外(そと)には國威を海外にかゞやかし、諸外國とますます交を厚うし、わが國をして世界における一大帝國たらしめられました。
内を治む	
外と交る	
天皇の御仁慈	天皇は常に御親ら儉約を守りたまひ、また御仁慈の心深くいらせられ、朝夕ひたすら萬民の上に大御心をおかけあそばされました。
	照るにつけ曇るにつけて思ふかな 　　わが民草の上はいかにと この御製を拜しても、まことに有難い思召(おぼしめし)の程をうかがひたてまつることが出來ます。
御大葬	天皇崩御の日、第百二十三代大正天皇はたゞちに御踐祚(ごせんそ)あそばされ、年號を大正と改められ、その九

伏見桃山 御陵	月、明治天皇の御大葬(ごたいさう)の儀をお擧げになり、伏見桃山(ふしみもゝやま)御陵(ごりよう)に葬(はうむ)りたてまつりました。
昭憲皇太后 の崩御 二五七四年 伏見桃山 東御陵 皇太后の 御高德	明治天皇の大喪(たいも)に服して、國民の悲しみがまだ消えない中に、昭憲皇太后(せうけんくわうたいごう)もまた御病にかゝらせられ、大正三年四月崩御あらせられました。伏見桃山東御陵(ひがしごりよう)に葬りたてまつりました。皇太后は明治天皇の皇后でおはしまし、天皇をお助けあそばされた御功績(おんこうせき)が多く、殊に御仁慈の御心深くあらせられて、しばしば學校または病院等に行啓(ぎやうけい)あそばされ、學藝をすゝめ、慈善の事業を勵まされましたので、國民はみなその御高德をお慕ひ申し上げました。
明治神宮	東京代々木(よゝぎ)の明治神宮には、明治天皇と昭憲皇太后とをお祀り申し上げてあります。

明治神宮

| 國民御仁德を慕ひたてまつる 明治節 | 　國民はながく御二方の御仁德を慕ひたてまつつて、神宮に、御陵に參拜するものが年中絶えません。また明治天皇御生誕(ごせいたん)の十一月三日を明治節(せいぢせつ)として、天皇の御恩を仰ぎ、明治の御代の榮えをお祝ひ申し上げてゐます。 |

第五十一　大正天皇

　大正天皇は明治天皇の第三皇子であらせられます。明治天皇及び昭憲皇太后の諒闇(りやうあん)を終らせられて、大正四年十一月、卽位の禮を京都の皇宮でお舉げになりました。その時賜はつた勅語の中に、

　　皇祖皇宗(クワウソクワウソウ)國ヲ肇(ハジ)メ、列
　　聖統ヲ紹(ツ)キ裕(ユウ)ヲ垂レ、天壤無窮(テンジ
　　ヤウムキユウ)ノ神勅ニ依リテ、萬世一系ノ帝位ヲ
　　傳ヘ、神器ヲ奉シテ八洲ニ臨ミ、皇化ヲ宣(ノ)ヘテ
　　蒼生(サウセイ)ヲ撫(ブ)ス。爾臣民世世相繼キ、忠
　　實公ニ奉ス。義ハ則チ君臣ニシテ、情ハ猶ホ父子
　　ノコトク、以テ萬邦無此ノ國體ヲ成セリ。

と仰せられてあります。まことにかしこき極(きはみ)でございます。

　大正三年七月、歐洲に戰亂が起り、ドイツ・オーストラリヤハンガリーは、ロシヤ・フランス・イギリスの諸國と戰を開き、後にはイタリヤ・アメリカ合衆國などもこれに加はり、つひに世界にかつてない大戰となりました。

　この戰亂が起ると、ドイツは膠州灣に據つて戰備を修めました。わが國は英國との同盟の好を重んじ、且東洋の平和を保つために、已むを得ず同年八月、ドイツに戰

非戰鬪員を救ひ出す

南洋諸島を占領す

を宣し、わが海軍は膠州灣を封鎖(ふうさ)し、陸軍は背面から靑島(ちんたお)を攻擊しました。わが軍は、天皇の御旨を傳へて非戰鬪員を救ひ出した後、總攻擊を行ひ、十一月、要塞を陷れ、敵軍を降しました。

この間に、わが艦隊の一部は、遠く南洋に至り、ドイツ領であるマーシャル・マリヤナ・カロリンなどの諸島を占領して、敵艦の根據地をくつがへし、日章旗を、高く南洋の島島にひるがへしました。

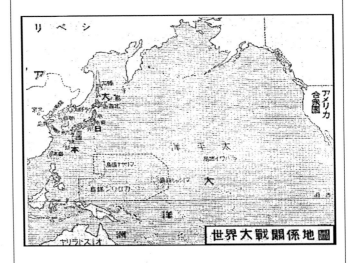

世界大戰關係地圖

印度洋地中海に出動す

その上わが艦隊は、遙に印度洋・地中海などにまで出動して、イギリス・フランス・イタリヤなどを助け、ドイツの艦艇(かんてい)に對して、各國の商船等を護衛(ごゑい)し、種々の困難をしのいで勇敢にはたらきました。

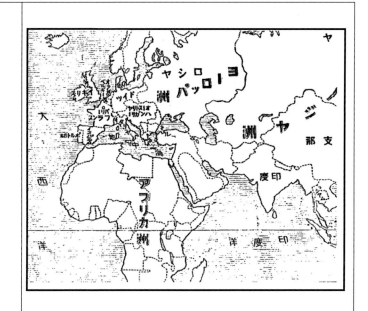

パリー講和會議

平和條約成る 二五七八年 國際聯盟 五大國 南洋諸島を統治す ワシントン會議 二五八一年 海軍の軍備を制限す 太平洋の領地に關する條約 皇太子攝政に任じたまふ 歐洲各國を巡遊あらせらる	この大戰は五年間つゞいたが、大正七年、ドイツは力がつきて和を請ひました。よつて各國の全權委員はフランスのパリーに會して相談し、翌年六月平和條約を結び、また別に國際聯盟(こくさいれんめい)をつくり、協力して世界の平和を完うすることをはかりました。この時、わが國は西園寺公望(さいをんじきんもち)等を遣はし、英・米・佛・伊と共に、五大國の一として主な會議にあづかりました。さうして國際聯盟からドイツ領であつた南洋諸島を統治する委任を受けました。 この大戰によつて、各國共に戰爭を厭ひ、平和を望むやうになり、大正十年、アメリカ合衆國は、日・英・佛・伊及び支那等の參加を求め、ワシントンにおいて軍備に關する會議を開きました。わが國では、海軍大臣加藤友三郎(かとうともさぶらう)等を遣はし、英・米・佛・伊と共に、おのおの海軍の軍備を制限することを定め、また日・英・米・佛の四國は、太平洋方面における各自の領地に關する權利を維持する目的で條約を結びました。これによつて久しくつゞいてゐた日英同盟は廢止せられました。 これより先、皇太子裕仁(ひろひと)親王は、遙に歐洲におもむいて各國を御巡遊になり、親しく大戰後の狀態を御視察あそばされておかへりになりました。時におそれ多くも天皇は御病久しきにわたらせられ、大政を親らしたまふことがお出來になりませんので、大正十年十一月、皇太子が攝政(せつしやう)におなりになり、天皇にかはつて政務をおとりあそばされることとなりました。

天皇の崩御 二五八六年 多摩御陵	天皇はひたすら御療養(ごれうやう)におつとめあそば されましたが、御病はいよいよ重らせたまひ、國民の熱 心な祈願(きぐわん)のかひもなく、大正十五年十二月二 十五日、かしこくも四十八歳をもつて崩御あらせられま した。ついで多摩御陵(たまごりよう)に葬りたてまつり ました。

大正天皇朝鮮を御視察あそばさる

天皇の御盛 德 朝鮮を御 視察あそ ばさる	天皇は明治天皇の御遺業(ごゐげふ)を受けつがれて、 内には憲政(けんせい)の進歩をはかり、外には帝國の威 信をあげたまひ、世界の平和と人類の幸福とのために、 日夜大御心をお盡しあそばされました。殊に朝鮮には、 まだ皇太子であらせられた時、親しく御出でになり、民 情を御視察あそばされたことがあるので、朝鮮の統治に は一層深く御心をおそゝぎあそばされました。

第五十二　昭和の大御代

　第百二十四代今上天皇陛下は、大正天皇の第一皇子で
あらせられ、明治三十四年四月二十九日に御生誕あそば
されました。先帝の御時、久しく攝政の大任に當らせら
れ、先帝崩御の後、たゞちに御踐祚あそばされ、年號を
昭和(せうわ)と改められました。

　越えて昭和三年十一月、天皇陛下は神器を奉じて京都
に行幸あらせられ、同十日、賢所(かしこどころ)を拜し
て皇祖天照大神に御卽位の由をお告げになり、ついで紫
宸殿(ししんでん)にお出ましになつて、高御座(たかみく
ら)にお登りになり、あまねくこれを臣民に宣せられ、か
たじけなき勅語を賜ひました。その中に、

今上天皇陛下卽位の禮を擧げたまふ

皇祖皇宗國ヲ建テ民ニ臨ムヤ、國ヲ以テ家ト爲シ、民ヲ視ルコト子ノ如シ。列聖相承(アヒウ)ケテ仁恕(ジンジヨ)ノ化下(クワシモ)ニ治(アマネ)ク、兆民(テウミン)相率ヰテ敬忠ノ俗上(ゾクカミ)ニ奉シ、上下感孚(カンプ)シ、君民體ヲ一ニス。是レ我カ國體ノ精華ニシテ、當(マサ)ニ天地ト竝ヒ存スヘキ所ナリ。

大嘗祭

といふ尊い御言葉があります。國民は感激してひとしく萬歳を唱へて賀したてまつりました。ついで大嘗祭(だいじやうさい)を行はせられ、天皇は親しく天地の神神をおまつりになりました。

わが國の現状

二五九〇年

ロンドン會議

現時、わが國と列國との間柄は、至つて平和であります。昭和五年、英國のロンドンで開かれた海軍の軍備縮少(しゆくせう)の會議に、わが國はまた使臣(ししん)を遣はして英・米兩國と相談させ、共に海軍力を制限してひたすら世界平和のためにつとめました。昭和六年から同七年にかけて、滿洲の到る處に兵匪(へいひ)が起つて、わが國の權益(けんえき)をおかし、在留(ざいりう)國民に危害を加へたので、兵を出してこれを掃蕩(さうとう)し、また同七年上海(しやんはい)においても暴動(ばうどう)が起つて、わが居留民の生命財産を危くしたので、その保護のため兵を送つてこれを鎭壓(ちんあつ)しました。殊に滿洲はわが國の生命線であります。この生命線が常に騷亂(さうらん)のためにおびやかされるのは、わが國の忍ぶ能

滿洲及び上海事變

滿洲國おこる

日滿條約 國民の覺悟	はざるところであります。たまたま滿洲及び熱河(ねつか)の住民は、多年の暴政からのがれるために、昭和七年三月、新に滿洲國を興しました。さうしてわが國と善隣の關係を固くし、東洋の平和を確保(かくほ)する目的で條約を結び、兩國が共同して治安を圖り、外敵を防衛(ばうゑい)することになりました。こゝにおいてはじめて、滿蒙における從來の禍根(くわこん)は除かれ、東洋平和の基礎が確立しました。 　今日わが國は、強國の一として、世界に重要な地位を占(し)めてゐます。これは實に御歷代天皇の御盛德と、世世國民の忠誠とによるものであります。われらはよく國運發展の由來をつまびらかにし、いたづらに舊來の陋習(ろうしふ)にとらはれることなく、國民全體が融和協力(ゆうわけふりよく)して、ひとへに天皇陛下の御恩德を仰ぎたてまつりますます國家の富强をはかり、進んで世界平和のために力をつくして、わが國史に一層の光輝(くわうき)を加へなければなりません。 　　　　　　　　　　　　普通學校國史　卷二　終

年　表

御代數	天　　皇	紀元	年　號	摘　　　　　　要
一〇五	後奈良天皇	二二〇三	天文十二年	ポルトガル人が始めて來た
	同	二二〇九	同十八年	キリスト敎が始めて傳はつた
一〇六	正親町天皇	二二二〇	永祿三年	織田信長今川義元を斬つた(桶狹間の戰)
	同	二二二七	同十年	信長勅を拜した
	同	二二二八	同十一年	信長足利義昭を奉じて京都に入つた
	同	二二三〇	元龜元年	李退溪歿した(朝鮮宣祖三年)
	同	二二三三	天正元年	足利將軍亡びた
	同	二二三六	同四年	信長安土城を築いた
	同	二二四二	同十年	信長薨じた
	同	二二四三	同十一年	豐臣秀吉大阪城を築いた
	同	二二四四	同十二年	李栗谷歿した(朝鮮宣祖十七年)
	同	二二四五	同十三年	秀吉關白に任ぜられた
一〇七	後陽成天皇	二二四八	天正十六年	秀吉天皇を聚樂第に迎へたてまつつた
	同	二二五〇	同十八年	秀吉北條氏を滅ぼして全國を定めた
	同	二二五二	文祿元年	秀吉兵を朝鮮に出した
	同	二二五六	慶長元年	秀吉明の使を大阪城に召した
	同	二二五七	同二年	秀吉再び兵を朝鮮に出した
	同	二二五八	同三年	秀吉薨じた
	同	二二六〇	同五年	德川家康石田三成を破つた(關原の戰)
	同	二二六三	同八年	家康征夷大將軍に任ぜられた
	同	二二六九	同十四年	家康オランダ人に通商を許した
一〇八	後水尾天皇	二二七三	同十八年	家康イギリス人に通商を許した
	同	二二七五	元和元年	豐臣氏亡びた
	同	二二七六	同二年	家康薨じた
一〇九	明正天皇	二二九〇	寛永七年	德川家光洋書を輸入することを禁じた
	同	二二九六	同十三年	家光國民の外國に赴くことを禁じた

	同	二二九七	同十四年	九州のキリスト教徒等亂を起した(島原の亂)
一〇九	明正天皇	二二九七	同十四年	朝鮮淸國に服屬した(朝鮮仁祖十四年)
	同	二二九九	同十六年	家光オランダ人の外、西洋人の渡來を禁じた
一一〇	後光明天皇	二三一四	承應_{しようおう}三年	天皇崩ぜられた
一一一	後西天皇	二三一七	明暦_{めいれき}三年	徳川光圀大日本史の編纂をはじめた
一一三	東山天皇	二三五〇	元祿_{げんろく}三年	徳川網吉孔子の廟を江戸の湯島に建てた
	同	二三六九	寶永_{はうえい}六年	新井白石皇族出家の習はしをやめたいと幕府に申し出た
一一四	中御門天皇	二三七一	正德_{しやうとく}元年	幕府白石の議をいれて朝鮮の使のもてなし方を改めた
	同	二三七五	同五年	幕府白石の議をいれて外國貿易を制限した
	同	二三八〇	享保_{きやうほう}五年	吉宗洋書輸入の禁をゆるくした
	同	二三八二	同七年	吉宗儉約を令した
	同	二三八五	同十年	英祖王位に卽かれた
一一八	後桃園天皇	二四三七	安永六年	正祖王位に卽かれた
一一九	光格天皇	二四四七	天明_{てんめい}七年	松平定信幕府に用ひられた
	同	二四四八	同八年	定信皇居御造營の命をうけた
	同	二四五二	寬政_{くわんせい}四年	林子平罪せられた
	同	同	同年	ロシヤの使が始めて來た
	同	二四五三	同五年	定信、伊豆・相模の海岸を巡視した
	同	同	同年	高山彦九郎自殺した
	同	二四五八	同十年	本居宣長古事記傳を著した
	同	二四六六	文化_{ぶんくわ}三年	ロシヤ人樺太に寇した
	同	二四六八	文化_{ぶんくわ}五年	イギリス船長崎を騷がした
一二〇	仁孝天皇	二四八五	文政_{ぶんせい}八年	幕府外國船うちはらひの命を下した
	同	二四九九	天保_{てんぼう}十年	渡邊華山・高野長英罪せられた

一二一	孝明天皇	二五〇六	弘化三年	天皇御位にお卽きあそばされた
	同	二五一三	嘉永六年	アメリカ合衆國の使節ペリーが來た
一二一	孝明天皇	二五一四	安政元年	幕府合衆國と和親條約を結んだ
	同	二五一八	同五年	幕府合衆國と通商條約を結んだ
	同	二五一九	同六年	德川齊昭等おしこめられ吉田松陰等が殺された
	同	二五二〇	萬延元年	井伊直弼が殺された
	同	二五二二	文久二年	天皇三條實美等をして攘夷を幕府に促さしめられた
	同	二五二三	同三年	天皇賀茂神社に行幸あそばされた
	同	同	同年	長門藩下關で外國船を砲擊した
	同	同	同年	李太王王位に卽かれた
	同	二五二四	元治元年	幕府長州を伐つた
	同	二五二六	慶應二年	幕府再び長州を伐つた
	同	同	同年	天皇崩ぜられた
一二二	明治天皇	二五二七	同三年正月	天皇御位にお卽きあそばされた
	同	二五二七	慶應三年十月	德川慶喜大政を奉還した
	同	同	同年十二月	天皇王政復古の令をお發しなされた
	同	二五二八	明治元年正月	慶喜の軍を討たしめられた(鳥羽·伏見の戰)
	同	同	同年同月	外國と和親する旨を令せられた
	同	同	同年三月	五箇條の御誓文をお下しなされた
	同	同	同年四月	江戶城ををさめられた
	同	同	同年七月	江戶を東京と改められた
	同	同	同年十月	東京に行幸あそばされた
	同	同	同年十二月	京都に還幸して皇后をお立てなされた
	同	二五二九	同二年正月	長·薩·肥·土四藩土地·人民を奉還することを奏した
	同	同	同年三月	再び東京に行幸あらせられた
	同	同	同年五月	國內が全く平定した
	同	同	同年六月	四藩の請をお許しになつた

	同	二五三〇	同三年閏十月	始めて公使を條約國に置かせられた
	同	二五三一	同四年七月	潘を廢して縣を置かせられた
一二二	明治天皇	二五三一	同年十月	岩倉具視等を歐米諸國にお遣はしになつた
	同	二五三二	同五年八月	學制を定めさせられた
	同	二五三三	明治六年一月	徵兵令をしかせられた
	同	同	同年十月	征韓の論破れ西鄕隆盛等官を辭した
	同	二五三五	同八年六月	始めて地方官會議を開かせられた
	同	二五三六	同九年二月	始めて朝鮮と修好條約(江華條約)を結んだ(李太王十三年)
	同	二五三七	同十年二月	隆盛等を討たしめられた(西南の役)
	同	二五三九	同十二年三月	始めて府縣會を開かせられた
	同	同	同年八月三十一日	大正天皇御生誕
	同	二五四一	同十四年十月	國會を開くことを勅せられた
	同	二五四五	同十八年四月	天津條約が結ばれた
	同	同	同年十二月	內閣の制が定められた
	同	二五四八	同二十一年四月	地方自治制(市制·町村制)がしかれた
	同	二五四九	同二十二年二月十一日	帝國憲法·皇室典範が發布せられた
	同	二五五〇	同二十三年十月三十日	敎育に關する勅語をお下しにならられた
	同	同	同年十一月	第一回帝國議會をお開きなされた
	同	二五五四	同二十七年七月	わが軍艦淸國の軍艦と豐島沖で戰つた
	同	同	同年八月	淸國との戰を宣したまはれた
	同	二五五五	同二十八年四月	下關條約が結ばれた
	同	二五五五	明治二十八年十月	臺灣がほゞ平定した
	同	同	同年十一月	遼東半島を淸國にかへされた
	同	二五六〇	同三十三年八月	列國聯合軍北京に攻入つた
	同	二五六一	同三十四年四月二十九日	今上天皇陛下御生誕
	同	二五六二	同三十五年一月	英國と同盟を結んだ
	同	二五六四	同三十七年二月	露國との戰を宣したまはれた

	同	二五六五	同三十八年一月	旅順の要塞を陷つた
	同	同	同年三月十日	奉天の會戰
	同	同	同年五月二十七・八日	日本海の海戰
一二二	明治天皇	二五六五	同年九月	ポーツマス條約が結ばれた
	同	同	同年十一月	韓國と協約が結ばれた
	同	二五七〇	同四十三年八月	韓國の併合
	同	二五七二	同四十五年七月三十日	天皇崩御あらせられた
一二三	大正天皇	同	大正(たいしやう)元年七月三十日	天皇踐祚あそばされた
	同	同	同年九月	先帝の御大葬の儀を擧げさせられた
	同	二五七四	同三年四月	昭憲皇太后崩御あらせられた
	同	同	同年七月	歐洲の大戰が起つた
	同	同	大正三年八月	ドイツとの戰を宣したまはれた
	同	同	同年十一月	靑島の要塞が陷つた
	同	二五七五	同四年十一月十日	卽位の禮をお擧げあそばされた
	同	二五七九	同八年六月	平和條約が結ばれた
	同	二五八一	同十年三月	皇太子歐洲巡遊の途におつきあそばされた
	同	同	同年九月	皇太子歐洲よりおかへりあそばされた
	同	同	同年十一月	ワシントン會議が開かれた
	同	同	同年同月二十五日	皇太子攝政に任ぜられた
	同	二五八二	同十一年二月	ワシントン會議が終つた
	同	二五八六	同十五年十二月二十五日	天皇崩御あらせられた
一二四	今上天皇	二五八六	昭和元年十二月二十五日	天皇踐祚あそばされた
	同	二五八七	同二年二月	先帝の御大葬の儀を擧げさせられた
	同	二五八八	同三年十一月十日	卽位の禮をお擧げあそばされた
	同	二五九〇	同五年十月	ロンドン條約を御批准あらせられた

昭和八年三月二十二日翻刻印刷
昭和八年三月二十五日翻刻發行

國史 二 鬯

定價金二十錢

著作權所有

著作兼發行者　朝鮮總督府
京城府元町三丁目一番地

翻刻發行兼印刷者　朝鮮書籍印刷株式會社
京城府元町三丁目一番地
代表者　井上　主計

發行所　朝鮮書籍印刷株式會社
京城府元町三丁目一番地

▶ 찾아보기

편자소개(원문서)

김순전 金順槇
소속 : 전남대 일문과 교수, 한일비교문학・일본근현대문학 전공
대표업적 : 저서 :『한일 경향소설의 선형적 비교연구』, 제이앤씨, 2014년 12월

사희영 史希英
소속 : 전남대 일문과 강사, 일본근현대문학 전공
대표업적 : 저서 :『『國民文學』과 한일작가들』, 도서출판 문, 2011년 9월

박경수 朴京洙
소속 : 전남대 일문과 강사, 일본근현대문학 전공
대표업적 : 저서 :『정인택, 그 생존의 방정식』, 제이앤씨, 2011년 6월

장미경 張味京
소속 : 전남대 일문과 강사, 일본근현대문학 전공
대표업적 : 저서 :『제국의 식민지 창가』, 제이앤씨, 2014년 8월

김서은 金瑞恩
소속 : 전남대 일문과 강사, 일본근현대문학 전공
대표업적 : 논문 :「근대 한일미디어와 대중가요의 相乘作用 考察」, 日本語文學,
               2015년 6월

차유미 車兪美
소속 : 전남대 일문과 석사, 일본근현대문학 전공
대표업적 : 논문 :「일제강점기 國史의 敍事 고찰 −『普通學校國史』와『初等國史』
               를 중심으로−」

여성경 呂娍景
소속 : 전남대 일문과 석사, 일본근현대문학 전공
대표업적 : 논문 :「일제강점기 초등학교 교과서의 공간 변용−『初等地理』와『國語
               讀本』을 중심으로−」

朝鮮總督府 編纂 初等學校 『歷史』 교과서 (上)

초판인쇄 2017년 10월 11일
초판발행 2017년 10월 20일

편　　자 김순전 사희영 박경수 장미경 김서은 차유미 여성경 공편
발 행 인 윤석현
발 행 처 제이앤씨
등록번호 제7-220호
책임편집 차수연

주　　소 01370 서울시 도봉구 우이천로 353
대표전화 (02) 992-3253
전　　송 (02) 991-1285
홈페이지 www.jncbms.co.kr
전자우편 jncbook@dauml.net

ISBN 979-11-5917-081-2 94910　　　　**정가** 44,000원
　　　 979-11-5917-080-5 (전3권)